在华日企人事考核及薪酬制度研究

迟晓洁　著

南开大学出版社
天　津

图书在版编目(CIP)数据

在华日企人事考核及薪酬制度研究 / 迟晓洁著. 一天津：南开大学出版社，2014.10

(天外"求索"文库)

ISBN 978-7-310-04645-4

Ⅰ. ①在… Ⅱ. ①迟… Ⅲ. ①外资公司－企业管理－人力资源管理－研究－中国②外资公司－企业管理－工资管理－研究－中国 Ⅳ. ①F279.247

中国版本图书馆 CIP 数据核字(2014)第 218724 号

南开大学出版社出版发行

出版人：孙克强

地址：天津市南开区卫津路 94 号　　邮政编码：300071

营销部电话：(022)23508339　23500755

营销部传真：(022)23508542　　邮购部电话：(022)23502200

*

天津市蓟县宏图印务有限公司印刷

全国各地新华书店经销

*

2014 年 10 月第 1 版　　2014 年 10 月第 1 次印刷

230×155 毫米　16 开本　17.25 印张　2 插页　238 千字

定价：35.00 元

如遇图书印装质量问题，请与本社营销部联系调换，电话：(022)23507125

天外“求索”文库

まえがき

グローバル化の下で、世界の市場として急成長を遂げつつある中国は日本企業にとってむしろ生産活動よりも中国市場の開拓を目指した重要な生産・販売・サービス活動の拠点として重視されてきた。本書は、中国進出日系企業における人事評価・賃金制度に関する研究を中国現地企業との比較を踏まえながら行っている。

本書は四部7章から構成されている。

第Ⅰ部「理論的レビュー」での第1章では「中国進出日系企業の経営に関する理論および先行研究」をとりあげ、企業の海外進出に関する理論、中国進出日系企業に関する先行研究が考察され、第2章の「人事評価・賃金制度に関する理論」では、人事評価・賃金制度に関する基礎的理論、人事制度についての考察、人事評価制度、賃金制度を取りあげている。

第Ⅱ部「中国進出日系企業の現状」においては、第3章の「日本企業の中国進出状況および課題」で日本企業の中国進出状況、日本企業対中進出の地域・業種の特徴、中国労働市場の現状、中国人の職業観を、第4章の「日系企業における人事評価・賃金制度の現状」では、中国大学生希望就職先についての調査、中智人力資源管理諮詢公司による調査、上海時迅商務諮詢有限公司による調査、日系企業における人事制度の改革を取り上げている。

第Ⅲ部「現地調査による事例研究」においては、第5章の「中国進出日系企業の事例研究」では、大連X社、塩城F社、武漢W社、天津S社をとりあげ、第6章の「中国現地企業の事例研究」では、吉林市T社、延辺D社、大連Y社の事例を分析、考察している。

最後の第Ⅳ部の「研究の総括と今後の課題」においては、第 7 章と終章の構成で、第 7 章の「日系企業と中国現地企業との比較研究」で、事例研究の再考察、共通する特徴と相違する特徴、終章の「結論と今後の課題」では、発見されたこととその意味、今後の研究課題などが取り上げられ論述されている。

本書は、中国へ進出した日系企業の人事評価・賃金制度を中国現地企業との比較を通じて解明し、人事評価・賃金制度が大きな転換期を迎えているという認識のもとに明確な問題意識を基底にして、日系企業と現地中国企業との人事評価・賃金制度の比較を試み、日系企業が成果主義の方向へ進むべきとの結論を提示している。

目　次

序　章

周知のように、日本企業の対中進出はおよそ30年前から始まり、3 つの進出ピークを経て本格化が進んでいる。国際協力銀行の2010年の調査によると、中国は日本企業がもっとも有望と考える事業展開先国・地域であることが明らかになっている[①]。

しかし、日本企業が中国を最大の消費市場として位置づけているように、世界中の多くの企業も同様な経営戦略を構築している。現在、中国進出日系企業が置かれている状況は、①世界中の多くの企業が中国に進出している、②中国現地の企業が急成長を果たしている、③欧米企業と中国企業との競争がますます激化しつつある。こうした経営環境の下で、いかに事業を拡大し、持続的成長を果たすかが今後の最大の課題であろう。

「企業は人なり、人事なり」。優秀な人材の確保が企業の成長の命運を握ることは言うまでもない。日系企業にとって、中国現地で優秀な人材を確保することが必要になってきた。日系企業において、優秀な人材を引き止め、確保しておくには、従業員に対し適正な評価を実施する企業内の仕組み作りが不可欠である。特に、中国人は自分が会社や上司からどのように評価されるか、どのような評価をされているのかについて、非常に重視している。また、従業員の立場から、賃金などの処遇よりも、自分の能力を充分に活かせる企業さらに将来性の期待できる企業こそ、魅力的で働きがいのある企業である。

また、米国発世界金融危機は2008年に世界中に拡大し、以降中国進出日系企業の業績が厳しい状況となってきた中で、新規採用や昇給の中止、人員削減などの対策が企業の危機対応方針として

---

① 国際協力銀行（2010）『わが国製造業企業の海外事業展開に関する調査報告』16 ページ。

見られたが、最も多く取られたのは人事評価制度の見直しであることがコンサルティング会社である中智人力資源管理諮詢公司の調査により明らかになった。

一方、中国では2008年1月1日に実施された「労働契約法」に伴い、中国における労働情勢が大きく変化した。労働争議が頻繁に起こり、最低賃金の調整頻度が加速され、さらにその調整幅も上昇しつつある。

このような環境の下で、中国進出日系企業における人事評価・賃金制度の再構築が急務となってきている。そのため、中国現地の日系企業はどのような状況に置かれているのか、どのような人事評価・賃金制度を構築していたのかについて、これまでの先行研究の再確認を行い、その結果を生かして、さらに深く掘り出す。また、中国現地企業との比較を踏まえて、どのような成果主義が中国の事情に相応しいのかについて探りながら、今後日系企業が中国現地企業と欧米企業との間の激戦の中から生き残っていく。そして永続的に成長するためには、いかに「現地に適合しかつ競争優位を持つ人事評価・賃金制度」を構築するかについて検証することを本書の問題意識と研究目的とする。

日系企業の中国進出について、政府機関や学者および企業関係者から多くの注目を集めている。今まではさまざまな視点から研究され、論じられている。ここでは本書の研究内容に立ち、先行研究を主に以下の3つの視点から取り上げられる。

第1は、異文化経営の視点からの先行研究である。

古田（2004）は中国事情にあった新しい人事制度の構築の必要性があると指摘している。周（2007）は、中日文化、中日コミュニケーション・スタイルの違いと中日企業の経営方式の違いを指摘し、日系企業が直面する異文化経営の課題について論じている。中村（2007）は中国の文化を重視した現地経営を行う必要性について論じている。三者による研究の共通点は中日間の文化、価値観などの相違点を重視する姿勢が示されている。また、中国の事情に適応した経営なくしては成功ができないと指摘されている。

第2は、経営現地化の視点からの先行研究である。

朱（2001）は中国進出日系企業の現地化経営課題を欧米進出日系企業に比べ、低い現地販売率、経営幹部の現地人材登用の遅れと日本本社依存した資金調達方式と捉えている。古田（2004）は積極的に経営管理層に中国人の登用、現地幹部への責任・権限の委譲が経営現地化を実現するための急務であると論じている。徐（2009）は、人材現地化の遅れにより生ずる問題点を分析したうえで、中国進出日系製造業企業における人材現地化の実態とりわけトップ経営層の現地化の遅れを指摘している。それと同時に、事例研究を通じて、成果主義による賃金システムが中国人の活用につながり、人材現地化を促進する効果があると検証されている。

第3は、人事・労務の視点からの先行研究である。

早期の研究として、日本労働研究機構（1996、1997）の研究は第1次対中投資ブームに行われた研究であり、当時の中国進出日系企業の賃金制度と昇進構造を研究の対象にしている。安室、関西生産性本部、日中経済貿易センター、連合大阪編（1999）も、同じく第1次対中進出ブームにおける日系企業の賃金制度の実態についてである。松繁・徐（2002）は中国進出日系企業の中間管理職従業員を対象に、賃金制度と昇進制度について統計的分析を行っている。趙（2002）は日本企業、中国進出日系企業、中国国有企業、それぞれの人的資源管理の特徴をまとめている。さらに中国進出にあたり、どのような管理方法が適しているのかを解明しようとした。「従業員の重視」によって企業利益の最大化を追求することが提起されている。

また、近年の研究として、董（2007）は日本型経営資源を組織・管理関係と人事・労務関係に分け、経営資源の国際移転の視点から、電子・電気企業を対象とした研究を行っている。人事・労務管理は「適用」ではなく、中国現地の事情に「適応」させた形で移転する必要があると指摘している。田（2009、2011）の研究は中国進出日系企業の人材教育を絞った研究である。

上記した先行研究により、中国へ進出した日系企業が直面する課題が明らかにされている。また、人材確保の急務化、中国現地の事情に適した成果主義賃金制度、昇進制度の必要性も既に提起されていた。先行研究から多くの示唆を得た一方で、以下のような限界もある。

第 1、変化しつつある環境への対応。前述した中国進出日系企業についての先行研究は主に 2000 年代に行われた研究である。しかし、ここ数年中国進出日系企業の経営課題は変わりつつある。特に、アメリカ発世界金融危機が世界中に拡大した 2008 年はその変化の境目となっている。新たな環境に置かれている日系企業についての研究は必要であろう。

第 2、これまでの中国進出日系企業についての先行研究はほとんど製造業が研究対象となっている。しかし、現在、非製造業日系企業の中国進出も年々増加しつつあり、2009 年度の時点で、非製造企業が占める割合は 43.44%である①。そのため、製造業だけではなく、非製造業企業についての研究も必要であろう。

第 3、さきに中国進出日系企業の人事・労務に関する先行研究を概観したが、ほとんどは異文化経営、人材の現地化、経営資源の国際移転などについての研究の一環として、言及される程度で、専ら人事評価・賃金制度に関する研究はほとんどない。また、科学的、理論的に論じられていても、中国進出日系企業の人事評価・賃金制度の詳細な事例研究による実証検証はきわめて少ない。

第 4、中国での事業展開にあたって、成果主義人事制度が必要と大いに論議されているが、具体的に制度そのものをどのように構築するのかはいまだに明らかにされていない。

そこで、本書は既存の研究結果を継承しながら、先行研究の不足点を補足し、次のように、本書のフレームワークを通じて得た

① 経済産業省海外事業活動調査 2010 年度調査データによる。

示唆を提示する。

第 1、先行研究ではすでに提起されているように中国では成果主義賃金制度の構築が必要である。本書は中国進出現地企業における賃金制度を1つの研究内容にする。また、成果主義賃金制度を有効に機能させるために、人事評価制度が成功の鍵となるため、本書は人事評価制度をもう1つの研究内容にし、より具体的に中国進出日系企業における人事評価・賃金制度の現状を検討した。

第 2、本書は製造業企業に限らず、非製造業企業の研究も視野に入れることにする。現在中国へ進出した日系製造業企業の多くは、生産活動だけでなく研究開発や販売活動も行われるようになってきている。したがって、中国現地においての実際の経営活動では製造業企業の多くはその生産活動の中でサービス活動も行っており、またサービスを提供する非製造業企業も生産された製品に依存した活動を行っていることが多くと考えられる。それゆえ、本書では中国進出日系製造業企業と非製造業企業における人事評価・賃金制度について取り上げるが、それぞれの企業に対して、従業員の職位別・職種別に取り上げることを前提とする。

第 3、上述の如く、今日の中国の経営環境や労働事情が大きく変化しつつある。本書は現在の中国進出日系企業の人事評価・賃金制度の実態を考察するために、まず中国労働事情の現状、中国進出日系企業が置かれている環境を把握する必要がある。そのため、本書は中日両国の調査機構による最新[①]の調査データを用いて、分析を行う。

第 4、「敵を知り、己を知れば、百戦危うからず」という孫子の思想に立脚し、中国進出日系企業だけではなく、現地の中国企業についての事例も取り上げる。実証検証を行い、両者の比較研究を通じて、人事評価・賃金制度における共通点と相違点を抽出し、中国の事情に見合った人事評価・賃金制度のあり方を探る。

---

① 本書は中国の労働事情が大きく変化した 2008 年以後の各種データを用いて、分析を行う。

具体的な研究方法として、理論的レビュー、先行研究の整理、既発表の公的機構調査データの分析および事例研究などを用いた。

まず、中国進出日系企業の経営に関する諸理論および先行研究についての検討を行った。

次に、文献資料をサーベイし、調査機構の調査データを用いて、分析を行った。

最後に、理論分析に加え、現地調査による事例分析を行った。本書では、中国進出日系企業４社と現地の中国企業３社の事例を考察、分析した。事例研究の部分では、企業の公開資料、ヒアリング調査の記録、社内資料の３つの方法を使用して、データの収集を行った。

現地調査の調査方法に関しては、各企業への事前質問項目の回答を依頼した後、現地で企業経営者、人事担当者を対象にしたヒアリング調査、社内および工場考察などを実施した。さらに、現地での文献、社内資料による文献研究も行った。そして、従業員にアンケートを依頼した企業もあり、企業訪問後、電話やメールなどを通じて確認を行う方法も採用した。

本書は４部８章から構成され、各部・章・節の概要は以下のとおりである。

第Ⅰ部の「理論的レビュー」は後続諸章での実証的研究に先立ち、中国進出日系企業の経営に関する理論および先行研究の考察と、人事評価・賃金制度にかかわる人事管理に関する理論の検討を行った。

第１章の「中国進出日系企業の経営に関する理論および先行研究」においては、第１節では、まず企業の海外進出の発展段階論、多国籍企業論、グローバル競争戦略論、人事管理に関する理論などについての考察および分析を行った。続く第２節では、異文化経営の視点、経営現地化の視点、人事・労務の視点という３つの視点から中国進出日系企業に関する先行研究を考察した。第３節では、理論と先行研究および本書のフレームワークを通じて得た示唆を提示した。

第2章の「人事評価・賃金制度に関する理論」においては、第1節では人事評価・賃金制度にかかわる人事管理の諸理論の変遷を探りながら、人事評価・賃金制度を研究するための主な理論的根拠を概観した。第2節では、日本における人事制度の変遷・人事制度の系譜について分析した。第3節では、人事評価制度、第4節では、賃金制度について検討した。

第Ⅱ部の「中国進出日系企業の現状」は文献資料をサーベイし、現在中国進出日系企業が置かれている現状について考察・分析を行った。

第3章の「日本企業の中国進出状況および課題」においては、第1節では日本企業の対中進出の経緯、進出形態の変化について分析した。第2節では日系企業対中進出の地域・業種の特徴について分析を行った。第3節では中国労働市場の現状について検討した。第4節では中国人の職業観について検討を行った。

第4章の「日系企業における人事評価・賃金制度の現状」においては、第1節では中華英才網による中国大学生希望就職先についてのアンケート調査、第2節では、中智人力資源管理諮詢公司による中国進出日系企業の業績評価と賃金についての調査、第3節では上海時迅商務諮詢有限公司による日系企業の中国現地社員の給与動向についての調査データを用いて、分析を行い、中国進出日系企業の人事評価および賃金の実態を明らかにした。第4節では近年中国進出日系企業における人事制度の改革の先進事例を取り上げた。

第Ⅲ部の「現地調査による事例研究」は中国現地調査による日系企業（大連・X社、塩城・F社、武漢・W社、天津・S社）と中国現地企業（吉林・T社、延辺・D社、大連・Y社)、合計7社の事例研究について分析を行った。

第5章の「中国進出日系企業の事例研究」では、2009年12月、2011年1月、2011年4月に行われた合計4社の現地調査の事例を取り上げ、各社における人事評価制度の仕組み、賃金制度の構成などの内容を考察しながら、それぞれの日系企業における人事評価制度と賃金制度の実態を明らかにした。

第6章の「中国現地企業の事例研究」では、2009年3月、2011年1月、2011年4月に実施した中国現地の中国企業3社の現地調査の事例を取り上げ、各社の人事評価制度、賃金制度の実態について分析した。

第Ⅳ部の「研究の総括と今後の課題」においては、第7章では、事例研究の日系企業と中国現地企業の比較研究を行った。終章では、本書の研究結果および今後の研究課題を明らかにした。

第Ⅰ部

理論的レビュー

第１章　中国進出日系企業の経営に関する理論および先行研究

日本から中国へ進出した日系企業について考察する際に、理論的な裏付けが必要である。そのために、本章の目的は、後続諸章での実証的研究に先立ち、中国進出日系企業の経営に関する理論および先行研究について考察することである。まず、企業の海外進出に関する理論はさまざまな角度から分析することができる。第１節では、まず企業の海外進出の発展段階論、多国籍企業論、グローバル競争戦略論、人事管理に関する理論などについて考察し、分析をする。

第１節　企業の海外進出に関する理論

1. 発展段階論

まず企業の海外進出にあたっての発展段階およびその理論について概観する。ここでは、主にパールミュッター（1969）とヒーナン（1979）の４段階発展論、花田（1988）の５段階発展論、吉原（1992）の５段階発展論と中村（2002、2006、2010）の３段階発展論について取り上げる。

(1) パールミュッターとヒーナン（1979）

企業の国際経営の発展段階を解釈する説として、パールミュッター・ヒーナン（Perlmutter and Heenann, 1979）による弁証法的発展モデルがその代表的なものである。その発展モデルによれば、企業が海外事業を展開する際に、国際経営活動や海外子会社に対する本社のトップ経営層の経営志向性すなわち基本的態度および戦略的意思決定などから、以下のような4類型の段階がある[①]。

①国内志向型（ethnocentric）

この段階の企業の意思決定はすべて本社の経営陣によって行われる。海外子会社は本社の指示に従うだけで、重要な役割が与えられない。本社の管理方法などを海外にも適用し、海外子会社の経営トップは本社より派遣されるのが一般である。

②現地志向型（polycentric）

この段階においては、現地子会社のマネジメントは現地スタッフに任せるという考えである。しかし、日常的企業活動に関する管理的意思決定は子会社に委譲するのに対して、会社の財務、技術開発、トップ経営層の人事などに関する重要な問題については、本社側が権限をもつ。現地子会社の中間管理層には現地スタッフを登用するなど、比較的独立性を維持することができる。

③地域志向型（regiocentric）

この段階に発展すると、企業の発展を取り巻く環境は生産拠点、人材採用、研究開発、市場開拓などを各国単位で考えるよりも、広い地域つまり近隣諸国で考えたほうがより企業全体の発展に適合している。地域本社を設立し、地域諸国の経営に関する権限を委譲する。

④世界志向型（geocentric）

この段階の企業は各拠点が相互に依存し合い、本社と海外子会社が人事、開発、市場開発などについての重要な決定についての意見交換がグローバルな規模で行われる。企業は自国の人材よりも世界中から優秀な人材を起用し、普遍性を持ち、かつ現地的な経営管理のシステムを構築するよう努める。そして、大抵の企業が海外へ事業を発展する過程としては、国内志向から現地志向に、そして地域志向に、さらに世界志向に発展していくと指摘した。こうした発展段階は「E-P-R-G プロファイル」と呼ばれるが、すべて

---

① Perlmutter, H. V. & D.A.Heenan (1979), *Multinational Organization Development*, Addison-Wisley Publishing Company, p. 21.

の多国籍企業が必ずしもそのような発展段階をたどるとは限らない。

また企業経営に関わる諸側面の特徴について、下に示してある表の通りである（表1－1－1を参照されたい）。各志向形態における「評価と統制」、「賞罰：インセンティブ」、「継続性（採用、要員配置、人材開発）」の項目に注目しよう。

表1-1-1　多国籍企業の志向形態による分類

企業の諸側面	志向形態			
	国内志向型 (ethnocentric)	現地志向型 (polycentric)	地域志向型 (regiocentric)	世界志向型 (geocentric)
組織の複雑性	本国では複雑在外子会社は単純	変化に富むが、相互に独立	地域ベースで相互依存性が高い	世界ベースで複雑性が増大し、相互依存性が高い
権限：意思決定	本社集中	本社集中の相対的低下	地域本部に集中および／または在外子会社間の協議増大	世界中の本社および在外子会社の協議
評価と統制	人事考課と業績評価に本社基準を採用	現地で決定	地域で決定	世界および現地を含んだ基準を採用
賞罰：インセンティブ	報酬は本社で厚く、在外子会社で薄い	報酬の高低は在外子会社の実績如何に依存する	報酬は地域目標に沿った貢献度に依存する	国際的および現地経営幹部に対する報酬は、現地および世界目標の達成度に依存する
コミュニケーション：情報の流れ	在外子会社に対して大量の命令、指図、助言を行う	本社と子会社間に限定。子会社相互間ではなし	総括本部に限られるが、地域本社間および各国間で行われる	相互コミュニケーションと世界中の在外子会社間で行われる
地域的属性	本国籍法人	現地国籍法人	地域企業	真の意味での世界的企業、ただし各国の国益を遵守する
継続性（採用、要員配置、人材開発）	世界中の主要な地位には本国の人材を	現地の主要な地位に現地人を	地域の主要な地位には同地域の人材を	主要な地位に世界中から人材を

出所：D.A.ヒーナン、H.V.パールミュッター（著）
有沢孝義、重里行訳（1982）『多国籍企業：国際化のための組織開発』文眞堂、22ページ。

(2) 花田 (1988)

花田 (1988) は 80 年代の日本の自動車産業を中心とした日本製造業企業を念頭に置き、企業の海外進出段階を 5 段階と発表した。ここでは各段階においての企業進出状態や企業の経営課題などを踏まえて、整理しておきたい。

①輸出中心段階

最初は輸出を中心とした段階である。この段階では、本社が現地に駐在員事務所や支店などを設立し、それに応じて、本社に出向者社員を管理する人事部門と海外事業を管理・監督する輸出部を設立する。国内の本社で開発から販売までを行い、商品の輸出だけをする段階である。現地の人材として求められるのは日本語に堪能な人材である。

②現地化段階

この段階では海外に販売事業所、組立工場などの現地法人を設立し、そして本社には現地法人を管理する海外事業部を設置する。そして、海外に生産、販売、サービスの拠点を確保するとともに、海外での販売現地化を実現し、徐々に現地化に向けて海外事業を展開していく。また、本社より製造、技術、管理にかかわる熟練社員を現地へ派遣し、現地のスタッフを育成する。現地子会社の管理が行われるのは日本本社の海外事業部である。

③国際化段階

企業の海外事業の発展につれて、海外子会社に企画部門、人事部門などの一部の管理機能を移転する。現地の子会社では現地スタッフの育成が進み、中間層や職能別専門家の育成が次第に課題となる。現地に派遣する日本人社員に関しては、豊富な職能知識より現地のスタッフに溶け込めることや国際的な視点を持つ国際経営者の人材が必要になる。

④多国籍化段階

多国籍化段階において、海外子会社に一部の本社管理機能を移転する。言い換えれば、企画部門、人事部門、研究開発部門の一部を現地子会社に設置する。現地子会社では国際的な視野を持つ現地社員が求められる。そして、日本人社員と協力し合いながら、現地企業の経営を担う現地経営者の育成が課題である。企業全体としては、国内人事と海外人事の統合を視野に入れ、事業を発展していく。

⑤グローバル化段階

グローバル化段階に進む企業は、現地においてすべての本社機能を備えた法人を設立する。日本の本社は各事業法人間の調整とグループの方針策定という役割を果たす部門を設置する。この段階は最終段階であり、国境を越えた全世界において事業を展開する。本社や海外子会社にかかわらず、国境や国籍の枠を超えた協働関係が強く求められる。

このように企業が海外へ進出する際に、5 段階を経る。前述の内容を踏まえて、各段階において、本社と現地企業が果たす機能を次の表 1－1－2 にまとめられる。

表 1-1-2　各段階の本社・子会社の機能

	輸出中心段階		現地化段階		国際化段階		多国籍化段階		グローバル化段階	
会社 機能	本社	現地	本社	現地	本社	現地	本社	現地	本社	現地
販売	○	○	○	○	○	○	○	○	○	○
生産	○	×	○	△	○	○	○	○	○	○
管理	○	×	○	×	○	△	○	△	○	○
企画	○	×	○	×	○	×	○	△	○	○

注：「○」は「当該機能のすべて」を意味する。
「△」は「当該機能の一部」を意味する。
「×」は「当該機能はなし」を意味する。
出所：花田（1988）の企業の海外進出段階論に基づき、筆者作成。

こうして、海外事業を展開する企業は販売、生産、管理そして企画機能を徐々に現地子会社へ移転する。

(3) 吉原（1992）

吉原（1992）はパールミュッターとヒーナンのモデルに基づいて、国際経営活動が行われる企業の発展は企業の発展戦略およびその特徴を 5 段階としている（表 1-1-3 を参照）。

表 1-1-3 企業国際化の発展段階

発展段階	経営の方向性	海外活動の発展戦略	特徴
第 1 段階	国内志向	輸出戦略	輸出のみの海外関係
第 2 段階	本国志向	国際化戦略	いくつかの海外拠点
第 3 段階	現地志向	多国籍戦略	国別によって自主的に展開
第 4 段階	地域志向	地域統合展開戦略	地域本社による統合
第 5 段階	世界志向	グローバル戦略	世界全体としての展開

出所：吉原英樹編著（1992）『日本企業の国際経営』、同文舘、153 ページの表を基に、筆者が一部修正。

上表 1-1-3 で示したように、企業国際化の発展段階における第 1 段階は国内志向でありながら、海外事業は輸出のみである。その後、本社を中心とした管理の下で、海外では、生産や販売などを目的とする海外活動拠点を持つように国際事業を展開する。企業の経営方向性はまだ本国志向ではあるが、企業の発展戦略は輸出戦略から国際化戦略へと徐々に推進する。

海外の各国にさらに多くの拠点が設置され、海外活動が企業活動全体の中で占める役割の拡大に伴い、それに適した組織づくりが必要とされるようになる。各海外拠点の経営自主性が高まり、現地志向に基づいて企業の経営が分散化しつつある。

しかし、海外活動拠点数の増加につれて、企業の経営効率の向上を目指し、地域本社による統合を特徴とした地域志向の段階へと推進する。

さらに、世界中をいくつかの大きな地域に分け、世界全体として海外事業を展開する地球志向の第 5 段階へと進化する。

(4) 中村（2002、2006、2010）

中村（2002、2006、2010）は日本企業を対象に、多くの日本企業が共通して辿ってきた海外事業発展プロセスを大きく 3 つの段階と指摘する①。その各段階において企業の組織、生産、経営資源、経営志向などから整理したい。

① 中村（2010）『グローバル化経営の理論と実態』同文舘、1～4 ページ。

①国際化段階

まず国際化段階においては、日本企業は輸出への依存度が高い。そして、それには商社や代理店などのルートを利用する間接輸出と、自社が自ら行う直接輸出がある。

輸出量の増加につれて、日本本社内には営業部門から独立した輸出部門が設立され、輸出先には駐在員事務所や営業所・支店、さらに海外販売拠点である子会社、現地生産拠点で生産子会社つまり工場が設置される。国内生産システムを適用しつつ、一部の修正を加えて、現地需要に合った製品の製造が必要とされる。企業の経営資源の移転もモノ、カネからモノ、カネ、ヒトへと変化する。この段階の経営志向は国内志向である。

②多国籍化段階

この段階では、日本本社に海外子会社を管理・管轄する役割を果たす海外事業部が設置される。すべての海外事業活動に関して本社側の担当部門である。現地で本格的な現地生産活動をするために現地生産システムへの適応や現地ニーズに合った製品の生産が必要とされる。そして、モノ、カネ、ヒトに加えて、国際情報関連の資源が要求されるようになる。企業の経営志向も次第に国内志向から現地志向または地域志向に変化しつつある。

③グローバル化段階

海外事業活動の比重が高まるに伴い、グローバルな視点で経営活動を行うことになる。企業はグローバル組織構造[①]をとり、さらに世界中にいくつかの本社制やグローバル・ネットワーク組織が導入される。グローバルな研究開発と生産が現地のニーズと融合させる。モノ、カネ、ヒト、情報といった経営資源に加えて、海外子会社において全世界統一した企業文化の定着が急務とされる。当然のことであるが、トップ層の経営志向は世界志向である。

---

① 中村（2010）はグローバル組織構造を①世界規模製品別事業部組織、②世界規模地域別事業部組織、③世界規模職能別組織、④①と②の混合型組織といった 4 種類の組織構造に区別している。

企業の海外進出にあたっての発展段階およびその代表的な理論について取り上げた。各学者による発展段階の分類それぞれが異なるが、その中身について共通するところが多いと考えられる。つまり、海外事業の発展は最初に輸出や貿易から始まり、事業の発展につれて、次第に現地化、多国籍化そしてグローバル化へと進化していく。

2. 多国籍企業論

(1) 多国籍企業の定義

多国籍企業の理論を整理するにあたって、まず、多国籍企業とは何かについて整理したい。多国籍企業は1960年代以後、アメリカの企業がヨーロッパや日本などの国へ急速に進出したことで、注目されるようになった。これまで、多国籍企業（MNC: Multinational Corporation）はさまざまな定義があった。そして、1970年代のはじめに、ハーバード大学の多国籍企業研究会では、アメリカで「売り上げ上位500社以内で、海外6ヶ国以上に製造子会社を所有する企業」と多国籍企業を定義した。一方、1973年に行われた国連の連合貿易開発会議（UNCTAD）では多国籍企業を「資産を2ないしそれ以上の国において統轄するすべての企業」と広義的に定義している[①]。吉原は具体的には、日本製造業の場合、「最大500社以内（売上高基準、東証1部上場企業）」、「5カ国以上に海外製造会社を所有」という2条件を満たす企業を多国籍企業と定義している。しかし、近年巨大な多国籍企業のみならず、中堅・中小企業の海外進出も注目されるようになった[②]。さらに、製造業だけではなく、金融、広告、建設などあらゆる分野のサービス産業も海外事業を展開している。

そして、吉原（1992）によれば、多国籍企業の定義から、次の4つの特質が抽出される[③]。①一つの経営単位に、多数の国が抱え

① " Department of Economic and Social Affairs" (1973), Multinational Corporations in World Development, p. 33.

② その変化に応じて、吉原（2001）はその基準に満たない中堅・中小企業も「ミニ多国籍企業」としての特徴を備えているとした。

③ 吉原英樹編著（1992）『日本企業の国際経営』同文舘、16～22ページ。

込まれる。②一つの経営単位に、さまざまな経済形態、政治、文化などがある。③企業と国との関係が、企業の日常の経営活動において、色濃く反映する。④経営資源だけでなく、経営システムも移転する。国際移転には逆方向や水平的なものがあるが、それらは企業の強みとなる。

また、ヒーナン&パールミュッター (Heenann and Perlmutter, 1979) は、多国籍企業の多国籍化の基準として、客観基準と姿勢基準を示した。さらに、客観基準には組織・構造基準と成果基準が含まれる（図 1—1—1 を参照）。

図 1—1—1　多国籍企業化の実態

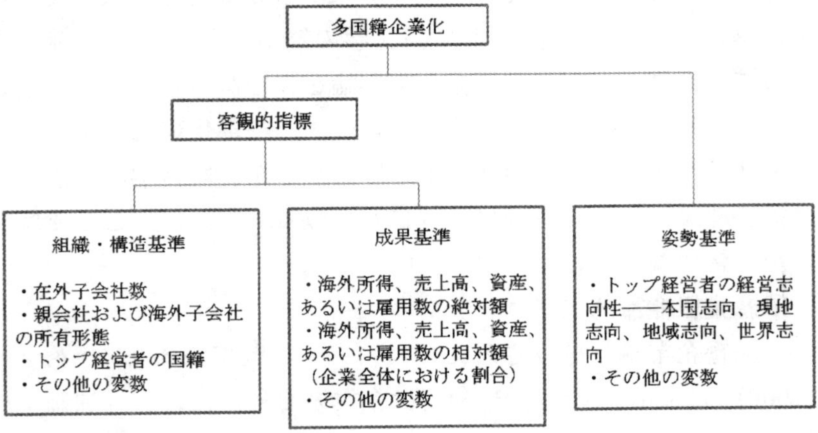

出所：Perlmutter, H. V. & D.A.Heenan (1979), Multinational Organization Development, Addison-Wisley Publishing Company.
（江夏健一、奥村皓一監修（1990）『グローバル組織開発－企業・都市・地域社会・大学の国際化を考える－』文眞堂、17 ページ。）

図 1—1—1 で示したように、企業の組織・構造と成果に関する客観的指標に加えて、トップ経営者の国際展開に対する意思などの姿勢基準によって、企業のグローバル化の進捗の度合いを測定しなければならないと考えられる。また、組織・構造基準と成果基準よりも、姿勢基準が重視されるといわれている。

本書では、これまでのさまざまな定義を参考したうえで、多国籍企業を「複数の国において、生産、販売などあらゆる経営活動を国際的に行う企業である」と捉える。

(2) 多国籍企業の諸理論

多国籍企業が定義されたのは1970年代であったが、理論化されるようになったのはここ数十年のことである。これまで多国籍企業に関わる理論は主に製造業を対象としてきたが、前述したように、最近では、製造業だけではなく、サービス業などの領域まで多国籍企業も多く見られるようになった。

そして、多国籍企業理論（The Theory of Multinational Enterprise, Multinational Corporation）については研究者の主体・研究視点の捉え方の違いによって、さまざまな定義が定められているが、主に経済学の経営学化および経営学の経済学化の2つの流れによって行われている。多国籍企業理論を、経済学の視点から論じられているのは産業組織論的アプローチ、内部化理論、プロダクト・サイクル理論などの理論が挙げられるが、経営学の視点からは折衷理論、グローバル競争戦略論などが挙げられる。ここでは、以上の諸理論について考察したい。

①産業組織論的アプローチ

多国籍企業論が確立されたのは1960年代である[①]。ハイマー（1960）は、国際資金移動理論では企業の海外における付加価値活動を説明できないと論じ、直接投資と証券投資との峻別の重要性を強調した[②]。直接投資では資本のほかに、製造技術、製品開発力、経営管理といった経営資源の移転も行う。また、ハイマーは企業が直接投資を行う最大の理由を当該企業の所有する「優位性（advantages）」の存在に求め、さらにこうした「優位性」を国際的に「支配（control）」することが対外事業活動での利潤極大化

① 馬越恵美子（2000）『異文化経営論の展開：「経営文化」から「経営文明」へ』学文社、17ページ。

② ハイマー（1960）は、国際資本移動論は証券投資を対象とした理論であり、直接投資は投資先国での企業活動の支配を目的とすることを主張している。

を可能とすると論じた①。そして、ハイマーは企業が対外進出する際、進出先の現地企業に対して不利な状況②を克服するために、それを上回るだけの優位性③を持たなくてはならないと考えたハイマーのこうした主張は、キンドルバーガー（Kindleberger, 1969）によって産業組織論に属すると位置づけられた④。さらに、自らも企業の多国籍化の決定要因は独占的優位性と指摘している。このようなハイマー＝キンドルバーガー理論は現在、産業組織論的アプローチと呼ばれている。

②内部化理論

ハイマーやキンドルバーガーらは企業の海外進出に優位性が必要と主張していたが、一方で内部化理論者であるカソンやバクレーは企業の海外進出に優位性は必要ないと論じた。また、多国籍企業の内部化理論には、レディグ学派と取引コスト派と呼ばれる研究がある⑤。

まずレディング学派の代表であるバクレー＝カソン（1976）によれば、完全競争市場においては市場取引が行われることで資源配分の最適化が達成される。しかしながら現実には、市場が不完

---

① Hymer, S. H. (1976), *The International Operations Of National Firms' A Study of Direct ForeignInvestment*, The MITPress, Chapter1－3. 邦訳：宮崎義一編訳（1979）『多国籍企業論』岩波書店、27～28ページ。

② 不利な状況について、ハイマーは①経済、言語、法律、文化など異なる環境下のもとでかかるマネジメントにかかるコミュニケーション費用、②現地の情報を入手するための費用、③政府や供給者・消費者による対外差別、たとえば、政府による差別的政策の危険など、④為替リスク、現地の通貨の切り下げが行われたときに自国通貨で配当を支払わなければならない企業にとっては損失が大きくなるという4つの点を挙げた（前掲書、ハイマー（1976）、宮崎義一編訳（1979）、29～31ページを参照されたい）。

③ 優位性については、ハイマーは①企業が他の企業より低コストで生産要素を手に入れることができる能力を持つ、②より効率的な生産関数に関する知識ないし支配を保持している、③その企業が流通面の能力に優れている、そして①製品差別化能力を持っている。こうした①～③の優位性の源泉はコスト削減力、①～②は価格支配力に結びついており、これらが大きいほど企業は大きな超過利潤が得られることが分かる。そして、ハイマーは優位性の源泉の発生は企業にとって固有のものであることを指摘している（前掲書、ハイマー（1979）、宮崎義一編訳（1979）、35～36ページを参照されたい）。

④ 江夏健一、首藤信彦編著（1993）『多国籍企業論』八千代出版社、51ページを参照されたい。

⑤ 前掲書、江夏健一、首藤信彦編著（1993）、56ページによれば、両者は取引が内部化された後のコントロール・メカニズムに関して異なる見解を示しているという。

全競争の状態あるいはさまざまな市場の失敗に直面しなければならない状態にあるため、企業内部に取引を取り込むことで資源配分の効率性が改善される。そして、内部化のメリットとして、インプットの調整能力の増加、差別価格の適用能力の向上、双方独占の回避、不確実性に対する対処能力の向上、現地政府の干渉の削減などが挙げられる①。

取引コスト派はアメリカの取引コスト経済学の影響を受けた。ウィリアムソン（1975）は、市場で取引が行われる際の取引コストの発生メカニズムについて解明した。そのうえで、より効率的な資源配分は市場ではなく、企業内階層組織であると論じた。

そして、ティース（1985）は取引コストの概念を多国籍企業に援用し、国内と海外で同一の機能を同時に行う水平統合と、分離可能な一連の生産工程の中の異なる機能を国内と海外で分担する垂直統合の根拠を探った。

しかし、内部化理論の限界は国際的視点の不十分であるところにある。これについて、ダニング（1977）は折衷理論を提唱した。その詳細については後で述べる。

③プロダクト・サイクル論

バーノン（1966）は、アメリカの多国籍企業の海外事業を説明するために、プロダクト・ライフ・サイクル（Product Life Cycle－PLC）という概念②を用いた。バーノンのプロダクト・サイクル論はアメリカの多国籍企業の対外直接投資行動について説明したものであるが、一般的な産業発展のパターンにも応用できる。

この理論によれば、3 つの段階がある。第 1 は新産業の導入期（バーノンによると新製品の段階）である。この時期は国内市場の開発が中心になり、主に国内市場で販売され、先進国である海外市場に輸出される。第 2 は成長期（バーノンによると成熟品の段

---

① 前掲書、江夏健一、首藤信彦編著（1993）、57 ページによる。

② この概念によれば、商品が生産から消滅まで、納入期→成長期→成熟期→衰退期という 4 つの段階を経るという。

階）で、国内で成熟化するとともに、発展途上国などに向かって輸出を拡大させる時期である。第3は、輸出先である発展途上国の低賃金を競争優位とする時期(バーノンによると標準化の段階)で、先進国の企業は海外に直接投資し現地生産を行い、商品はその国から輸入する段階に移るという。

吉原（1974）はプロダクト・サイクル論の貢献として、国際的成長を目指す企業にとって、新製品段階では研究開発能力、成熟化段階では近代的生産管理能力、マーケティング能力、組織管理能力、そして標準化段階においてはさらにコスト削減能力が求められることが明らかにされた点を挙げている。

④折衷理論

前述の如く、ダニング（1977）は企業の多国籍化には内部化優位、所有特殊的優位、立地特殊的優位という3つの条件が同時に必要であると指摘し、折衷理論を提唱した。

折衷理論によれば、国際経営を志向する企業にとっては、製品輸出、技術提供、業務提携、直接投資などのいくつかの選択肢がある。選択するには、所有、立地、内部化の優位性の元となる3つの要素の所在を確認することで判断しなければならい。

このように、ダニングの折衷理論は、所有優位性、内部化の優位性、および立地優位性から成り立っている。ダニングが提唱したこれらの優位性の具体的な内容は表1－1－4の通りである。

表1－1－4　ダニングが提唱した国際生産の折衷OLIパラダイム

1. 所有特殊的優位性（ほかの国籍の企業以上にある国の企業が持つ所有特殊的優位性）		
	a. 財産権、および／もしくは、目に見えない資産から生じる優位性 製品革新、生産管理、纖織体系やマーケティング・システム、革新能力、成文化されていない知識、経験を積んだ人的資源の「貯蔵」、マーケティング、資産調達、ノウハウなど	
	b. 共通管理の優位性	
		i. 既存企業の分工場が、ゼロからスタートする企業以上に享受できる優位性。 ・主に、企業の規模や既存の市場ポジションのために生じる優位性、例えば、範囲や専門化の経済性、独占的なパワー、優れた資源能力やその利用 ・例えば、労働力、天然資源、資金、情報などのインプットへの排他的、または、有利なアクセス

続表

		・(規模や独占的な影響力のために) 有利な条件でインプットを獲得する能力 ・製品市場への排他的、または、有利なアクセス ・最低限の費用での親会社の資源へのアクセス ・共同で提供することの経済性 (生産の調整だけでなく、購買、マーケティング、資金調達などの調整も含む)
		ii. 多国籍であるために特に生じる優位性 ・多国籍であることが、幅広い機会を提供するために上述の優位性をいっそう強める ・国際的な市場についてのより有利なアクセス、もしくは、優れた知識、例えば、情報、資金調達、労働力など ・要素賦存や市場の地理的な違いを利用する能力 ・異なった通貨地域、もしくは異なった政策シナリオによって生じるリスクを分散したり、縮小する能力
2. (例、市場の失敗を回避することで、または、市場の失敗を利用することで) 内部化を魅力的にする優位性		
	・調査や交渉費用の回避 ・所有権を保護するために必要な費用の回避 ・(販売されるインプット (例えば技術) 性質や価値についての) 買い手の不確実性 ・市場が差別の価格を認めないこと ・売り手が、中間製品や最終製品の品質を護る必要性 ・(上記の b. に見られるような) 相互依存した活動の経済性を獲得すること ・先物市場の欠如を補うこと ・(例えば、数量割当て、関税、価格管理、税金の違いなどの) 政府による干渉を回避すること、または、利用すること ・インプット (技術を含む) の提供や販売条件を管理すること ・(競争者によって使用される販売経路を含めて) 市場への販売経路を管理すること ・競争戦略 (または、反競争戦略) として、例えば、相互援助、略奪的な価格の設定、リーズ.アンド・ラグズ、トランスファー・プライシングといった方法を実施することができること	
3. 立地特殊的変数 (これらは、本国、または、受け入れ国で優位性になる)		
	・天然資源や作り出された資源の賦存、および、市場についての空間的分布 ・例えば、労働力、エネルギー、原料、部品、および、半完成品のようなインプットの価格、品質、そして、生産性 ・国際的な輸送、および、コミュニケーションのコスト ・投資の誘因と、(成果の要求などを含む) 投資を思いとどまらせる要素 ・製品貿易に関する人為的障壁 (例、輸入管理) ・(商業、法律、教育、輸送、および、コミュニケーションなどの) インフラストラクチャーの準備 ・(言語、文化、ビジネス観光、習慣などの違いによる) 心理的距離 ・R&D、製造、および、マーケティングを集中することの経済性 ・経済システムや政府の政策、つまり、資源分配のための制度的枠組み	

出所：山口隆英 (1999) 「多国籍企業の成長に関する理論的課題—多国籍企業理論の視点からの展望」『商業論集』第 68 巻第 1 号、49 ページによる。

原出所：Dunning, J. H. (1988), *Explaining International Production*, Unwin Hyman, p. 27.

また、ダニングは企業の海外生産のレベルと構造について、次の４つの条件によって決められるという[①]。

第１の条件は他国の企業に比較して、どの程度で「持続可能な企業特殊的優位」（sustainable ownership-specific advantages:O）を持っているのかである。ここでいう企業特殊的優位とは、企業の無形資産の所有および海外生産活動の共同管理から得られる資産の所有が企業の能力を増強し、資産価値と想定される場合である。

第２の条件は第１の条件が満たされた場合に、企業特殊的資源を外国の企業に売却するのではなく、企業特殊的優位性にいかに付加価値をつけるのかである。この優位性を「市場内部化の優位性」（market internalization advantages: I）と呼ばれる。

第３の条件は、上記２つの条件が満たされたとして、生産拠点を海外に持つことによってさらに付加価値を高められるかどうかである。これは「立地特殊的優位性」（location advantages: L）である。

そして、第4の条件は上記したOLIの条件に満たされたとして、企業の経営戦略と海外生産の間の整合性をどの程度で見出すかである。

⑤グローバル競争戦略論

ポーター(1980)は経営学における競争戦略論の創始者である。その競争戦略論には大きく２つの流れがあるという。①企業を取り巻く事業環境を中心とするもの、②企業内部活動に焦点を当てたもの、である[②]。

まずポーターは、業界の構造分析の重要性を指摘し、そして分析するためのフレームワークとして、５つの競争要因を挙げている。それは①新規参入の脅威、②代替製品・サービスの脅威、③買い手（顧客）の交渉力、④売り手（供給業者）の交渉力、⑤競

① Dunning, J. H. (1992), *Multinational Enterprises and the Global Economy* ,Addison-Wesley, PP. 79-80.

② 中村（2010）『グローバル経営の理論と実態』（新訂版）同文舘、37ページ。

争業者間の敵対関係、である（図1－1－2を参照）。これら5つの競争要因を分析することによって、自社の強みと弱みをつかみ、自社に有利なポジショニングを図ることを提起している[①]。

図1－1－2　業界の収益性と決める5つの競争要因

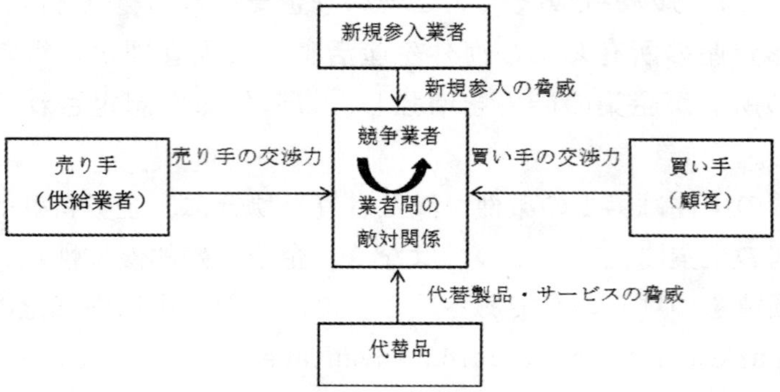

出所：Porter, M. P. (1980), Competitive strategy: techniques for analyzing industries and competitors, Free Press. 土岐坤・中辻萬治・服部照夫訳（1982）『競争の戦略』ダイヤモンド社、18ページ。

また、ポーターは、他社と競争するために3つの基本戦略として、①コスト・リーダーシップ戦略、②差別化戦略、③集中戦略を挙げている。この3つの基本戦略のいずれを実現するか、もしくはその組み合わせを選択し実行することを通じて、競争優位を獲得できると指摘している（図1－1－3を参照）。

①コスト・リーダーシップ戦略とは、業界内で競争企業より低いコストを達成する戦略である。基本的には、規模的経済性を追求することを指す。

②差別化戦略とは、業界内のほかの企業と差別できるように企業の特異性を持つようにする戦略である。

③焦点（集中）戦略とは、特定の買い手、特定の製品、特定の市場などにターゲットを絞り込み、それに適合した戦略の展開によっ

① Porter, M. P. (1980), *Competitive strategy: techniques for analyzing industries and competitors*, Free Press. 土岐坤・中辻萬治・服部照夫訳（1982）『競争の戦略』ダイヤモンド社、18ページ。

て、競争企業を排除しようとする戦略である。また、この戦略には、コスト・リーダーシップ戦略と結合したコスト焦点戦略と、差別化戦略と結合した差別化焦点戦略に2分される[①]（図1－1－4参照）。

図1－1－3　3つの基本戦略の有利性

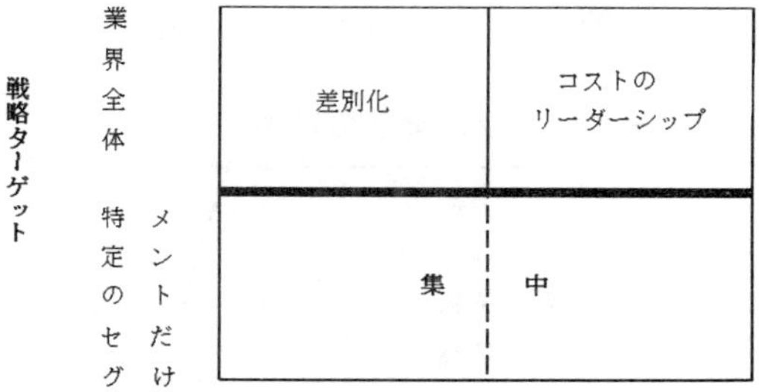

出所：Porter, M. P. (1980), *Competitive Strategy:Techniques for Analyzing Industries and Competitors*, Free Press.
土岐坤・中辻萬治・服部照夫訳（1982）『競争の戦略』ダイヤモンド社、61ページ。

図1－1－4　4つの基本戦略の有利性

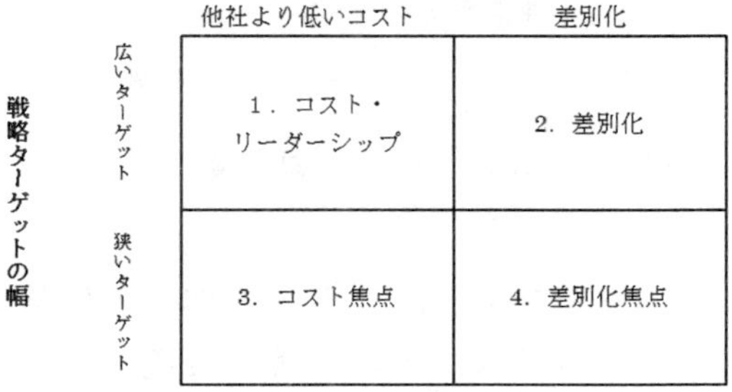

出所：Porter, M. P. (1985), *Competitive Advantage: Creating and Sustaining Superior Performance*, Free Press.
土岐坤・中辻萬治・小野寺武夫訳（1985）『競争優位の戦略：いかに高業績を持続させるか』ダイヤモンド社、16ページ。

また、ポーターは企業内の活動について、価値連鎖という概念によって研究が展開されてきた。企業にとって競争優位を生じさせる可能性がある経営資源やケイパビリティを特定する方法の1つは、価値連鎖分析を行うことである。これは、コスト優位や差別化という競争優位の源泉を特定するツールで、企業の主な活動

① 前掲書、中村久人（2010）、40ページ。

を細分化することで、自社の事業活動のどこに強み、弱みがあるのかを分析し、現在の戦略の有効性や改善すべき点を考えることができる。またこの価値連鎖分析に関しては、ポーターは「コストのビヘイビアおよび差別化の現存または潜在の源泉を理解するために会社を戦略的に重要な活動に分解する」とされている[①]。

図 1—1—5　価値連鎖の基本形

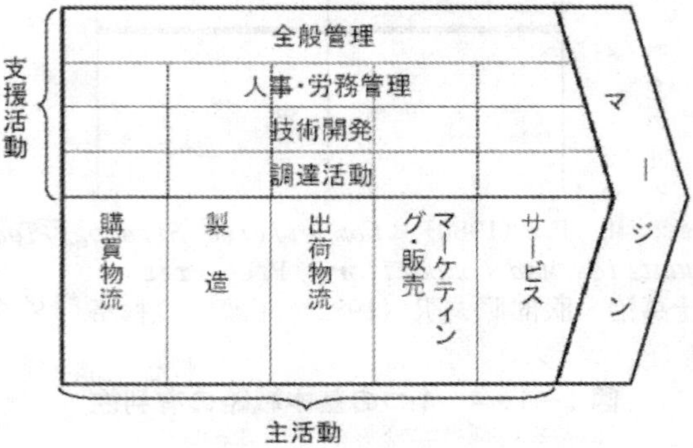

出所：Porter, M. P. (1985), *Competitive Advantage: Creating and Sustaining Superior Performance,* Free Press.
土岐坤・中辻萬治・小野寺武夫訳（1985）『競争優位の戦略：いかに高業績を持続させるか』ダイヤモンド社、49 ページ。

図 1—1—5 に示されるように、価値創出活動を主活動と支援活動に分類している。主活動には、購買物流、製造、出荷物流、販売・マーケティング、サービスがあり、支援活動は、全般管理、人事・労務管理、技術開発、調達活動である。

同一業界における企業は、似たような価値連鎖を持つとはいえ、競争業者の価値連鎖はそれぞれ違う場合が多く、競争業者間の価値連鎖の違いこそ、競争優位の決め手になるとしている。また、価値連鎖の基本形から出発して、個々の活動に細分化[②]していくことは、競争優位の診断において、コスト優位のための

① 前掲書、Porter, M. P. (1980).土岐坤・中辻萬治・服部照夫訳（1982)、45 ページ。
② 細分化：例えば、販売・マーケティング→マーケティング管理→広告→セールス部隊管理→セールス部隊の動かし方→テクニカル文献→販売促進に分類するなど。

要因、差別化できる要因を特定できる[①]。

企業内で自社の競争優位などについて検討されるときに、このフレームワークを用いて、実際に企業の付加価値の分布をこの価値連鎖図の中に描いてみると、自社の競争優位もしくは劣位の源泉がはっきりと出てくる。

また、ポーターは、「ある産業における国・地域の競争優位がそこに本籍を置く企業に競争優位を提供し、その競争力を持ってグローバルで成功する」と考え、企業のグローバル競争優位の源泉を分析するための「ダイヤモンド・フレームワーク」を提案した。

「ダイヤモンド・フレームワーク」によれば、ある国の産業のグローバル競争優位は、産業環境、言い換えれば企業の立地を構成する4つの決定要因と2つの変数によって決定される。また、4つの決定要因と2つの変数を図示すると菱形になることから、ダイヤモンド・フレームワークと呼ばれている（図1−1−6を参照）。

図1−1−6　グローバル競争優位のダイヤモンド・フレームワーク

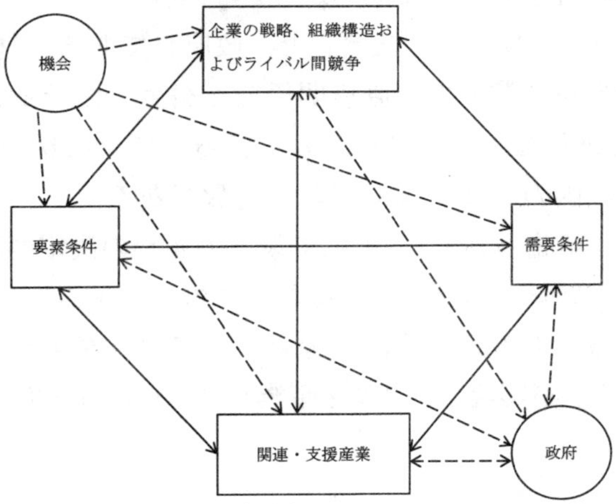

出所：Porter, M. P. (1990), The competitive advantage of nations, Free Press.
岐坤・中辻萬治・小野寺武夫・戸成富美子訳（1992）、『国の競争優位』ダイヤモンド社、188ページによる。

① 前掲書、中村久人（2010）、49ページ、58～60ページ。

具体的に、4つの決定要因には①要素条件、②需要条件、③関連・支援産業、④企業の戦略、組織構造およびライバル間競争、がある。とりわけ、以下のように解釈できる[①]

①要素条件

要素条件とは人的、物的、知的資源や技術インフラなどの企業間の競争を可能にするインプットのことである。

②需要条件

当該産業の製品やサービスなどに対する需要的性質である。さらに、国際的な競争力を有するためには、その需要を洗練する必要がある。

③関連・支援産業

国際的な競争力を有する関連産業や支援産業の国内での有無である。

④企業の戦略、組織構造およびライバル間競争

企業が作られ、組織され、経営される状況、および国内のライバル企業間の競争の性質である。

また、2つの変数とは「機会」と「政府」である。「機会」とは国際環境や当該企業の力と直接関係なく発生したチャンスである。「政府」は前述した4つの決定要因に影響を与えたり、反対に受けたりするその国のシステムに関わる変数である。

ポーターは結論として、1国内で以上の4つの決定要因と2つの変数からなるフレームワーク全体が一つのシステムとして、最良な形で機能するときの競争優位の源泉としての「ダイヤモンド・フレームワーク」が実現し、企業・産業がグローバル優位を獲得できると述べている。

第2節　中国進出日系企業に関する先行研究

本節では、中国進出日系企業に関する先行研究について取り上

① 前掲書、中村久人（2010）、49～55ページ。

げたい。中国進出日系企業に関する研究が盛んになったのは 2000 年代に入ってからである[①]。主に、異文化経営の視点、経営現地化の視点、人事・労務の視点という 3 つの視点から考察できる。また、日本人の学者だけではなく、中国人の研究者による研究も合わせて取り上げる。

1. 異文化経営の視点から

異文化経営については、吉原（2002）は「一つの均質な属性（国籍や文化的背景、言語）ではなく、多民族や多国籍、多言語、多文化の人々が構成する企業を経営してビジネスを行うことであり、それを対象とした学問が異文化経営論である」としている[②]。

そして、異文化経営の視点から、中国進出日系企業について研究が行われた代表者として、古田（2004）、周（2007）、中村（2007）などが挙げられる。

(1) 古田秋太郎による研究

古田（2004）は、まず中国進出日系企業で働く中国人従業員の価値観や職業意識の特徴について、次のように示している。①関係主義：中国人は規則よりも人脈を重視するという特徴を持つという。中国は人脈社会といわれるほど、特に地方部においては人脈が極めて重視されている。個人的信義・信頼関係を中心とした関係主義は中国の文化の 1 つの特徴と指摘している。②個人主義：自己責任主義と自主独立性のことを指す。中国人は欧米人に近い個人主義的価値観を持っているという。③実事求是：実事求是とは、事実に基づいて、物事の真相・真理・正否を判断することである。

また、古田（2004）は、日系企業が中国国内市場での販売を成功させるために、日本的経営を中国現地事情との融合が必要である。また、それを通じて、中国人の知恵と能力を最大限に発揮さ

---

① 田園（2011）『中国日系企業の人材育成』桜美林大学北東アジア研究所、53 ページによれば、2000 年までに日系企業に関する研究論文は日本側 6 件、中国側 3 件で、合計 9 件であった。2000 年代に入ってからは 60 件以上までのぼったという。

② 吉原英樹(2002)、『国際経営』有斐閣、216 ページ。

せるように、中国事情にあった新しい人事制度を構築する必要があると指摘している。

(2) 周宝玲による研究

周（2007）の研究では、まず、文化と経営との関係、および文化の企業経営に対する影響に注目しつつ、異文化経営の実態を明確にした。それから、中日の国民文化と企業経営の違いを比較し、さらに中日のコミュニケーション・スタイルの違いを検討し、その違いによって中日間で発生したさまざまなギャップについて論じている。

また、日本と中国の国民文化の違いとそれに伴う経営方式の違いを明らかにしている。周（2007）によれば、中国企業では個人の能力を重視しているのに対し、日本企業では従業員同士の協力を重視している。また、中国企業においては、職務内容や責任範囲が明確であるのに対して、日本企業ではそれにおいて曖昧な部分が多く、従業員は状況に応じて柔軟に仕事を行う傾向がある。

周（2007）は、中国進出日系企業2社における企業内外の異文化コミュニケーションの実態について検討して、「企業内のコミュニケーション不足の問題を如何に克服するのか」、「企業内外の異文化コミュニケーションを如何に活性化させるのか」と、一般的な日系企業に存在している「コミュニケーションの問題点」を検討した上で、日系企業が直面している異文化経営の課題を論じている。

(3) 中村久人による研究

中村（2007）は中国進出日系企業の経営を成功裏に進めるために異文化としての中国文化を重視した経営を行う必要性を提起した①。

中村（2007）によると、日系企業が中国へ進出、さらに事業を展開するためには次の3つの視点から複眼的に中国をみる必要が

① 中村久人（2007）「在中日系企業と異文化経営」『異文化経営研究』、異文化経営学会、3ページ。

あると指摘した。その 3 つの視点とは、「中国人の思考と行動パターンに対する視点」、「中国人の人生の共通項についての視点」、「中国に存在する4種類のリスクの視点」である。

そして、中村（2007）によって、広大で多民族からなる中国の文化は一様ではなく、多様な社会性や地域的特性などを有するため、複眼的に把握することの重要性が明らかにされた。さらに、中村（2007）は、中国日系企業の進出の成否要因について、「成功の鍵」となる10つのポイント①と「避けるべき」となる5つの注意事項②を提起している。

2. 経営現地化の視点から

(1) 朱炎による研究

中国進出日系企業の経営現地化に関する早期研究として、朱（2001）による研究はその一つである。朱（2001）によれば、当時の中国進出日系企業の経営現地化課題は、主に「モノ」の現地化、「ヒト」の現地化、「カネ」の現地化3つの面からであった。

まず、「モノ」の現地化についてである。1998 年の調査結果によれば、中国進出日系企業の現地販売率は北米やヨーロッパでの現地販売率に比べ、特に低いことが朱（2001）の分析によって明

---

① 前掲書、中村久人（2007）は、2006年3月にみずほ銀行上海支店より入手したプレゼンテーション配布資料を基に修正して、次のような10つのポイントをまとめている。

(1)本社経営トップの決断と思い切った現地への権限委譲
(2)有力かつ、優位分野への進出
(3)将来的にも独資化への覚悟を保持すること
(4)積極的に現地調達方針を実行すること
(5)法令遵守(コンプライアンス)を重視すること
(6)中国社会になじむ人事制度を実施すること(同じなのは肌の色だけ、文化も習慣も違う)
(7)有能な通訳を確保すること
(8)董事会、董事長、総経理等の権限と責任を明確化すること
(9)中国社会への貢献、配慮を行うこと（雪中送炭）
(10)近くて違う国中国で仕事をしているという謙虚さを忘れないこと

② 前掲書、中村久人（2007）によれば、以下の場合は失敗につながりやすく、回避されるべき事態である。

(1)本社経営トップが第三者的姿勢をとること(経営者の陣頭指揮・本社のサポートが必要)
(2)合弁相手が不適切な場合（行政トップの紹介は、時に要注意。相手は1社が望ましい）
(3)有能な現地スタッフが不在な場合
(4)日本人的弱点が表面化すること
(5)偏った先入観と歴史観を持つこと

らかにされた[①]。当時の現状として、中国進出日系企業の販売現地化は進んでいなかった。

それから、「ヒト」の現地化については、当時の研究は日本本社から派遣された社員数、と現地法人の経営幹部人数に留まっていた。人事・労務制度に関してはまったく触れていなかった。中国における日系企業の日本人と中国人の経営幹部の割合状況は次の表1−2−1の通りである。

表1−2−1　中国における日系企業現地法人の経営幹部における日本人と中国人の割合

	日本人の割合	中国人の割合
最高責任者	71.1%	26.6%
次席責任者	50.4%	44.2%
人事・労働部門	27.6%	67.0%
経理部門	37.4%	59.7%
販売部門	36.2%	52.4%
仕入部門	31.7%	60.9%
研究開発部門	23.7%	27.0%
企画・調査部門	21.5%	29.8%

＊製造業、1998年の状況。

「日本人の割合」、「中国人の割合」、「当該部門責任者なし」の合計が100%。

出所：朱炎（2001）『アジアにおける日本企業の経営グローバル化—経営現地化の進展と対応策』、富士通総研経済研究所、13ページより抜粋、筆者作成

データ出所：経済産業省

最後に、「カネ」の現地化について、「設備投資の資金調達」、「長期的借入金の借入先」、「貿易決済通貨」に分け、分析を行った。結果として、日本への依存度が高いとなった。

また、朱（2001）は日系企業の現地法人と日本本社との関係、

① 1998年の調査結果に北米における日系企業の現地販売率は87.8%、ヨーロッパにおける日系企業の現地販売率は60.1%であり、それに対して、中国における日系企業の現地販売率は47%であった。（朱炎（2001）『アジアにおける日本企業の経営グローバル化—経営現地化の進展と対応策』、富士通総研経済研究所、10ページを参照されたい。）

とりわけ経営自主権についても分析を行っていた。朱（2001）は経営自主権について、日本本社の事前承認事項の内容による分析を行った。中国進出日系企業の状況は次の表 1−2−2 の通りである。

表 1−2−2　日本本社の事前承認事項

役員任免	21.2%
雇用・解雇	1.5%
賃金上げ	4.5%
利益処分	18.4%
設備投資の決定	15.7%
製造方法の変更	4.1%
販売方法の変更	2.3%
研究開発投資の決定	2.2%
子会社設立・他社への投資	15.0%
長期資金調達の決定	13.1%
一定額以上の寄与	1.8%

出所：前掲書、朱炎（2001）、19 ページより抜粋、筆者作成
データ出所：経済産業省

朱（2001）は中国進出日系企業の経営現地化状況について、現地化はある程度進んでいるが、依然として遅れている。モノの現地化については、現地販売の比率が低く、ヒトの現地化については、経営幹部への現地人材の登用が遅れている。カネの現地化については、資金調達はなお日本本社に依存している①とまとめていた。

(2) 古田秋太郎による研究

古田（2004）は中国進出日系企業の経営現地化について、主になる 3 つの要点を挙げている。①積極的に中国人従業員を経営管理層に登用すること、②中国人の価値観や職業観に合わせた能力給・業績給を導入すること、③コミュニケーションによる信頼関係を築くこと②、である。

また、古田（2004）は中国の日系企業を対象としたインタビュー

① 前掲書、朱炎（2001）、21 ページ。
② 古田秋太郎（2004）『中国における日系企業の経営現地化』、税務経理協会、78 ページ。

調査、アンケート調査を通じて、日系企業の経営改革の現状を分析し、経営現地化への第一歩として、中国人の活力を引き出すために人の現地化を進めることであり、それを実現するためには、現地人への責任、権限の委譲が必要であると主張している。

(3) 徐雄彬による研究

徐（2009）の博士請求論文の中では、中国進出日系企業の経営現地化における人材現地化の問題に焦点を当てている。まず、中国進出したその他の外資系企業の人材現地化より日系企業の人材現地化は遅れていることを明らかにしている。そして、在アジアの日系企業の中でも中国での人材現地化が比較的に遅れていることを示している。さらに、中国進出日系企業の人材現地化は、トップ経営者の現地化が特に遅れていることを指摘している。

徐（2009）は人材現地化の遅れにより生ずる問題点についても検討している。とりわけ、①人的コストの問題、②現地従業員のモチベーション問題、③現地の人的資源を活用する多国籍企業の優位性発揮に関する問題、④地域社会への貢献の問題、という 4 つの問題点である。

それから、徐（2009）は日系企業 17 社を取り上げ、中国進出日系製造業企業の人材現地化に関する事例分析を通じて、「職務の明確さが高い企業の経営管理者に占める中国人の割合（部長、課長の現地化）が大きく、国際化程度が高いことが確認できた。つまり、中国人の特徴に適した、或いは近い職務を導入した企業の人材現地化が進むという傾向が示された」[①]との結論が出されている。

さらに、徐（2007）は A 社と P 社の 2 社の事例についての詳細分析を行い、①明確な業務内容や責任を好んでいる中国人の特徴に適合する職務を構築することが様々なプラス効果をもたらし、人材現地化を促進すること、②成果主義による賃金システムが優

① 徐雄彬（2009）『中国における日系製造業企業の人材現地化に関する研究―経営管理者の現地化を中心として―』、桜美林大学博士学位請求論文、165 ページ。

秀な中国人の活用に繋がり、人材現地化を促進する効果があると判断するが、成果主義による賃金の設定は評価基準の明確化と同時に行う必要があること、③本社での育成を通じて、人材の確保や活用ができ、従って、人材現地化が進むこと[①]、についての実証検証が行われている。

3. 人事・労務の視点から

(1) 早期研究

中国進出日系企業の人事・労務の視点からの早期研究に関しては、日本労働研究機構（1996、1997)、安室、関西生産性本部、日中経済貿易センター、連合大阪編（1999)、馬（2002)、松繁・徐(2002)、趙(2002) などが挙げられる。しかし、10 年以前に比べ、現在の中国労働事情や日本企業の置かれる経営環境も大きく変化している[②]。それゆえ、早期の研究は今日の日系企業に与える影響は限界があると考えられ、やや簡単に紹介する。

まず、賃金制度に関する記述的研究としては、日本労働研究機構（1996、1997）が代表的なものとして挙げられる。そこでは、日系企業 17 社を対象に調査を行い、人材の現地化の状況を把握するとともに賃金と昇進構造に関する聞き取り調査を行っている。

安室、関西生産性本部、日中経済貿易センター、連合大阪編(1999) も、いくつかの日系企業の事例を扱いながら、賃金の上昇率の決定における工会の役割や、手当ての問題、年功賃金と仕事給のバランスの問題等も議論している。

馬（2000）のアンケート調査によれば、中国における日系企業に対する人気度は低く、特に、欧米系の企業との比較から、その原因の一つとして日系企業の人材現地化の遅れにあるという。日系企業の方が現地の有能な人材の抜擢と昇進は遅くなっており、そのために日系企業が有能な人材を獲得するうえで困難を抱えて

---

① 前掲書、徐雄彬（2009)、316～319 ページ。
② 中国の労働事情の変化については、後の第 3 章で詳細に取り上げる。

いるということを指摘している[①]。

松繁・徐（2002）の研究では中国の日系企業で働く中間管理職の企業内賃金と昇進制度について、統計的に分析を行った。特に、昇進や賃金を決定する要因として経験年数や勤続の効果を計測した。調査の結果、中国においても昇進に関しては日本と同様に勤続と経験が重要な要因であると指摘している。「特に勤続が効果を持つということは、設立時間の短い企業においても内部昇進が有利となっていること、すなわち内部労働市場が発達しつつあることを意味している」[②]と主張している。

趙（2002）は日系企業が中国で長期的、持続的に経営活動を行うために、どのような管理方法が適しているのかを解明することを課題とした。そして、解明するために、人的資源管理の視点から、中国進出日系企業9社と合わせて約400人の従業員を対象とした調査を行い、分析をした。また、事例研究に基づいて、日本企業、日系企業、中国国有企業それぞれの人的資源管理の特徴をまとめた。そして、趙（2002）の研究によって、中国進出日系企業の従業員の労働事態について、特に労働集約型の日系企業においては、従業員の仕事から得る満足度が低く、労働疎外感が強いことが明らかにされている。また、日系企業は従業員をひとりの個性を持つ人間として尊重し、彼らの思考や意見に耳を傾け、従業員の職務満足を満たしながら、企業の利益創出と従業員尊重とのバランスを保つことにより企業の利潤の最大化することができると指摘されている[③]。

(2) 太田仁志による研究

白木三秀編著（2005）の『チャイナ・シフトの人的資源管理』第8章において、太田は中国進出日系企業の課題を、「優秀な人材

---

① 馬成三（2000）『中国進出企業の労働問題』ジェトロ、17～23ページ。

② 松繁寿和、徐雪梅(2002)、「中国の日系企業における中間管理職の昇進と賃金」OSIPP Discussion Paper : DP-2002-J-019、11ページ。

③ 趙暁霞（2002）『中国における日系企業の人的資源管理についての分析』白桃書房、224～227ページ。

の確保」として捉えている。太田はアンケート調査と企業インタビューから、「管理職の採用難」、「中間管理職の離職率が高く、定着に問題ある」などの問題点を取り上げている。そのため、「外部労働市場での評価との関連で社内賃金や昇進をはじめとする人的資源管理諸政策にアプローチする必要がある」、「企業は組織としてのメリットを生かすような施策や外部市場からの差別化も重要である」、「人材育成、企業内従業員のキャリアパスの設計も視野に入れるべき」などが指摘されている①。

(3) 董光哲による研究

董（2007）は経営資源②の国際移転の視点から、中国進出日系企業の人事・労務管理について分析を行った。董（2007）は中国進出日系企業である北京・松下カラーブラウン管有限公司と上海日立家用電器有限公司の2社について事例分析を行い、経営資源の国際移転の「適用」と「適応」について、日本型経営資源の中国への移転上の特徴を「組織・管理関係」と「人事・労務関係」の2つの視点からまとめた。まず、日本型経営資源のシステムにおいての生産・品質管理に関しては、比較的に順調に中国に移転されている。つまり、「適用」の方式である。しかし、人事・労務管理上の所要素に関してはそのまま移転することは難しく、中国現地の事情に「適応」させた形で移転する必要があると指摘している。また、「人事・労務関係」移転上の特徴として、次のように指摘している③。

①両社とも極めて良好な労使関係を築くことに努めている。協

---

① 白木三秀編著（2005）『チャイナ・シフトの人的資源管理』白桃書房、第8章、127～147ページ。

② 経営資源については、洞口治夫（1992）は「企業の経営管理過程を構成する定性的要因である。生産、販売、人事、財務、購買、研究開発といった各職能部門と経営管理者層が、企業という組織の内部に蓄積した知識と情報、また、その企業を取り囲む消費者、原材料、部品納入者、資金供与者に対して印象付けられ履行されてきた信用の双方が経営資源の内実を構成している」と定義している（洞口治夫（1992）『日本企業の海外直接投資—アジアへの進出と撤退』東京大学出版会、206ページを参照されたい）。

③ 董光哲（2007）『経営資源の国際移転—日本型経営資源の中国への移転の研究—』文眞堂、260～264ページを参照されたい。

調的な労働組合であることが明らかにされた。

②「年功序列」型に近い昇進システムと「管理職の社内公募」による昇進システムがそれぞれの会社において構築されている。特に、上海日立家用電器有限公司の「管理職の社内公募」による昇進システムは本来の「幹部による任命」制度から転換された制度であり、公開、公平、公正という原則の下で実行されていることは評価できる。

③両社とも現場従業員から、監督者、中間管理者層までを対象に、定期に詳細な人事評価を実施している。さらに、両社とも中国の事情に「適応」した人事評価内容を取り入れている。具体的には、評価項目内容として、従業員の協調性、グループ意識、部下の育成能力などに重点を置き、強調しているという①。

(4) 経団連による分析

また、中国進出日系企業の人的資源管理について、経団連は中国進出日系企業の人的資源管理とりわけ人材マネジメントに注目し、2006 年、2008 年、2009 年の 3 回にわたって、政策提言が出されている。その内容について、もう少し詳細に取り上げる。

経団連（2006）は日系企業におけるホワイトカラーの人事管理に関する問題については、2004 年 11 月から 2005 年 1 月にかけて、国際労働委員会政策部会委員企業および日本貿易振興機構、在中国日本商工クラブを対象に、中国における人材マネジメント課題についてヒアリングした結果を以下のようにまとめている。「労働市場の変化が速く、法令が実態に追いつかない」、「組織の急速な拡大に人事労務管理体制、社内のポリシーやプロセスの整備が対応できていない」、「採用したい優秀な人材の確保が難しい」、「優秀な人材が流出してしまう」、「需給関係を反映して人件費が高騰している」、「人材育成の体制が充分に整っていない」、「日本企業の価値観や理念を身につけさせることがうまくいかない」などの

① 同上書、172～176 ページ、234～239 ページを参照されたい。

問題点が挙げられる[①]。

経団連（2008）は中国を中心としたアジアに進出した企業に対し、現地採用従業員にとって働きがいのある企業になるために、評価制度や賃金制度の面では、「的確な業績評価と処遇」が必要であると提言したのである[②]。

そして、現地での人事処遇制度を整備するにあたって、まず必要なことは現地の人材の情報（経歴・スキル等）を把握し、継続的にキャリアをモニターできる体制を整備することであると指摘している。そして、各社の人材マネジメントの体制に応じて、各国単位、地域単位、あるいは日本本社がグローバルに人材情報を把握することが求められると述べ、当該スタッフの人材価値を特定するにあたって、業績評価システムと的確な処遇を実効的に運用するパフォーマンス・マネジメントの必要性を強調している。

その具体策として、経団連は「① 評価基準等人事制度をハンドブック等に記載して明示する、② 公正・公平な評価を行い、その評価を個々人にフィードバックし、成果・貢献に応じて報酬を決定することなどが求められる。」と提言している。

さらに、評価基準を日本本社とアジア現地法人で使い分けず、なるべく共通化することも重要だと主張している。それにより国境を跨った社員の異動が行いやすくなるとともに、異動した後も同じように評価されるという社員に安心感をもたらすと指摘している。

また、報酬の水準については、現地の人材マーケットにおいて、同一職種の報酬水準が明らかな場合は、これを参考にして決定することを基本として、これに自社の支払い能力（労働や資本によって生み出される付加価値額）を加味して調整することが求められると賃金の面からも提言している。

さらに、多くの日本企業が労務コストの低廉化を目的に、無理

① 日本経済団体連合会（2006.5.16）「日本企業の中国におけるホワイトカラー人材戦略—優秀人材の確保と定着こそが成功の鍵—」、2ページ。

② 日本経済団体連合会（2008.7.15）「アジアにおいて求められる人材マネジメント—働きがいのある企業であるために—」。

に報酬水準を低く抑えるとすれば現地社員との信頼関係を損なうことにつながりかねないと示唆している。労働市場水準や社会環境等に配慮した報酬水準の設定が社会と共生する企業として求められる条件であると指摘している。

一方、人材定着という観点において、欧米企業に対して競争力のある報酬水準をどう設定するのかについては、報酬水準以外の働きがいの要素、自社の特長なども総合的にアピールしていくことが必要という示唆も行っている。特に優秀な人材については、個人の成果に応じた報酬という考え方を徹底すべきであると提言している。

経団連（2010）は日本企業が海外進出する際に、人事労務マネジメントの強化が徐々に課題になっていると示唆している。特に中国をはじめとするアジア地域の海外拠点においては、従来の生産拠点としての位置付けだけでなく強大な消費市場としても捉えるなど、進出目的自体が変化してきているため、現地化を推進している企業においては、現地のニーズにあった製品やサービスを開発するための優秀な現地人材の確保と定着に加えて、現地の労働組合との良好な労使関係の構築も課題となっていると指摘している[①]。

(5) 田園による研究

田（2009、2011）の研究は、人事・労務の一環である在中日系企業の人材育成問題について、日本型経営資源の国際移転の視点から、ホワイトカラー層の企業内教育訓練に注目し、理論的検討、国際比較を踏まえ、日本本社と中国現地会社の事例を分析し、在中日系企業の人材育成のあり方を論じた研究である。

田（2009、2011）は人材育成の理論的裏づけと人材育成に関する先行研究をサーベイするとともに、国際比較を通じて、企業教育訓練の歴史的変遷を踏まえ、ドイツと日本と中国との比較研究

① 日本経済団体連合会（2010.5.18）「経営環境の変化にともなう企業と従業員のあり方—新たな人事労務マネジメント上の課題と対応策—」、10ページ。

を展開している[①]。トヨタ本社と中国現地合弁会社である天津一汽豊田汽車有限公司のホワイトカラー層における企業内教育訓練の事例分析および比較研究を通じて、職務を基軸にしたグローバル統合と現地適応の両立、国境を越えた規範の統合の強化およびグローバル人事育成制度の構築を通じた制度の統合の実現可能性[②]についても論じられている。

(6) 上海ビジネスフォーラム異業種交流会の研究会による論議

また、最近の中国進出日系企業の人事・労務管理について、論議されたのは2012年02月18日に、上海ビジネスフォーラムの異業種交流会の研究会である。

上海ビジネスフォーラムの2月研究会の研究報告内容[③]によれば、当日、中国進出日系企業の経営者である会員ら26人[④]によって、人事労務の視点から、日系企業の2012年の課題について、次のように分析・検討された。

まず、現段階の中国進出日系企業が置かれている経営環境については、次の2点が挙げられた。第1、不景気な日本の現状からの脱出を図ろうとの進出目的で、中国に進出する企業も増えてきたが、中国現地での競争状況は想像以上に激しいと指摘した。第2に、日系企業の競争相手は、日本から進出した同業者のみならず、世界中の同業者や、さらに中国系企業も手ごわい競争相手である。特に、日本で学び、中国の日系企業で磨き、独立して、世界を相手にしている民間企業は極めて強力な競争相手であると指摘した。このような中国民間企業は強烈なトップダウンで決定と行動が早いことが最大の強みであると指摘している。

---

① 田園（2011）『中国日系企業の人材育成』桜美林大学北東アジア総合研究所、132～137ページ。

② 前掲書、田園（2011）、197～293ページ。

③ 上海ビジネスフォーラム異業種交流会ホームページによる（http:// www. sbfnet. cn/ useful/ management/ 20.html、2012年3月12日アクセス）。

④ 26人の参加者は日系企業の経営者がほとんどであり、その中には、日本人の経営者も、中国人の経営も存在している（日本人上海ビジネスフォーラム異業種交流会ホームページ当日の参加者の紹介内容を参考されたい、http://www.sbfnet.cn/report/sbf/activity/2012/02.html、2012年3月12日アクセス）。

それから、日系企業の強みと弱みについて検討を行った。日系企業の強みとして、①基礎技術や商品開発力、②5S 運動や源流管理などの品質管理、③TPS や JIT などの生産管理、④人を大事にする人事管理、⑤健全な労使関係の構築、⑥愛社精神の高揚、⑦社員の意見を大切にする、などが挙げられた。

それに対して、日系企業の弱みは主に人事・労務に表れているという。とりわけ、①長期雇用・永年勤続を前提とした属人的労務管理[①]、②集団指導体制でトップダウンが少なく何でも会議する、③過去の習慣と伝統を尊重し過ぎる、④子会社の独立行動を嫌がる、⑤取締役の職責と権限を軽視する、などである。

最後に、これからの日系企業の課題については、次のように指摘された。

①優秀な人材を逃がさないように、属人的人事制度を廃止し、能力や実績優先の人事制度を構築すること。しかし、人事制度の再構築にあたって、まず、従業員特に永年勤続者に、緊密な労使の話し合いをして、理解を得ることが必要であると主張した。そのために、前述した日本企業の強みの一つである健全な労使関係の構築を取り入れるべきである。現状の中国の労働組合は形だけであり、労使関係や労使交渉を全く意識していないからであると指摘した。

②日本企業の社員教育方式を中国に持ち込むことが必要である。現状では、中国にある日系企業の社員教育は、欧米系企業に比べても遅れているという。社員教育を通じて、基礎知識と意識を高め、優れた技術やシステムの活用につながる。人は組織のあるべき姿や向かう方向を共有すれば変わり、組織の方向に忠実になる。集団研修の中で、社員による繰り返し討議を手段として自覚させる。

③中国の風土と中国人の志向に合わせた製品やサービスを提供

① ここでいう属人的とは、年齢・勤続・学歴・性別・家族構成などその人固有に属する能力や実績と無関係な内容である。

すること。すなわち現地志向に基づいての開発をすべきである。

④意思決定については、ボトムアップとトップダウンの両方で行うべきである。社員の意見をまじめに聞くが、最終決定はトップダウンで決める。なぜなら、中国で成功するにはスピード感のある経営が欠かせないからと参加者の会員らに同感された。また、親会社を説得し、実行させるようにするのが中国進出日系企業の経営者の最大の使命であると結論付けていた。

第2章　人事評価・賃金制度に関する理論

人事評価・賃金制度にかかわる人事管理に関する理論は時代とともに変化を遂げてきた。本章では、まず人事管理の原点となる諸理論の変遷を探りながら、人事評価・賃金制度を研究するための主な理論的根拠を概観する。次に、日本における人事制度の変遷および人事制度の系譜、人事評価制度、賃金制度についての検討を行う。

第1節　人事評価・賃金制度に関する基礎的理論

1. 科学的管理①

科学的管理法が成立する以前の 1880～1890 年代のアメリカ産業界では、製造業の生産量拡大が続いていた。当時は完全出来高給が一般的であったため、労働者の賃金の大幅な上昇に対して、雇用者は出来高単価の引き下げを繰り返していた。その結果、労働者は「よく働けば働くほど賃金率が下がる」と考えるようになり、組織的怠業が頻発、労使の対立、労使間の紛争が激化していたという。

そこで、テイラーは労働者の一日の作業量を公正に測定しようとするもので、技法として時間研究を考案し、標準的な仕事を達成した者には割り増し賃金を、そうでない者には定額賃金つまり最低賃金のみを支払うという差別的出来高給制を提唱した。

テイラーは工員に対してばかり科学的管理法を適用したわけではなく、管理者についても管理者の仕事と責任について述べている。そして従業員と管理者が信頼し協働することが課業管理であると述べている。その組織として要素的賃率決定部門（計画部と

---

① テイラーの科学的管理については、テイラー（1911）、上野陽一訳（1969）『科学的管理法』新版、産能大学出版部を参照されたい。

職能別職長制）の設置を提唱した。

2. 人間関係論

(1) ティード&メトカーフ

ティード&メトカーフの 1920 年に出版された『人事管理(Personnel Administration)』は近代人事管理研究の基礎と言われている。その中で、人事管理を体系的に整理し、人的概念を導入し、人事管理の定義を「最小限の努力・対立と労働者の真の福祉への適切な考慮によって、必要最大限の生産を確保するために、その組織の人間的諸関係を指揮・調整することである」としている[①]。

(2) ホーソン実験[②]

そして、シカゴにあるウエスタン・エレクトリック社のホーソン工場で、1924 年から 1932 年にかけて行われた作業効率に及ぼす要因に関する実験がいわゆるホーソン実験で、更に人事管理を発展させた。

レスリスバーガーとディクソンにより、照明実験、リレー組み立て実験、面接実験、バンク配線作業実験が行われ、1927 年以降はメイヨーを中心とするハーバード・グループが実験に参加した。

レスリスバーガーとディクソンの面接実験により、労働者の不満は、作業現場の客観的な要因のみでなく、人間の全体情況と結びついていると結論づけられた。面接実験で明らかになったのは、①労働者の行動は感情から切り離しては理解し得ない、②感情は容易に偽装される、③感情の表現は、その人間の全体情況に照らし合わせてはじめて理解できるということである。また、労働者の変化への態度は、①職場に対する個人的感情（価値、希望、憂慮、期待）への影響と、②職場の人間関係に及ぼす影響という 2 つ

---

① 岡田行正（2006）「ティード&メトカーフ：『人事管理～原理と実践～』（1920 年版）の再考」『北海学園大学経営論集』第 4 巻第 3 号、北海学園大学経営学会、95～106 ページ。

② ホーソン実験については、進藤勝美（1978）『ホーソン・リサーチと人間関係論』、産業能率大学出版部を参照されたい。

の要因に影響されると論じた。

(3) 人間関係論[①]

ホーソン実験の結果を受け、メイヨー（1933）は人間関係論の基盤と根本的理念を確立した。人間は孤立した個人ではなく、安定感・帰属感を求める。社会や集団との一体感を失った個人の増加や集団間の対立の激化という社会的解体の徴候を、技術的技能に対する社会的技能の立ち遅れに求め、人間の自発的な協働関係を確保するためには、社会的技能を発展させて、両技能のバランスを回復する必要があると論じた。

また、レスリスバーガー（1941）は人間関係論の理論的フレームワークを確立させた。 企業体を技術的組織と人間組織に分け、人間組織をさらに公式組織と非公式組織にわける。公式組織は企業の目的を達成するため、「費用と能率の論理」 に基づいて明確に規定され、成文化された組織である。非公式組織とは、「感情の論理」に基づいて自然発生的に生じる人間の社会的関係である。両者は相互依存的関係にあるなど論じた。

メイヨー、レスリスバーガーは、組織における仲間意識や人間的側面の重要性を主張した。そして、具体的な施策として、「人間関係重視の管理者教育」、「人事カウンセリング」、「職場におけるコミュニケーションの促進」などを提唱した。人間関係論は、企業が果たすべき役割を大きく２つに分けることができることを示した。つまり、①財やサービスを効率的に生産する経済的職能 、②組織のメンバーが人間的満足を得ることができるような人間関係を形成、維持していく社会的職能である。

人間関係論は組織内部の人間関係を前提とした経営管理を定め、人間の感情や心理などを問題の中心に置き、従業員のモチベーションおよび人間の動機付けなどの人間管理には明確な態度と方法が必要であることを明らかにした。

① 人間関係論については、前掲書を参照されたい。

(4) 欲求 5 段階論①

1950 年代になると人間関係論はさらに行動科学的管理論へと発展してさせた。

マズローの欲求 5 段階論 (Maslow's Hierarchy of Needs) とは、アメリカの心理学者アブラハム・マズローによって提唱された人間のモチベーション理論の一つである。マズローは、「人間は自己実現に向かって絶えず成長する生きものである」と仮定し、人間行動を欲求満足化のプロセスと捉え、そして人間の欲求を低次の欲求から順に、生理的欲求、安全の欲求、帰属の欲求、自我の欲求、自己実現の欲求という順に分類し、5 段階のピラミッド型の欲求の階層によって示した。そして、低次の欲求が満たされるとさらにより高次の欲求を志すと主張している。また、「生理的欲求」から「承認の欲求」までの 4 階層に動機付けられた欲求を「欠乏欲求」(deficiency needs) とする。生理的欲求を除き、これらの欲求が満たされないとき、人は不安や緊張を感じると指摘している。「自己実現の欲求」に動機付けられた欲求を「成長欲求」としている。具体的に、第 1 段階を生理的欲求 (physiological needs) といい、食欲、排泄欲、睡眠の欲求など「生きること (生命の活動)」と直結した欲求のことを示す。第 2 段階は安全・安定の欲求 (safety-security needs) であり、つまり危険や脅威、不安から逃れようとする欲求のことを表す。第 3 段階は所属・愛情欲求または社会的欲求 (belongingness-love needs) と呼ばれ、集団への帰属や愛情を求める欲求である。第 4 段階は自我・尊厳の欲求 (esteem needs) で、他人から尊敬されたいとか、人の注目を得たいという欲求で尊厳の欲求ともいわれる。名声や地位を求める出世欲求もこの欲求の一つであるといわれている。最後に、第 5 段階を自己実現の欲求 (self-actualization needs) と定義し、各

---

① マズローの欲求 5 段階論 (Maslow's Hierarchy of Needs) に関しては、Maslow, A. H. (1998), Maslow on Management, Wiley. 金井寿宏監訳、大川修二翻訳 (2001)『完全なる経営』日本経済新聞社を参照されたい。

人が自分の世界観や人生観に基づいて自分の信じる目標に向かって自分を高めていこうとする欲求のことで、潜在的な自分の可能性の探求や自己啓発、創造性への挑戦なども含まれている。

マズローによれば、人間は第1段階の生存の欲求が満たされると、より高次元の段階の欲求（第2～第4）を求めるようになり、最終的には第5段階の自己実現の欲求を求めるようになるとしている。

それでは、企業においてこれを踏まえて論じたい。企業で働く人間は生活に必要な賃金を稼がなければならない。ただし、それが唯一の動機ではなく、最低限の欲求である。それが満たされると、安定した処遇や昇給を求める段階に上がっていく。そして、ただの所属部門と会社の一員であることにとどまらず、共に職場にいるほかの人に認められたい。さらに、自分のキャリア向上や自己実現を次の目的としている。つまり、企業は働く人々によりよく生活させて、働くことができるような仕事環境を整えることによって、従業員の低次元の欲求を満たすことができる。そして、仕事を通じて、いかに従業員に自分の成長や自己実現を実感させるのが重要である。

マズローの欲求5段階仮説で示されているように、生理的欲求が満たされれば、次なる安全・安定性欲求へ、そして所属・愛情欲求へと欲求は高まっていく。また、人によって価値観は多様化しており、尊厳欲求や自己実現欲求で求めるものは違うかもしれないが、世界のグローバル化、情報化によって、他人からの尊敬・承認や自尊心といった尊厳欲求や自己成長や発展を追求する自己実現欲求の国別による差はどんどん縮小されつつあることから考えると企業のグローバル化発展に伴い、それに応じた人事管理も求められていると考えられる。

さらに、マズローの論点に立てば、多くの中国進出日系企業において、特に人材マネジメントの面では第1段階から第3段階までの欲求は十分満たしていると思われるが、問題は第4の「自我の欲求」と第5の「自己実現」段階にある。つまり、自分（現地社員）が所属する集団（日系企業）から価値ある存在と認められ、尊重されることを求める欲求を実現させる段階でつまずいているから、これから日系企業が人事管理を行う際に、従業員に対し、成果や能力を認めることが如何に重要であるかが伺える。

その点について、経団連（2009）は従業員間のコミュニケーションを促進し、一体感の醸成を図ることを目的として、職場における日ごろの気配りや仲間の努力について褒め合う制度を導入している企業の事例を紹介した①。

(5) X・Y理論②

1950年代後半にアメリカの心理・経営学者ダグラス・マクレガーはマズローの欲求5段階論をもとにしながら、人間観・動機づけについて2つの対立的な理論を提唱した。それは「人間は生来怠け者で、強制されたり、命令されたりして、されなければ仕事をしない」とするX理論と、「生まれながらに嫌いということはなく、条件次第で責任を受け入れ、自ら進んで責任を取ろうとする」のY理論によって構築されている。

X理論においては、マズローの欲求段階説における低次欲求（生理的欲求や安全の欲求）を比較的多く持つ人間の行動モデルで、命令や強制で管理し、目標が達成出来なければ処罰といった「アメとムチ」によるマネジメント手法となる。

Y理論においては、マズローの欲求段階説における高次欲求（社会的欲求や自我・自己実現欲求）を比較的多く持つ人間の行動モデルで、魅力ある目標と責任を与え続けることによって、従業員を動かしていく、「機会を与える」マネジメント手法となる。Y理

---

① この企業では、従業員が投票などにより主体的に表彰対象者を決めており、表彰される者の喜びを従業員同士が分かち合うことで気持ちが一つになり、一体感の醸成につながっているという。また、こうした取り組みは、「自分の仕事を周りに認めてもらいたい」「社会や組織に認めてもらいたい」という「承認欲求」（内的動機づけ）を満たすものであり、モチベーションを向上させる非報酬インセンティブに関する取り組みの一つと示唆している。

② Douglas Murray McGregor (1960), The Human Side of Enterprise, McGraw-Hill. 高橋達男訳（1970）『企業の人間的側面：統合と自己統制による経営（新版・新訳）』産業能率短期大学を参照されたい。

論では、企業目標と従業員個人の欲求や目標を明確した方法で調整出来れば、企業はもっと能率的に目標を達成することが出来ると示している。つまり、企業目標と個人の欲求が統合されている場合、従業員は絶えず自発的に自分の能力・知識・技術・手段を高め、かつ活かして企業の繁栄に尽くそうとするようになる、とマクレガーは指摘している。

社会の生活水準が上昇し、生理的欲求や安全欲求などの低次欲求が満たされている時には、X理論の人間観によるマネジメントは管理対象となる人間の欲求と適合しないため、モチベーションの効果は期待できない。低次欲求が充分満たされているような現代においては、Y 理論に基づいた管理方法の必要性が高い、とマクレガーは主張している。

一方、心理学や社会学の視点からの批判もあった。効率を追求することをあまりに重視して、労働者の人間性を軽視する傾向があると指摘している。その後の学者や経営者の努力や試みによって、経営学の更なる発展に繋がったといえる。

(6) 動機付け・衛生理論①

ハーズバーグの二要因理論（動機付け・衛生理論）(Herzberg's theory of motivation）とは、アメリカの臨床心理学者、フレデリック・ハーズバーグが提唱した職務満足および職務不満足を引き起こす要因に関する理論である。人間の仕事に対する満足度は、ある特定の要因が満たされると満足度が上がり、不足すると満足度が下がるということではなくて、「満足」に関わる要因（動機付け要因）と「不満足」に関わる要因（衛生要因）は別のものであるとする考え方である。

動機付け要因とは仕事の満足に関わる「達成すること」「承認されること」「仕事そのもの」「責任」「昇進」などのことである。こ

① 動機付け・衛生理論については、Herzberg Frederick (1966), Work and the nature of man Cleveland : World Pub. Co. 北野利信訳（1968）『仕事と人間性：動機づけ－衛生理論の新展開』東洋経済新報社を参照されたい。

れらが満たされると満足感を覚えるが、欠けていても職務不満足を引き起こすにはならない。動機付け要因は、マズローの欲求 5 段階論でいうと、「自己実現欲求」「自尊欲求」さらに「社会的欲求」の一部に該当する欲求を満たすものとなっている。

また、衛生要因とは仕事の不満足に関わる「会社の政策と管理方式」「監督」「給与」「対人関係」「作業条件」などのことである。これらが不足すると職務不満足を引き起こすと指摘している。満たされたからといっても満足感につながるわけではない。単に不満足を予防する意味しか持たないという。衛生要因は、マズローの欲求 5 段階論でいうと、「生理的欲求」「安全・安定欲求」と「社会的欲求」の一部の欲求を満たすものとなっている。

マグレガーは、企業においては目標と個々人の欲求が調整できていることで、社員は自発的に能力や知識、技術を高めて企業の成長に尽くそうとすると主張している。その理由としては、今日のように生活水準が高いレベルとなり、低次元の欲求である生理的欲求、安全欲求が満たされている状態においては、X 理論の人間観に基づくマネジメント手法は機能せず、Y 理論に基づいたマネジメント手法のほうが適しているといわれている。

3. 目標設定理論

1968 年にアメリカの心理学者ロックが目標設定理論を提唱した。目標設定理論とは、目標という要因に着目して、モチベーションに及ぼす効果を探ることを目指した理論のことを言う。目標設定理論では、モチベーションの違いは目標設定の違いによってもたらされると考えられている。本人が納得している目標については、曖昧な目標よりは明確な目標のほうが、また難易度の低い目標よりは難易度の高い目標のほうが結果としての業績は高い、ということが確認されている。一般的に目標管理（MBO）の理論的背景として、紹介されている。

実際、仕事場面における管理技法としての目標設定の考え方は、既にドラッカーによって1950年代に目標管理（MBO-Management by

Objective）という形で提唱されていた。

ドラッカーは「目標設定による経営の最大の利点は、経営担当者がそれぞれ自分の行為を自ら統制することが可能になることであろう。自己統制は、より強い動機づけをもたらす。つまり、適当にしておこうと言う考えを捨て、最善をつくそうという熱望を起こさせるのである。自己統制によって人々の仕事の達成目標はいっそう高まり、視野もそれに伴ってより広いものになる。目標設定による経営は、経営チームの志向の一致、努力の一致を生み出すことは前述したとおりであるが、そのような効果を必要としない企業においても、少なくとも自己統制による経営を可能にするために必要である」と述べている①。一般的に、ドラッカーの目標管理の理念を「目標と自己統制による管理」と呼ばれている。

ここまで、人事管理に関する諸理論の変遷を探りながら、本書のキーワードである人事評価・賃金制度の理論的裏付けを概観することにした。また、人事管理に関する諸理論が本書への示唆について、下に示してある表2−1−1にまとめた。

第5、6、7章で事例研究と事例の比較研究を行う際に、前述した諸理論から得た示唆を念頭に入れて検討したい次第である。

表2−1−1　人事管理に関する理論

学者名	諸理論	本書への示唆
テイラー	科学的管理法	「差別的出来高給制度」は労働者に目標と達成という考え方を提供した。計画と執行を分離して、標準を作ることで、公正な基準を作り、生産性の向上へとつながる。
メイヨー レスリスバーガー	人間関係論	組織における仲間意識や人間的側面の重要性を主張した。 企業が組織として、果たすべき社会的職能を論じた。
マズロー	欲求5段階論	賃金は生活のために必要であるが、唯一の動機ではない。最低限の欲求である。

① 野田一夫監修（1992）『現代の経営』（上）ダイヤモンド社、175～176ページ。

続表

学者名	諸理論	本書への示唆
マクレガー	X・Y 理論	企業目標と従業員個人の欲求や目標を明確した方法で調整できれば、企業はもっと能率的に目標を達成することができる。
ハーズバーグ	衛生要因・動機付け理論	動機付け要因が満たされると、職務満足度が高い。 衛生要因が満たされても、職務満足度は高まらず、満たされないと、不満足を引き起こす。
ロック	目標設定理論	曖昧な目標より明確な目標のほうが、難易度の低い目標より難易度の高い目標のほうが、結果として業績が高い。

出所：人事管理に関する諸理論の記述内容を基に筆者作成

第2節　人事制度についての考察

1. 日本における人事制度の変遷

日本企業の人事制度は時代の環境変化を受けて、「生活主義→年功主義→能力主義→成果主義→新成果主義」と変化してきた。楠田によれば、戦後日本における人事制度の変遷は15年周期で動いてきた。それぞれの制度がどのような評価基準を重視してきたのか、どのような賃金制度を取っていたのか、経済・社会を含めた時代背景も併せて、その変遷を確認しておくことにする。戦後日本の人事制度は、次の表2−2−1の通り変遷してきた。

表2−2−1　日本人事制度の変遷

	人事制度	評価	賃金	経済背景	社会背景
1945年～	生活主義	−	生活給	混乱期	戦後復興
1960年～	年功序列制	年功序列	年功給	高度成長期	所得倍増政策
1975年～	能力主義	能力評価、情意評価	能力給、年齢給	安定成長期	オイルショック
1990年～	成果主義	成果評価	業績給、能力給	バブル崩壊	IT 革命
2005年～	育成型	成果評価、コンピテンシー評価	役割給、業績給	長期不況	少子高齢化

出所：日本人事制度の変遷の一般的な説に基づき、筆者作成

(1) 戦後復興期（1945－1960 年）生活主義人事制度

生活の安定が第一であり、賃金は年齢に基づく生活給の時代である。敗戦直後の日本では、仕事は生活を維持していくための手段であり、企業、組織における人事制度は生活の保障を目指していた。

1946 年に当時の電気産業労働組合が「電産型賃金体系」を提起し、1947 年 4 月から実施された。しかし、戦後の悪性インフレによる物価の高騰や賃上げ闘争による険悪な労使関係が続いた背景の下で、「電産型賃金体系」①は日本全体に普及するには至らなかった。その後、朝鮮戦争による特需景気やアメリカからの経済援助によって、日本経済が復興へと向かった。一時的にアメリカ型の職務給体系導入の動きが一部の企業に見られたが、結局、実態に合わず失敗した。この時期に、「電産型賃金体系」が一般化し、賃金が年功にリンクして定年まで上昇し続ける仕組みが広く普及した。

(2) 高度成長期（1960－1975）年功主義人事制度

1960 年の三井三池争議②の結果を受け、日本企業において、徐々に労使協調路線が実現するようになった。また、生活の安定とともに、能力に応じた処遇が求められたが、高度経済成長を背景に、多くの企業は、功績を測る基準として年功③によって従業員を序列づけ、その累積によって昇進や昇給いわゆる「年功序列」制度

---

①「電産型賃金体系」は生活給的賃金体系であり、戦後の日本の賃金の「原型」と位置づけられている。電産型賃金体系を詳細に見れば、直接的には、年齢、家族数、勤続年数、さらに間接的には、学歴、経験年数などの「客観的モノサシ」が賃金決定基準として使われているが、基本的には、年齢給を基礎とした基本給決定方式である。

② 当時はエネルギーが石炭から石油へ大きく変化する時期であり、石炭を採掘する三井鉱業は 1959 年から 1960 年にかけて大量指名解雇による合理化を強行しようとした。三池労働組合ら労働者側は全国の労働組合の支援を得て 313 日にもおよぶ労働争議、いわゆる「三井三池争議」が行なわれた。しかし、結果的には、労働側が敗北し大規模な合理化が強行された。争議前後で人員は 15,000 人から 10,000 人に削減された。詳しく、平井陽一(2000)、『三池争議-戦後労働運動の分水嶺』ミネルヴァ書房を参照されたい。

③「年功」とは、本来、年齢、入社年次、勤続年数、経験年数などに基づいての人間の能力が習熟し、その結果として組織にもたらされた「長年の功績」を指す。年功序列制度は企業内での経験が長くなればなるほど、仕事の習熟度、熟達度が向上し、経験値による効果的な業務遂行が可能になり、成果創出につながるといった考え方をベースとしている。

を持って、労使関係の安定化および維持を図ろうとしていた。

また、ジェームス・アベグレン[①]は1958年に発表した『日本の経営』において、日本企業に共通する特徴として「終身雇用」、「年功序列」、「企業内組合」の3つを指摘した。この3つの特徴が、1972年のOECD（経済開発協力機構）の報告書でも取り上げられ、日本的経営における「三種の神器」と呼ばれるようになった。

年功序列制度は企業内での経験が長くなればなるほど、仕事の習熟度、熟達度が向上し、経験値による効果的な業務遂行が可能になり、成果創出につながるといった考え方を基盤としている。評価の側面から考えれば、勤続年数や年齢など客観的な指標に基づいて賃金や処遇が決まるため、評価者の評価能力不足、効果エラーなど主観的な要因は避けられる。しかし、従業員の長期勤続意欲を引き出すことや、定着率が高まるなどのメリットがあるとともに、能力に関わらず若年層に安く高年層に高い賃金のため、若年層や有能力者の労働意欲を低下させて、本人の適正性を軽視し、会社内での適材適所の妨げになるデメリットがあると一般的に指摘されている。

(3) 安定成長期（1975－1990）能力主義人事制度

第1次オイルショック以降、オイルショックによる狂乱物価[②]、日本列島改造ブーム、そしてインフレによる物価急上昇などを背景に、右肩上がりの賃金やそれに連動してふくらみ続ける賞与や退職金を見直そうという動きが活発になってきた。その結果、年功に基づいた評価・賃金は行き詰まり状況に陥った。オイルショックをきっかけに、従業員の能力を重視する能力主義人事制度が普及するようになり、育成型人事管理の下で、職能資格制度に基づく職能給を中心に処遇が行われるようになった。

職能資格給制度の大きな特徴として、能力評価と態度評価を重

---

① ジェームス・アベグレンは「日本的経営」の特徴を最初に世界に広く紹介した研究者であり、その後の「日本的経営」に関するあらゆる研究に圧倒的な影響を与えた。

② 狂乱物価とは、第4次中東戦争に端を発した第1次オイルショックによってもたらされた、1974年の日本の物価の異常な高騰のことを指し、名付け親は政治家の福田赳夫である。

視すること、さらにその結果を能力開発や人材育成に応用させることなどが挙げられる。また、職能資格制度では、昇進と昇格を分離させ、併存させる仕組みとなっている。職能資格制度に基づく「昇進」とは、何らかの職務や職位に就くことで、ポストの上位方向への変更することであり、「昇格」とは高い資格等級に格付けられることである。

職能資格制度の限界として、現実の運用では年功的になりやすいことが指摘されている。つまり、職能資格制度の職能要件書を基準として能力評価が実施され、その保有能力の記述は抽象的なものが多く、評価者は部下の能力を判断するときに、年齢や勤続年数など客観要素に頼りやすいというところである。また、職務活動の評価基準が静態的な基準であるため、それに照らして評価するばかりで本人の年々の伸びがみられない短所も指摘されている。

(4) バブル崩壊→低成長期（1990−2005）成果主義人事制度

能力主義人事制度は、終身雇用を前提に、能力の向上、人材の育成を図りつつ、生涯賃金による仕組みである。バブル経済が終焉を告げて後に「失われた10年」と言われた時期、そして長期にわたる経済低成長期を背景に、能力主義の仕組みの維持が困難になってきた。企業は限定された資金源の配分を有効・妥当に行うための新たなシステムが必要と共通に認識されるようになった。また、従来「固定費」と定着されていた賃金を、「変動費」へ転換させる傾向の下で、企業は売上が下がれば賃金も下げようと考え始めた。

その中で、成果を重視する「成果主義人事制度」が注目され、多くの日本企業が不況から脱出するための手段として、アメリカで成功している成果主義人事制度を取り入れるようになった。実際に、成果評価を行い、その結果を賃金、賞与に反映させ、メリハリのある賃金制度として設けられている企業が多いといわれている。そのため、現在の日本企業は職能資格制度を残したまま、成果評価を加えた形で行われている。

(5) 長期不況（2005－現在）新たな成果主義人事制度

しかし、単なる人件費削減を目的で実施されたり、経営改革と連動しない人事のためだけの制度変更であったりして、多くの問題点を抱えているため、必ず成果しているといえないと一般的に指摘されている。

また、成果に結びつくプロセスの評価が軽視され、最終結果を重視した結果、個人主義が強調され、チームワークの作戦力が低下してしまい、中長期的な人材育成や企業文化の継承が行いにくくなった。また、依然と続いている長期不況の中で、成果主義の見直しが論議されるようになった。

成果主義導入後3年を経過したおよそ7割の企業が、依然として職能資格制度を併存させていたという点も見逃せない。そこには、一気に成果主義化するのではなく、段階的・漸進的に導入することで新制度との融合を模索している姿がみられる[①]。厚生労働省が全国の企業を対象にした 2009 年就労条件総合調査の結果によると、管理職を除く社員の基本給を決める際に重視する主な要素（複数回答）として「業績・成果」を挙げた企業が大きく低下していることが明らかになった。一方で、賞与の決定基準は「業績・成果」が「基本給」を大きく上回り、成果主義の見直しと、賞与に成果を反映させる傾向[②]が強まっていることが伺える。

成果主義は発展途上であり、その施策の問題点が克服されれば、持続的に成長・発展する可能性がある[③]。そこで、今日の日本企業は新たな人事制度の模索時期を迎えてきた。これまでは「正しい制度」、「正しいマネジメント」などを求めてきた。しかし、経

---

① 日本能力協会編（2006）『人と組織の持続的成長を実現する成果主義の新展開』日本能率協会、21 ページ。

② 賃金制度で基本給の決定要素の調査（複数回答）では、「職種、職務」がトップで 77.1%（管理職）と 71.8%（管理職以外）となっている。次いで「職務遂行能力」、「学歴、年齢、勤続年数」、「業績・成果」の順である。「業績・成果」は、管理職で前回調査（01 年）の 64.2%から 17.3 ポイント下がり 46.9%%となった。管理職以外でも 15.7 ポイント低下して 46.6%となり、いずれも 1998 年の調査結果も下回っており、成果主義の見直しが進んだと見られる。一方、ボーナスの決定要素は「業績・成果」が 5 割以上を占めた（http:// www. mhlw. go. jp/toukei/itiran/roudou/jikan/syurou/09/dl/gaikyou.pdf を参照されたい）。

③ 幸田浩文（2010）、「わが国企業の賃金・人事処遇制度にみる成果主義の進路」『経営力創成研究』、第 6 号、121 ページ。

営環境の変化につれて、企業の経営戦略も変化していく。また、それぞれの企業はさまざまな課題を抱えている。企業の発展段階に沿って、企業が置かれている経営環境、企業のビジョンや経営戦略、自社の人事マネジメントの事情に適した人事制度の仕組みを構築する必要がある。

2. 日本における人事制度の系譜

人事制度は企業における経営管理の一環でありながら、企業の数だけあるといわれるぐらい複雑で各社各様である。日本企業の人事制度の系譜をたどる時、2 つの大きな源流があると一般的に知られている。その源流の 1 つが弥富賢之（1985、1997）（賃金管理研究所）による理論であり、もう 1 つは、楠田丘（1981、2010）（社会経済生産性本部）による理論である。それぞれの理論は弥富式と楠田式と呼ばれている。両者の理論の違いは目的すなわち出発点の違いである[①]。いうまでもなく、日本の人事制度についてはそれ以外も数多くの学者が研究を行っているが、本書では主に弥富式人事制度と楠田式人事制度について取り上げる。

(1) 弥富式人事制度

弥富式は人事制度を賃金決定のための制度として捉えており、「業績を伸ばす責任等級による実力主義の賃金制度」[②]を提唱した。実力主義人事制度とも呼ばれている。評価制度は比較的単純であり、評価の対象は成績評価のみである[③]。また、その成績評価制度は賞与配分と定期昇給のための制度であると提示している。賞与配分の際に、監督者、一般職、初級職、営業職ごとに成績評価基準書を用いて実施するのに対して、定期昇給の場合は成績評語による評価方法を取っている。また、前述したように成績評価基

---

① 弥富式評価・賃金制度と楠田式評価・賃金制度の相違点について、http:// homepage3. nifty. com/54321/hyouka.html のページで詳細にまとめられている。

② 弥富賢之（1997）『実力主義の賃金—制度改善の王道』経営書院、第 1 章、第 2 章を参照されたい。

③ 弥富賢之（1985）『人事評価』（新訂版）日本経営合理化協会出版局、第 3、4 章を参照されたい。

準書は監督者、一般職、初級職、営業職別に分かれているが、実際の項目内容はほとんど変わらない。ここでは、一般職に使われる弥富式成績評価基準書を挙げよう（次の表2－2－2を参照）。

表2－2－2　弥富式成績評価表（一般職用）

種類	項目	着眼点
成績評価	服務	・規則や指示に従い、意欲的に日常の業務に精励したか
		・新しい仕事に対して、いつも積極的な意欲を見せたか
		・組織の中の自己の立場を良く理解して、仕事の処理にあたったたか
		・業務上の連絡や事務的な報告は的確であったか
	受命・段取	・仕事の内容をよく理解して、適切な遂行計画を立てたか
		・新しい情報や新しい知識の吸収活用を行ったか
		・適時適切に同僚や補助者と連絡をしつつ業務の円滑な運用を図ったか
		・作業の準備は、計画どおり万全であったか
	業務遂行	・仕事の目的をよく理解して、適切な処理を行ったか
		・仕事のやり方についての改善工夫に積極的に努力をしたか
		・失敗や飛び込み仕事に対する措置は、迅速適切であったか
		・仕事の結果を整理して、あとの仕事に備えたか
	業務効率	・仕事はいつも手早く処理したか
		・仕事の処理は的確で、結果はいつも良好であったか
		・仕事ぶりは無理がなく安心して任せられたか
		・仕事の進め方が合理的で時間や経費をいつも有効に活用したか
	成果	・仕事の成果は、予定もしくは計画と比べてどうであったか
		・期中の仕事に対する習熟や上達ぶりはどうであったか
		・仕事の成果は他と比べてどうであったか
		・仕事の成果は前期と比べてどうであったか

出所：http://homepage3.nifty.com/54321/hyoukahyou.html、2009年10月12日アクセス

原出所：弥富賢之（1985）『人事評価』（新訂版）、日本経営合理化協会出版局

(2) 楠田式人事制度

一方楠田式人事制度、従業員の能力およびモラールの向上を目指した人事制度を提唱している。そのため、評価制度が極めて細かく検討さている。また、評価を「人事考課[①]」と名付けた。楠田式の評価対象は、成績評価、能力評価、意欲態度評価の 3 つである。また、時代の変化とともに、楠田式人事制度も進化している。楠田式人事制度は「能力主義の土台の上に成果主義を乗せる」[②]という成果主義人事制度へと転換されている。

表 2—2—3　楠田式人事評価表（一般職）

種類	項目	着眼点
成績考課	仕事の質	・仕事の出来栄えの程度はどうであったか
		・仕事に対するクレームがあったか
		・創意工夫や改善をこらしていたか
	仕事の量	・基準に対する処理量はどうであったか
		・所定のスケジュールどおりに仕事をこなしていたか
		・異なる仕事への切り替えは早かったか
情意考課	規律性	・遅刻、早退、無断欠勤はなかったか
		・業務上の機密は保持し、漏らすようなことはなかったか
		・公私混同をするようなことはなかったか
	責任性	・与えられた仕事は最後までやり終えたか
		・自分の失敗を他人に転嫁しなかったか
		・約束した期限、期日を守っていたか
	協調性	・他人の仕事を自発的に手伝ったか
		・情報の一人占めをするようなことをしなかったか
		・会議では、他人の意見を受け入れるようにしていたか
	積極性	・事務改善、作業手順、方法等の改善、企画、提案などをしたか
		・上司に対する進言、意見具申をしていたか
		・難しい仕事にも進んで取り組んでいたか

① 楠田丘（1981）は、人事考課について、次のように定義している。「従業員一人一人の日常の職務遂行度や業績、能力を細かに分析・評価し、これを人事管理の全般または一部に反映させるしくみを人事考課といいます」。

② ポータルサイト「日本の人事部」が楠田へのインタビュー内容を参照されたい（https://jinjibu. jp/article/detl/keyperson/29/、2009 年 10 月 12 日アクセス）。

続表

種類	項目	着眼点
能力考課	知識・技能	・担当する仕事に必要なセオリーや原理原則を知っていたか
		・マニュアル等の内容を正しく把握していたか
		・カン、コツを身につけていたか
	判断力	・仕事の目的、内容をつかんでいたか
		・前例、慣例などに応用解釈を加え、状況に適した結論に導くことができたか
		・客観的な、公正なものの見方をしていたか
		・自部門の利益のみを考えて決定することはなかったか
		・タイムリーに決断を下していたか
	企画力	・常に問題意識を持っていたか
		・目的、指示に合った現実的なプランを立てることができたか
		・リスクに対する対応策を十分に練っていたか
		・斬新なアイデアを打ち出すことができたか
	折衝力	・論旨や訴求点をはっきりさせて話していたか
		・簡潔でわかりやすい文章を書いていたか
		・相手のレベルに応じた話し方をしていたか
		・まわりの圧力や圧迫に屈せず、会社の利益優先の考えに立って説得を試み、有利な結果をもたらすことができたか

出所：http://homepage3.nifty.com/54321/hyoukahyou.html、2009 年 10 月 12 日アクセス

原出所：楠田丘（1981）、『人事考課の手引』日本経済新聞社

(3) 日本型人事制度の特徴と今後の方向①

日本における人事制度は先行投資型人事制度である。つまり、人的要素・能力を重視し、人材の意欲や能力向上を期待し、刺激することを目的としている。労働を提供する側の能力や意欲を重視し、供給側に依存した人事制度でもある。これに対し、欧米型人事制度は、仕事が必要とする人材や能力を求め、需要側の事情に依存した制度である。

日本型人事制度が定着した原因について、石井は「日本企業が

① この部分に関しては、石井脩二教授の授業である「人的資源管理研究－企業の直面する経営課題と人的資源管理－」の講義を基にしている。

製造業を中心として構成され、そこでは何を作るのかということはなく、いかに作るのかというプロセス重視の生産体制とプロセスイノベーションの如何が市場での成果を左右するという市場環境の下での合理的選択の結果であったということによる。つまり、人材の能力向上→製品・採算方法の改善→生産性向上・品質向上・コスト削減→市場シェアの拡大→企業成長というサイクルが期待できたことがこのような人事制度を定着された理由である」と指摘している。

しかし、市場での競争条件の変化によって、付加価値や「違い」を作り出す知識創造型人材が主役となり、個々人の発揮力が求められるようになっている。従って、平均主義的評価と処遇の公平性の欠如が顕在化してきた。

そのため、今後の人事制度の方向は市場調整型人事制度の下で、仕事や成果を重視した人事制度が求められる。従業員の能力を高めるとともに、仕事と成果の要素を高めることという発想から、個々人の発揮能力に基盤を置き、変動型職部等級制度は有力な人事制度であると石井によって提起されている。また、今後の人事制度構築の鍵は「発揮能力をどう評価するのか」「発揮能力によって実現される仕事の大きさ・重要度をどのように評価するのか」というところにあると指摘されている。

第3節　人事評価制度

1. 人事評価制度の方向

楠田（1981、2006）によると、人事評価制度を取り巻く環境は①情報化社会の進展とホワイトカラー化の進みによって、人材の育成と活用の重要性が一層高まる、②定年年齢の延長によって、高齢化がさらに進む、③多様な雇用形態と労働者の変わる価値観や労働観、④経済、社会の国際化につれて、人事制度も国際化に進む、となりつつある[①]。

① 楠田丘（2006）『人材評価制度』経営書院、38～39ページ。

そのため、人事評価制度も新しい時代環境に対応し、図2−3−1に示すように、従来の人事評価から転換していくと指摘している。

図2−3−1　人事評価制度転換の方向

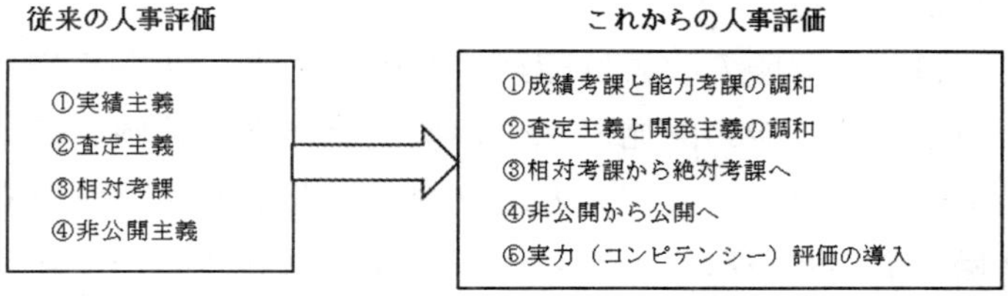

出所：楠田(2006)『人材評価制度』、経営書院、37～43ページの内容に基づき、筆者作成。

また、楠田（2006）は多様化人材と多様化雇用形態の中で、評価制度は従来の「人事考課[1]」に加え、各人の適正性・意思を考察する「アセスメント」、さらに実現行動力を考察する「コンピテンシー評価」を備える仕組みへの転換が必要と指摘している[2]。

以上は、これからの人事評価制度の方向について述べたが、以下、人事評価制度の詳細について記述することにしたい。

2. 人事評価の位置づけ

楠田（2006）によれば、今日の人事評価は目的から考え、2つの側面がある。つまり、「賞与査定、昇給査定など、いわゆる選別査定をねらいとするもの」と、「評価を職務改善や人材の育成に役立てようとするもの」である。

査定、選別を目的とした評価は相対評価であり、人材の育成を目的とした人事評価は絶対評価である。企業がどちらを主体にするかによって、人事評価のあり方は変わってくる[3]。また、評価

---

① 楠田丘（1981）は人事考課を「従業員一人一人の日常の職務行動を通して、各人の職務遂行度や業績、能力を細かに分析、評価し、これを人事管理の全般または一部に反映させるしくみ」と定義している。また、前述したように、楠田（1981）は、人事考課を成績考課と情意考課と能力考課に分けられる。成績考課とは仕事の成果を短期間で評価することであり、情意考課は仕事に対する姿勢や勤務態度を測るものであり、能力考課は従業員の職務遂行能力を対象としている。

② 前掲書、楠田丘（2006）、47ページ。

③ 前掲書、楠田丘（2006）、12ページ。

の目的に沿って、その目的を達成するために、評価の結果を如何に運用するかはとても重要なことである。

楠田（2006）は人事評価の運用のありかたについて、以下のように指摘している[①]。

企業における実態の改善は職務のレベル変更、仕事のやり方の改善ないし変更、能力開発の 3 つの側面がある。評価の結果を本人にフィードバックし、本人と語り合い、改善のプランを立て、行動を起こす必要がある。フィードバックは具体的かつ詳細に従業員にする必要がある。そして、改善プランについては、まず本人に自己啓発プランを提出させてから、上司がその自己啓発プランを踏まえた教育訓練指導プランを作成する。人事部門は全社的に調整し、研修会、勉強会、講師を招いて講義を開くなど多様な社内教育方式を組むことによって、全社の教育プランができ上がっていく。

一方、人事評価の処遇への反映は昇級査定よりも昇格に結び付けていく必要がある。等級別に賃率を設定し、賃率を適用する。業績は月例賃金に反映させることが賃金の刺激性を促進する。

なお、企業にとっては、正しい人事評価ではなく、適した評価が求められる。前述を踏まえて、人事評価の意義については、次のようないくつかのポイントが考えられる。

第 1、人事評価を通じて、個人の目標を企業の目標に結びつけ、経営ビジョンや経営計画を従業員へ浸透させて、仕事内容と各自の責任をより明確化になること。

第 2、評価結果を賃金や昇格などの処遇に反映させ、公平かつ客観的な考課によって、適切な処遇が捉える。企業への貢献度が評価され、認められることによって、従業員の働く意欲が刺激され、更なる能力の向上や自己開発が促せられること。

第 3、企業の人材育成や従業員のキャリアプランニングを有効

① 前掲書、楠田丘（2006）、197～208 ページ。

に実現させ、人材の活性化を図ること。

第 4、職場の管理や改善へとつながり、企業が期待する働き方へ導くこと。

3. 人事評価の諸方法

人事評価の方法として、楠田（2006）によって、次の図のような方法が提起されている（図2－3－2を参照）。

図2－3－2　人事評価の各種方法[①]

A．記録法
- 1．長所と短所の記録法　定期的記録法　勤怠記録法
- 2．業績報告法
- 3．指導記録法

B．絶対考課法
- 4．減点法　執務基準法
- 5．成績評語法　人物評語法
- 6．プロブスト法　強制択一法
- 7．図式尺度法　階段択一法　評語考課法

C．相対考課法
- 8．相対比較法　人物比較法
- 9．分布制限法
- 10．成績順位法
- 11．オーバーオール・レイティング法

出所：楠田（2006）『人材評価制度』経営書院、175ページ。

以上は楠田（2006）による人事評価の方法について簡単に紹介したが、続いて、近年、新たに注目された評価方法を取り上げることにしたい。

(1) 多面評価

多面評価は、360 度評価とも呼ばれており、通常の上司からだけの評価ではなく、部下や同僚、仕事で関係のあるほかの部門の担当者など、さらに取引先や顧客にも評価してもらい、その名の通り、多方面から従業員を評価する制度である。アメリカのインテル社が提起し、最初に取り入れた評価方法である。現在はより

---

① オーバーオール・レイティング法とは、総合的に全体を見て、概括的に従業員の能力や、成績の位置づけを行い、高い位置からの概括的な評価である。（楠田丘（2006）、前掲書、183ページを参照されたい。）

公平な評価に近づけることを図り、なるべく多くの視点から評価を受け入れるといった目的から、多面化評価は企業において広く取り入れられている。

(2) コンピテンシー評価

日本では、人事評価制度の見直しにあたり、コンピテンシーモデルに対する関心が急速に高まるにつれて、コンピテンシー評価の導入が検討されるようになった。

コンピテンシーとは、「ある状況またはある職務で高い成果を生みだすことのできる思考特性や行動特性」、「成果に向けた意図のある行動をとる能力」のことを指す。コンピテンシー評価は成果を挙げるための活動プロセスにおいて、いかなる成果行動を取っているかを評価基準としている。つまり、成果評価では評価しにくい活動プロセスを評価するものである[①]。

(3) 評価エラー

評価エラーとは人事評価において評価者が誤りを犯しやすいエラーを指す。楠田（1981）は評価者のエラーについて、ハロー効果と、寛大効果、中心化傾向、対比誤謬、理論的誤謬が存在すると指摘されている[②]。

①ハロー[③]効果

ハロー効果とは、何か一つ良いと何もかもよく評価してしまうように、部分的評価を行うことであり、最も陥りやすいエラーの一つである[④]。被評価者の特に優れた点、劣った点または全体の印象に引きずられて、その他の項目も同様に優れ、あるいは劣っているとみなしてしまう傾向をいう。

---

① 佐藤省蔵・高橋衆一（2009）・（学）産業能率大学総合研究所人事評価実践研究プロジェクト編『マネジャーのための人事評価実践』産業能率大学出版部、24 ページおよび 38 ページ。

② 前掲書、楠田丘（1981）、118～124 ページ。

③ ハロー（halo）とは、太陽や月にかかる光の暈や、天子や聖人の像の後ろに射している後光のことである。

④ 前掲書、楠田丘（1981）、118 ページ。

②寛大化傾向

寛大化効果とは評価が全体として、好意的なものになることである。つまり、特定の能力や特性について実際より甘くあるいは良く評価してしまう傾向である。

③中心化傾向

楠田（1981）は「可もなし不可もなしという気持ちでBをつけてしまい、AやCをつけず優劣の差があまりない状態」を中心化傾向と定義している①。

④対比誤謬②

対比誤差とは、評価の際に、自分自身の能力などを標準にして、自分と比べて評価するために、過小または過大に評価することである。

⑤理論的誤謬③

理論的誤差とは、評価要素の関連性を理論的に考えて、本来は関連しない要素を、自分の論理で関連付けてしまい、関連性のない要素でも同一の評価をする傾向である。

上記した評価エラーは、早期の人事評価の文献では修正すべきと考えられてきた。これらのエラーが起こる原因は、楠田（1981）は大きく分けて3つがあると指摘している。1つは、評価者が普段の職場の人間関係を円滑に進めるために、評価を歪めるというものである。2つ目は、考課基準に対する理解不足である。3つ目は、考課の結果がどのように人事管理に反映されるか理解していないことである。つまり、人事考課の方法に関する理解を促進すると同時に、評価者が人事考課を行うときに、上に指摘した5つのエラーを起こしにくいような評価の方法を開発することが評価者のエラーを減少させることにつながると考えられてきたので

① 前掲書、楠田丘（1981）、21ページ。
② 現在は、「対比誤謬」は一般的に「対比誤差」として広く使われている。
③ 上と同じように、「理論的誤謬」は、現在「理論的誤差」と呼ばれている。

ある[①]。

そのように、早期研究によって評価エラーを避けるように評価方法が改善されている、近年は次のような評価エラーが新たに注目されるようになっている。

⑥極端化（分散化）傾向

極端化（分散化）傾向とは、中心化傾向にならないように意識するあまり、差異を必要以上に大きくとらえ、評価の優劣を意識的に増やし、極端に二極化し、考課をばらけさせる傾向である。

⑦期末誤差

期末誤差とは、評価時期に近い期末の職務行為や出来事を重視して評価してしまい、全期間の評価ができないことを指す。

⑧逆算化傾向

逆算化傾向とは、評価の際、評価者が最終評価結果を先に付けてから、その結果から逆算して評価項目を調整することである。そのため、各評価項目の評価は実際の状況との乖離が生じてしまう。

(4) 考課者教育

以上は人事評価の際に評価者によるエラーについて整理した。そのため、公正かつ正確な評価を行うためには、評価者が評価制度の仕組みや評価する各項目の内容、評価考課の流れ、評価の基準、評価のルールなどをしっかりと理解し、把握すること、そして活用できることが求められることになる。よって、評価者に対する教育や研修が必要になってくる。

評価者の教育や研修を通じて次のようなことが期待される。

①管理者の役割を再認識すること。

②企業の考課や評価基準に対する理解を深めること。

③考課ルールを守り、公正的に考課を行うこと。

④評価技法や考課者との面談の機能の向上。

---

① 寺畑正英（2001）「人事考課における客観的評価の陥穽」『経営論集』、第 54 号、99 ページ。

⑤考課結果を職場管理や今後の考課改善に結びつけるための努力。

第4節　賃金制度

1. 賃金の構成

賃金の決定要因として、一般的に①労働力の需給関係、②会社への貢献度、③社会的水準の3つの要素が挙げられる。

また、賃金は、法律によって一定の規制がかけられている。「賃金は労働者の唯一の生活手段であるため、①確実に労働者の手に渡る支払のルール」(「労働基準法」)と「②最低生活を営むために、賃金の最低額が強制法規として定められている」（「最低賃金法」）である。さらに「労働基準法」によって、労基法の最低基準を下回らない内容で各事業所に就業のルールを定めた就業規則の制定が企業に義務づけられている。就業規則はその内容の一部に賃金の定めを置かなければならない。就業規則に定める賃金の内容は、計算方法、支払方法、支払日などである。

賃金の構成は基本的に、次の図2−4−1のようになる。

図2−4−1　賃金の構成（例）

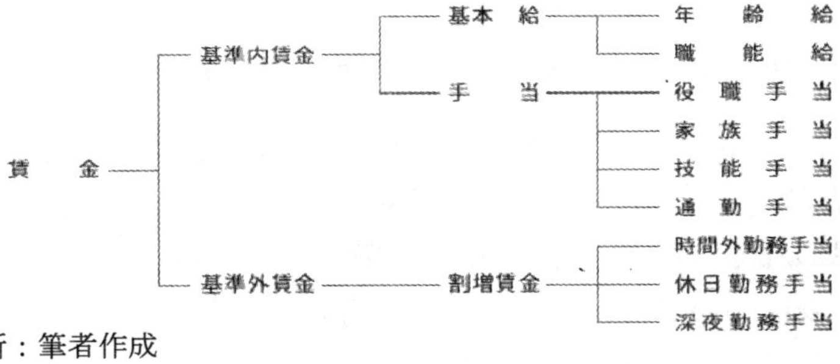

出所：筆者作成

2. 賃金制度の種別

楠田（2004）によれば、賃金には2つの考え方がある。1つは「人間の価値」で決める能力主義の賃金であり、もう1つは「仕事の価値」で決める成果主義の賃金である。これまで日本企業の賃金制度の土台となってきたのは、「人間の価値」で決める賃金であった。欧米企業の賃金の土台となっているのが「仕事の価値」で決める成果主義である。現在の日本企業の賃金制度は、能力賃金から成果賃金へ大きく変わろうとしているところにある[①](図2−4−1を参照)。

図2−4−2 賃金体系の種別

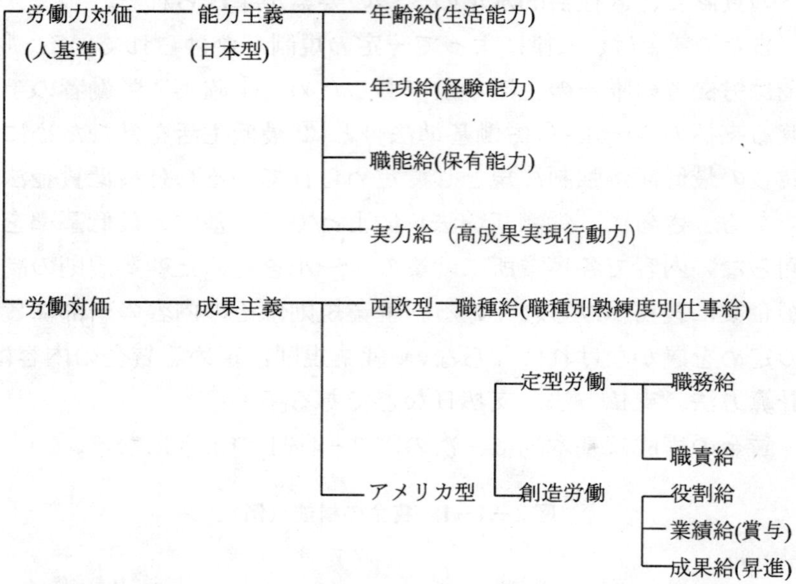

出所：楠田（2004）『賃金とは何か』中央経済社、50ページ。

楠田によれば、日本企業の賃金制度が「成果主義」へ流れ変わったのは1998年、日本長期信用銀行や山一證券など潰れるはずがないと思われていた大企業が相次いで破綻した頃からという。またその背景については以下のように説明されている。1998年以前の日本の労働市場は需要過剰であった。人を求める企業のほうが、企業を求める人を上回っていた。ところが1998年以後、その関係が逆転し、労働市場は完全な供給過剰に陥り、人を求める企業は少なくなり、売り手市場から買い手市場に変わった。とともに、

① 楠田丘（2004）『賃金とは何か』中央経済社、49～51ページ。

働く人の高齢化も進んだ。よって、企業は人件費を抑制する方法として、より専門的な人材を求めるようになる。能力主義的な賃金だけではやっていけなくなり、賃金を下げることができる「成果主義」的なシステムを取り入れ始めた①。

3. 成果主義賃金制度

成果主義という言葉が初めて日本に登場したのは、日本経済新聞のデータベースによれば、まさにバブル崩壊直後の1992年のことであった②。それが広く注目を集めるようになったのは、1993年の富士通における成果主義人事処遇制度の導入であったと言われている③。それに拍車をかけたのが、当時の経団連が1995年に「新時代の日本的経営」と題して発表した提言で、職務・業績の伸びに応じて賃金が上昇するシステム、つまり成果主義賃金への転換を促すものであった④。成果主義や業績主義といった言葉が、労働白書の中で散見されるようになったのは、2000年のことであった⑤。それまで、日本の多くの企業が導入している人事処遇制度は、職能資格制度であった。ここで職能資格制度の導入状況をみると、大企業になるほど導入比率が高いという傾向がみら

---

① ポータルサイト「日本の人事部」が楠田へのインタビュー内容を参照されたい（https://jinjibu. jp/article/detl/keyperson/29/、2010年4月28日アクセス）。

② 幸田浩文（2010）「わが国企業の賃金・人事処遇制度にみる成果主義の進路」『経営力創成研究』、第6号、113ページ。

③ 1992年、当時の富士通の社長だった関沢義は管理職向けの社内報に次のような記事を書いた。「『仕事は時間で測るものだろうか』という問いかけで始まっています。働いた時間が長ければ長いほど生産量、つまり売上げを増やせる時代は、終わった。従って社員の評価、報酬基準も変えざるを得ない」。当時、富士通はハードウェア製造からソフトウェア開発、ソフトウェアの販売へと大きく業務内容の重点を変化させようとしていた。ソフト開発は、技術者のスキルによる生産性の差が大きく、一ヶ月当たりの生産性で200倍もの差がつく場合もあるといわれている職種であり、時間管理による報酬配分に限界が見え始めていたのがこの時期であったと言える。と同時にバブル経済が崩壊し、経済成長が見込めず、中高年社員の増加による人件費の圧迫で多くの企業では、経営危機に瀕していたと言える。こうした状況の中、富士通は国内大手企業に先駆けて、いわゆる〈成果主義〉の導入に踏み切った。（日経ビジネス編集部（2001）「特集会社はどこまで変われるか人事革命第二ステージ実力主義賃金の正念場」『日経ビジネス』、5月21日号、26ページを参照されたい）。

④ 立道信吾・守島基博（2006）「働く人からみた成果主義」『日本労働協会雑誌』、No. 554、労働政策研究・研修機構、69ページ。

⑤ 厚生労働省（2010）『労働白書』、1ページ の注3。

れる[①]。

日本企業の成果主義賃金制度は多様な形態を持っていると言え、そのパターンは一定の幅の中に収束される[②]。それについて、社会経済生産性本部生産性労働情報センター笹島芳雄監修（2000）の表2−4−1を参照されたい。

表2−4−1　成果主義賃金制度の種類

賃金制度の項目	制度改革の種類	
基本給	職能給	習熟昇給の縮小・廃止、職能給の廃止、昇格昇給の拡大、資格別定額化
	年齢給	年齢給の縮小・廃止、年齢給の対象者の縮小
	総合決定給	昇給の格差拡大
	職務給	職務給・職責給・役割給の導入
	業績給	業績給・成果給の導入
諸手当	家族手当等の生活手当の基本給繰り入れ	
賞与	一律部分縮小・査定部分の拡大、査定による格差拡大、部門別業績賞与の導入	
人事評価	人事評価制度の整備、目標管理の導入、コンピテンシー（行動評価）の利用	
職能資格制度	卒業方式から入学方式に切り替え、資格数の削減、滞留年数の廃止、降格の実施、職能要件の明確化	
定期昇給	自動的定昇の縮小・廃止、査定昇給の拡大、定昇廃止・マイナス定昇の導入、	
賃金表	シングル・レート化、単純号俸表から段階号俸表・複数賃率表に切り替え	
その他	年俸制の導入	

出所：社会経済生産性本部生産性労働情報センター笹島芳雄監修（2000）、『成果主義人事・賃金Ⅵ－先進 8 社の事例研究－』社会経済生産性本部、5ページ。

この表について、労働政策研究・研修機構編（2004）は、日本における成果主義人事、賃金制度の特徴を次の、①脱年功主義化・

① 労働政策研究・研修機構編（2004）「企業の経営戦略と人事処遇制度等に関する研究の論点整理」『労働政策研究白書』、No.7、労働政策研究・研修機構、26ページ。

② 同上書、49ページ。

脱能力開発主義化、②賃金の変動費化、③評価の厳密化、緻密化という三つの原理によって成立すると分析されている。また、最近の反発する動きである④能力主義への回帰を加えた組み合わせが、日本の企業における成果主義人事制度の実態であると指摘している[①]。

幸田（2010）は、現在の日本の賃金制度について、次のように指摘している。「日本の賃金・人事処遇制度は、アメリカからの影響を受けつつも、いくつかの概念を混ぜ合わせ、その割合を調整することで､わが国独自のものを作り上げてきた。その概念とは、①年齢・学歴・勤続年数などといった個人の属性（属人的要素）を重視する年功主義（属人主義）､②成果で計ることができる顕在能力だけでなく、成果の達成の可能性を含む潜在能力をも評価する能力主義、③結果（顕在能力）だけで賃金ならびに人事処遇を行おうとする成果主義である。その結果、成果主義賃金には、評価基準の不明確性など、制度運用の点からうまく機能していないといった批判が加えられるようになった。成果主義は発展途上であり、その施策の問題点が克服されれば、持続的に成長・発展する可能性がある。」[②]

① 前掲書、労働政策研究・研修機構編(2004)、50～51 ページ。
② 前掲書、幸田浩文（2010)、111 ページ。

第Ⅱ部

中国進出日系企業の現状

第 3 章　日本企業の中国進出状況および課題

第 I 部ではまず第 1 章において、企業の海外進出の発展段階論、多国籍企業論、グローバル競争戦略論、人事管理に関する理論などについての考察および分析を行った。次に、異文化経営の視点、経営現地化の視点、人事・労務の視点という 3 つの視点から中国進出日系企業に関する先行研究を考察し、理論的アプローチと先行研究および本書のフレームワークを通じて得た示唆を提示した。

第 2 章の「人事評価・賃金に関する理論」においては、人事評価・賃金制度にかかわる人事管理の諸理論の変遷を探りながら、人事評価・賃金制度を研究するための主な理論的根拠を概観し、日本における人事制度の変遷・人事制度の系譜、人事評価制度および賃金制度について分析を行った。

第Ⅱ部においては、文献資料をサーベイし、現在中国進出日系企業が置かれている現状、すなわち日系企業が中国への進出状況および課題ならびに日系企業が置かれている人事評価・賃金制度の現状について考察・分析したい。

第 1 節　日本企業の中国進出状況

1. 日本企業の対中進出の経緯および進出形態の変化

(1) 日本企業の対中進出経緯

日本の対中進出は明治維新まで遡ることになる。1877 年に、三井物産が上海に最初の海外支店を開設したことから始まった[①]。甲午戦争後、日本企業による中国への進出はさらに拡大した。当時は、主に上海と東北地域に集中していた。そして、製造

① 八木三木男（2008.2）「日本企業の対中国進出」京都産業大学中国経済プロジェクト、2～4 ページ。

業と金融業を中心とした[①]。

中華人民共和国設立後、日本企業が中国への進出を始めたのは改革開放以後である。改革開放から現在までの日本企業による中国進出の発展経緯を、中国商務部各年外資系企業による直接投資についての統計データ（図 3−1−1 参照）などに基づいて整理すると、5 つの時期に分けることができよう。

①準備時期（1980～1983 年）

1980 年 2 月に、福建省福州市に「福州外貿中心合資旅館」が日本と中国の合弁により設立され､中国では最初の日系企業となる。1983 年までの日本企業による対中直接投資件数は 25 件である[②]。

②模索時期（1984～1991 年）

1984 年に、中国が大連など 14 の沿海都市[③]を「沿海対外開放都市」と指定したのをきっかけに、日本企業の対中投資件数が 66 件に達した。そして、契約件数と直接投資額を合わせてみると、1991 年までは一貫した微増時期であることがわかる。

③第 1 次の投資ブーム（1992～1999 年）

1992 年の鄧小平氏の「南巡講話」による市場経済化の加速化が外資系企業の進出を促した。日本企業の中国進出が本格化したのもこの時期である。投資件数からみると、翌年の 1993 年が契約数が最も多い年で、契約件数は 3, 488 件である。また、直接投資額も 1992 年から急速に増加した。図 3−1−1 によれば、1997 年がこの時期においての中国進出のピーク年となり、直接投資額は 4, 326 百万ドルに達した。その後、1997 年のアジア経済危機と日本経済の経済後退に影響され､日本企業の対中進出は 1999 年まで低迷していた。

---

① 王志楽（1998）『日本企業在中国的投資』中国経済出版社、3～25 ページ。

② 李東涵（2008.11）『日本対華直接投資結構研究－兼論遼寧省合理利用日資的路径選択－』東北財経大学 2008 年修士学位論文、7 ページ。

③ 中国政府は、対外開放政策の一環として、1980 年から、広東省の深圳、珠海、汕頭、福建省の夏門（アモイ）と海南省に、それぞれ 5 つの経済特別区を設立した。1984 年から、更に、大連、秦皇島、天津、煙台、青島、連雲港、南通、上海、寧波、温州、福州、広州、湛江、北海など 14 の沿海都市を開放した。

④第2次の投資ブーム（2000～2007年）

2001年の中国WTO加盟をきっかけとして、日本企業に第3次の対中投資ブームが始まり、新たな拡大期に入った。図3－1－1で示されているように、1999年から2003年にかけて、毎年400社以上の日本企業の現地法人が設立された。この時期において、2004年が契約数が最も多い年で、契約件数は3,454件である。そして、直接投資額からみると、2005年がピーク年であり、直接投資額は6,530百万ドルに達し、過去最高となった。しかし、2006年は4,759百万ドルまでに低下し、前年比27.12%減とかなり大きな減少幅となっている。下落の原因としては、北京や上海で2005年に起きた反日デモの影響や2005年から始まった円安の影響などが考えられる。

⑤第3次の投資ブーム（2008年～現在）

日本企業の対中投資件数が2004年から下がる傾向ではあるが、直接投資額は2008年からまた増加し始まった。特に、2011年に過去2番目投資額の多い年となり、6,438百万ドルに急速に増加した。その背景として、2008年の北京オリンピックや、2010年の上海万博などが契機となっていたと考えられる。

図3－1－1　1986－2011年日本企業の対中直接投資状況

単位：百万ドル　　　　　　　　　　　　　　　単位：件

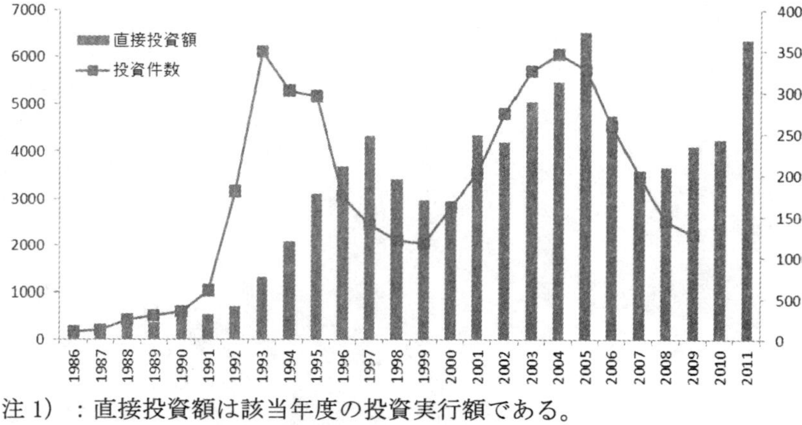

注1）：直接投資額は該当年度の投資実行額である。
注2）：日本企業による直接投資件数についてのデータは、2010年から公

開されていない。

出所：中国商務部各年「外商投資統計」（外資系企業による直接投資についての統計）のデータに基づき、筆者作成

日本経済産業省が 2011 年に「第 40 回海外事業活動基本調査(2009 年度実績)」の結果および関係集計データを公表した。このデータによると、すべての製造業とほとんどの非製造業において、中国現地に設立している日本企業の現地法人数がどこの国よりも多いことが明らかになっていることが次の表 3−1−1 からも明らかである。

表 3-1-1　2009 年度日本企業の海外現地法人企業数（国・地域別）　（単位：社）

	全地域	北　米	アメリカ	カナダ	アジア	中国	中国本土	香港	フィリピン	マレーシア	タ　イ	インドネシア	台　湾	韓　国	シンガポール	インド
合　計	18,201	2,872	2,663	209	11,217	5,462	4,502	960	374	609	1,387	582	737	555	832	236
製 造 業	8,399	1,090	1,017	73	6,154	3,089	2,832	257	203	361	864	400	346	262	218	127
食 料 品	427	66	63	3	288	171	163	8	6	11	45	16	8	3	11	3
繊　維	395	16	16	−	351	246	235	11	2	6	37	26	9	5	1	−
木材紙パ	132	13	8	5	93	53	52	1	2	12	8	8	2	−	−	−
化　学	1,001	147	142	5	691	283	269	14	15	42	84	51	69	57	51	16
石油・石炭	38	6	6	−	25	12	11	1	−	1	3	1	1	3	3	−
窯業・土石	215	28	26	2	166	75	74	1	1	14	19	10	20	8	5	−
鉄　鋼	254	42	41	1	192	91	88	3	6	9	37	19	5	6	6	4
非鉄金属	262	21	19	2	212	98	88	10	6	25	36	12	13	5	8	1
金属製品	387	35	35	−	327	173	160	13	9	21	49	16	15	9	17	1
はん用機械	293	44	40	4	202	101	98	3	6	7	27	11	19	13	6	6
生産用機械	504	69	65	4	370	187	181	6	6	17	53	13	21	35	16	9
業務用機械	286	42	39	3	189	109	94	15	7	9	19	4	10	9	8	4
電気機械	558	53	48	5	442	265	244	21	14	15	61	14	20	18	15	11
情報通信機械	965	83	80	3	776	387	311	76	48	86	63	37	55	31	35	5
輸送機械	1,681	331	302	29	1,068	432	426	6	51	37	230	103	53	41	6	62
その他の製造業	1,001	94	87	7	762	406	338	68	24	49	93	59	26	19	30	5
非製造業	9,802	1,782	1,646	136	5,063	2,373	1,670	703	171	248	523	182	391	293	614	109
農林漁業	103	10	10	−	34	10	9	1	3	−	3	8	1	1	1	−
鉱　業	159	31	22	9	16	2	2	−	5	2	1	2	1	−	2	−
建 設 業	265	24	23	1	210	49	45	4	20	24	42	22	17	4	15	4
情報通信業	565	119	115	4	348	205	190	15	14	8	21	6	13	25	19	11
運 輸 業	990	95	87	8	532	234	173	61	23	35	66	31	24	15	68	10
卸 売 業	4,982	869	790	79	2,699	1,347	842	505	48	123	265	59	246	170	357	56
小 売 業	479	89	80	9	259	125	98	27	2	14	28	5	33	20	27	2
サービス業	1,314	333	317	16	635	281	229	52	30	26	63	25	39	46	70	21
その他の非製造業	945	212	202	10	330	120	82	38	26	16	34	24	17	12	55	5

注：企業数は2010年3月末時点の数字である。

出所：経済産業省海外事業活動基本調査に関す集計データを基に筆者作成

表 3-1-1　2009 年度日本企業の海外現地法人企業数（国・地域別）　（続き）　（単位：社）

	全地域	中国本土	中南米	ブラジル	メキシコ	アルゼンチン	中　東	ヨーロッパ	イギリス	フランス	ドイツ	イタリア	オランダ	ベルギー	スペイン	スイス	ロシア	オセアニア	オーストラリア	ニュージーランド	アフリカ
合　計	**18, 201**	**4, 502**	**900**	**204**	**182**	**29**	**99**	**2, 522**	**578**	**242**	**496**	**125**	**311**	**103**	**100**	**38**	**68**	**456**	**342**	**70**	**135**
製造業	**8, 399**	**2, 832**	**220**	**87**	**85**	**7**	**9**	**786**	**188**	**97**	**138**	**42**	**57**	**30**	**45**	**5**	**12**	**96**	**73**	**20**	**44**
食料品	427	163	15	8	3	–	–	38	20	7	3	1	3	1	–	–	–	19	15	4	1
繊　維	395	235	10	7	–	–	–	16	6	2	4	2	1	–	–	–	–	2	1	1	–
木材紙パ	132	52	3	1	–	–	–	10	–	–	4	–	–	–	–	1	2	13	4	9	–
化　学	1, 001	269	23	9	7	1	2	121	21	22	25	4	11	9	11	2	1	7	5	2	10
石油・石炭	38	11	3	3	–	–	–	3	2	–	–	–	–	–	–	–	–	1	1	–	–
窯業・土石	215	74	1	–	1	–	–	16	5	1	5	2	–	–	–	–	–	4	3	–	–
鉄　鋼	254	88	9	2	3	–	1	6	1	–	2	–	2	–	–	–	–	–	–	–	4
非鉄金属	262	88	6	2	4	–	–	12	2	–	1	–	–	–	–	–	–	9	9	–	2
金属製品	387	160	6	3	3	–	–	16	3	2	3	1	–	–	1	–	–	2	1	1	1
はん用機械	293	98	10	4	3	–	1	34	8	6	5	2	4	–	4	–	–	2	1	–	–
生産用機械	504	181	9	5	3	–	–	53	15	4	21	4	1	–	2	1	–	3	3	–	–
業務用機械	286	94	8	5	3	–	–	45	14	6	11	2	5	2	1	–	1	2	2	–	–
電気機械	558	244	7	2	5	–	2	48	10	5	13	1	4	2	3	–	–	4	4	–	2
情報通信機械	965	311	14	1	12	1	2	87	23	5	19	4	6	4	4	1	2	3	3	–	–
輸送機械	1, 681	426	73	29	31	4	–	177	39	22	12	12	6	6	13	–	5	15	13	1	17
その他の製造業	1, 001	338	23	6	7	1	1	104	19	15	10	7	14	6	6	–	1	10	8	2	7
非製造業	**9, 802**	**1, 670**	**680**	**117**	**97**	**22**	**90**	**1, 736**	**390**	**145**	**358**	**83**	**254**	**73**	**55**	**33**	**56**	**360**	**269**	**50**	**91**
農林漁業	103	9	25	8	–	2	–	9	–	2	–	–	2	–	2	–	–	21	17	3	4
鉱　業	159	2	21	2	2	–	1	34	16	1	–	–	14	–	–	–	–	53	52	–	3
建設業	265	45	9	3	4	–	4	11	3	–	2	–	2	–	–	–	1	5	2	–	2
情報通信業	565	190	13	5	1	–	2	69	23	6	17	1	5	2	–	–	–	12	7	3	2
運輸業	990	173	167	11	10	–	8	150	37	8	23	4	31	7	3	2	7	18	11	3	20
卸売業	4, 982	842	191	55	47	15	47	991	180	91	251	61	91	51	37	25	40	151	115	28	34
小売業	479	98	11	2	4	1	3	100	17	15	20	4	8	2	5	2	4	12	8	4	5
サービス業	1, 314	229	58	16	13	3	15	219	54	21	35	11	53	10	6	3	3	43	27	4	11
その他の非製造業	945	82	185	15	16	1	10	153	60	1	10	2	48	1	2	1	1	45	30	5	10

注：企業数は2010年3月末時点の数字である。

出所：経済産業省海外事業活動基本調査に関す集計データを基に筆者作成

そして、同調査 1997 年度から 2009 年度のデータを地域別にみると、日本企業の中国現地法人数が全地域に占める割合は継続的増加傾向を示している（図 3－1－2 参照）。2010 年 3 月現在は、4,203 社の日本企業（金融業,保険業および不動産業を除く）が海外へ進出しており、18,201 社の現地法人を設立している。うち、中国で設立した現地法人は 5,462 社（中国本土では 4,502 社、香港では 960 社）に達し、全地域に占める現地法人数の割合は初めて 30%にのぼった。

図 3－1－2　日本企業の海外現地法人の地域別分布比率推移図

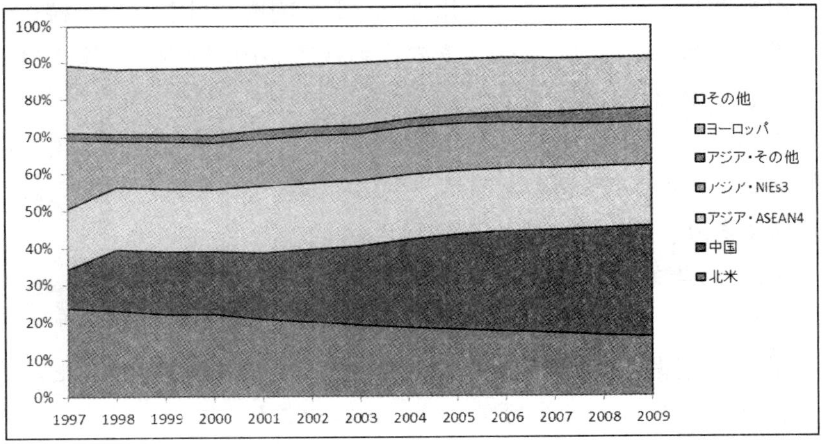

出所：経済産業省「海外事業活動基本調査」（第 28 回～第 40 回）に関する集計データを基に筆者作成

こうして、日本と日本企業にとって、中国はますます不可欠の市場になりつつある。中日両国の経済的相互依存関係は切っても切れない関係が強くなる一方である。

2. 日本企業の対中進出形態の変化

これから日本企業の対中進出形態について見てみよう。企業形態とは、出資と経営および支配の関係でみる企業の種類である。日系企業が中国への進出形態は大きく分けて、間接投資と直接投資に分けられる。中国では各外資系企業の進出形態に応じて、異なる法律によって定められている。「外資三法」と言われる「中華人民共和国中外合資経営企業法」(以下「合弁企業法」という。)、「中華人民共和国中外合作経営企業法」(以下「合作企業法」という。)、「中華人民共和国外資企業法」(以下「外資企業法」という。)並びに上記各法律の実施細則などがある。その他、数多くの条例や規定などもある①。

まず、間接投資について簡単に述べたい。間接形態とは、中国に自社の事業体を設けず、中国の企業に生産や加工を委託する「委託加工」の形態が多く用いられ、代表的なものは「来料加工」②と「進料加工」③である。なお、委託加工の場合には日本側が製造品を全量引き取り、輸出することが用件とされ、関税納付などの手続きが免除また簡略化されている。その代わりに、中国国内での販売は原則として禁止されている。

そのほか、「来件加工」④、「来様加工」⑤、「補償貿易」⑥と、「技術移転」⑦などの形態もあるが、主に中国進出の初期に用いられた形態であり、現在はほとんど利用されていない。

次は、近年対中進出日系企業が行う主な投資形態である直接投資について考えてみよう。1990 年代から直接投資が急速に増加し、中国の投資環境の改善や WTO 加盟などに伴い、その動きが更に加速していた。2000 年代半ばまでは、日本企業が中国で直接投資を行う場合には基本的に「合弁企業」、「合作企業」、「独資企業」など 3 つの形態があり、中国では一般的に「三資企業」と総称されていた。

---

① 中華人民共和国商務部外国投資管理司のホームページより。

②「来料加工」は日本企業が中国側企業に原材料を無償供給し、指定した製品に加工させ、日本側が原則として全量引取り、加工賃のみを中国側に支払う。原材料や製品は無為替輸出入する。

③「進料加工」も日本企業が中国側に原材料を供給し、製造加工後、製品を引き取るが、原材料代金の支払いと製品代金の支払いは別個に行う。輸出入別契約で有為替決済を行う。

④「来件加工」はノックダウンとも呼ばれ、中国側企業に部品などを供給し、組み立てさせ、日本側が全量引き取り、中国側に組み立て費を支払いする方法である。

⑤「来様加工」は中国側企業に製品のサンプル、図面、型紙などを無償供給し、中国側の原材料などを加工して、生産させ、日本側が引き取り、製品代金を支払いする方法である。

⑥「補償貿易」は日本企業が製品の製造に必要な設備などを提供し、製造した製品で設備代金を支払う形態である。

⑦「技術移転」は、ブランド輸出の他、現地法人、委託加工、補償貿易などのほかの進出形態とセットで行われることが多かった。

そのほか、直接投資の形態として、外商投資株式会社、投資性会社、駐在員事務所、事業所、支店などがある。現在は、全体に占める割合の順位からみて、主に「独資企業」、「合弁企業」、「合作企業」と「外商投資株式会社」の 4 つの進出形態がある①。これから、表 3－1－2 と表 3－1－3 のデータを使用しながら、それぞれの形態について取り上げたい。

表 3－1－2　進出形態別中国進出日系企業数一覧（操業中）

（2010 年実績）

進出形態	企業数（社）	投資総額（万米ドル）	資本金総額（万米ドル）
独資企業	10, 839	4, 189, 221. 24	7, 267, 745. 42
合弁企業	6218	3, 048, 688. 4	5, 459, 511. 19
合作企業	482	103, 003. 75	177, 020. 79
外商投資株式会社	42	212, 474. 23	234, 598. 61
合計	17, 581	7, 553, 387. 62	13, 138, 876. 01

出所：中国商務部「注冊運営企業査詢」（登録企業データベース）（2012 年 3 月現在）に基づき、筆者計算、作成。

表 3－1－3　進出形態別中国進出日系企業数一覧（準備中）

（2010 年実績）

進出形態	企業数（社）	投資総額（万米ドル）	資本金総額（万米ドル）
独資企業	662	182, 992. 01	345, 997. 85
合弁企業	350	279, 923. 72	538, 634. 64
合作企業	12	4, 360. 47	6, 128. 41
外商投資株式会社	—	—	—
合計	1024	467, 276. 20	890, 760. 90

出所：同表 3－1－2。

(1) 合作企業

合作企業は改革開放政策が始まったばかりの 1980 年代前半に、

① 中国商務部「注冊運営企業査詢」の日系企業分類（2012 年 3 月現在）に基づく。

日系企業の主流を占めた。現在、合作企業は合弁企業や独資企業ほど利用されていないが、主に非製造業の分野で利用されている。現在は中国全土においておよそ 500 社近く存在し、日系企業全体の2%を占める①。

合作企業は独立した法人格を有することができるが、場合によって有しない形態もある。権利および義務は、中国側出資者と合作契約書で決定する。日本側による出資比率は特に定めはないが、契約により決定される。経営利益や経営リスクなどに関しては、経営方針、利益分配など企業経営に関わるすべてのことについて双方が協議の上、合意した内容で取り決めることができる。融通性、柔軟性に富み、多様なニーズに対応できると予想される。しかし、当事者間の協議を常に行わなければならないので、文化や考え方などの違いにより必ずしも円滑に行うとは限らない。「公司法」、「合作経営企業法」および「合作経営企業法実施細則」などの根拠法がある。

(2) 合弁企業

1980 年代後半になると、合弁企業による進出が主要な形態となり、その中でも日本側資本の割合が次第に高まった。初期の日本企業による中国進出では、企業の 7 割近くは「合弁」の形をとっていたといわれている②。そして、日系家電メーカーの中国進出の多くは合弁企業であった。現在は中国全土において約 6, 200 社があり、日系企業全体の 35%強を占める③。

合弁企業とは双方が共同で出資し、中国側出資者と合弁契約に基づき設立し、独立した中国法人格をもった企業である。出資比率は合弁契約に基づき決定され、原則として経営は共同で行い、利益は出資比率で分配していくが、登録資本金のうち、外国側企業の投資比率は 25%以上が必要とされる。「出資方式に関しての規定は、合

① 中国商務部「注冊運営企業査詢」（登録企業データベース）（2012 年 3 月現在）のデータを基に、筆者計算。

② 金山権(2000)『現代中国企業の経営管理—国有企業のグローバル戦略を中心に—』同友館、163 ページ。

③ 同注 116。

弁者は通貨で出資する、または建築物、工場建物、機械設備、工業所有権、ノウハウ、土地使用権等を評価して出資することもできる。メリットとしては中国側出資者の生産設備、販売ルート、人材などの既存の条件が利用でき、初期投資負担が少ないと考えられる。しかし、中国側出資者が現物出資の場合は出資資産の金額評価で対立が生じやすく、利益分配、リスク負担などでも対立しやすい。技術、情報などが流出する可能性がある。「公司法」、「合弁企業法」および「合弁企業法実施条例」等が適用される。

(3) 独資企業

現在、中国に進出している日系企業は独資企業の割合が増え続け、これからも増加する傾向がある。中国商務部「注冊運営企業査詢」データベースに登録されている日系独資企業は10,839社があり、日系企業全体の6割を占める。

独資企業とは、外国企業や投資者が単独で100%出資して、中国国内で独立した法人格を持つ企業のことである。中国では「外資企業」と呼んでいる。近年、規制緩和が進み、独資企業に対する規制や管理が緩めてきたとはいえ、すべての業種に限らない。したがって、合弁企業と比べて、経営、人事面などについて、自ら決定することにより、経営主導権や利益分配や技術移転などをめぐる意見の対立は生じない。「公司法」、「外資企業法」および「外資企業法実施細則」などが適用される。

(4) 外商投資株式有限会社

2004年5月11日に、日本睦特殊金属工業の中国合弁会社である寧波東睦新材料株式会社が中国国内株市場に上場した第一社の外資企業として注目された。現在は中国において42社の日系外商投資株式有限会社が存在している。

外商投資株式有限会社とは外国企業が中国国内企業の株式のシェア25%以上を獲得する場合と上記の「三資企業」が中国国内で株式会社に転換して、やがて上場して設立した企業である。全資本は定額株により構成され、株主が購入した株に応じてそれに相当する責任を持つ。会社の債務に関しては、会社の全財産を持って責任を持つ。「公司法」、「証券法」、「外商投資株式有限会社に関する暫定規定」などが適用される。

第 2 節　日系企業対中進出の地域・業種の特徴

1. 日系企業対中進出の地域特徴

日本企業が中国へ進出する地域は一般的に、大きく華北、東北、華東、華南の 4 つの沿海地域に集中している（図 3－2－1 を参照）。

図 3－2－1　中国地域別色分け地図

出所：中国まるごと百科事典サイト（http://allchinainfo.com/map/asia－china/china_dist）

（1）華北地域

華北地域は、北京市、天津市、河北省を中心とした地域で、山西省と内蒙古自治区（内モンゴル自治区）も含まれている。遼寧省とともに環渤海湾経済圏を形成している。中央政府との距離が一番近いところが最も優れた特徴と考えられる。それから、2008 年の北京オリンピックの経済波及効果で、著しい発展が実現し、今後も成長が続く地域である。

この地域では清華大学、北京大学など中国では最も高い教育水準を誇る一流大学が集積しているため、企業家の育成、研究開発やハイテク産業などが発達している。高度技術職や管理職として高いレベルをもつ優秀な人材が比較的に獲得しやすい地域である。

表 3−2−1 からもわかるように、中国本土に進出した日系企業の15%を華北地域の日系企業が占める。そして、この地域の日系企業による投資総額は 6, 199, 356. 42 百万ドルに達し、全体の 22%を占める。

(2) 東北地域

東北地域は、主に遼寧省、吉林省、黒龍江省のことを示す。日系企業の東北地方への進出は主に大連、瀋陽、長春、ハルビンなどの 4 大都市に集中している。その中でも遼寧省特に大連市に圧倒的に集中して進出する傾向がある。日本から最も近い地域であるため、地理的な要因が考えられる。そして、大連へ進出した外資企業の中で、日系企業の割合が非常に高く、同地域は日本に対して友好的な地域である。また、東北地区では、外国語学習で日本語を選択する比率の高い朝鮮民族が多数居住しているのと、中国国内で日本語教育の名門校として知られた東北師範大学と大連外国語大学が存在しているため、優秀な日本語に堪能な人材を確保するには比較的に容易であると考えられる。歴史的経緯から日本語話者の数が多く、比較的早い時期から日系企業の進出があった。

(3) 華南地域

華南地域は、広東省、深セン市、福建省などを中心とした地域で、珠江デルタ経済圏とも呼ばれる地域である。進出目的は、日本市場への供給、低廉な労働力の割合が高くなっている。進出業種は、機械、化学が多くなっている。輸出加工型企業の進出も多い。

この地域も消費が盛んな地域である。一人あたり GDP も非常に高く、2009 年度深セン市の 1 人あたり GDP は 9.3 万元で、広州市は 5.6 万元となっている。また、消費を牽引する高所得者数は、広東省だけで 900 万人と、大きな市場が広がっている。

(4) 華東地域

華東地域は、上海市、浙江省、江蘇省を中心とした地域で、長江デルタ地域とも呼ばれる。2010 年の上海万博を契機に最も発展が期待された地域である。この地域はグローバル戦略を実施するための、必要な経済的、地理的位置に立地し、日本企業からの進出が最も多い地域で、半数の日本企業がこの地域に進出しているといわれている。進出目的として、市場の獲得が占める割合は最も高くなっている。中国国家統計局が公表したデータによると、2009 年度上海市の一人当たり GDP は、78905.19 元で、中国国内でトップとなっていることがわたった。また、消費を牽引する高所得者数は、長江デルタ地域全体で 900 万人強と言われる、大きな市場が広がっているといえる。このように、日本からの進出企業は、繊維、機械、商業、その他製造業などがある。特にサービス業が多いのが特徴である。

表 3－2－1 は 2012 年 3 月現在、中国商務部に登録している日系企業の情報を調査し、省・自治区・直轄市別に企業数、投資額、資本金総額を統計し、中国各省の中国進出日系企業数を降順による整理したものである。そのほかに、各省への投資総額などおよび資本金総額についても計算している。下表によれば、現在、中国進出日系企業で、企業数が多いトップ 10 省は上海市（5, 346 社、37. 1%社）、江蘇省（3, 136 社、21. 8%）、浙江省（1, 021 社、7. 1%）、北京市（984 社、6. 8%）、山東省（982 社、6. 8%）、天津市（768 社、5. 3%）、広東省（420 社、2. 9%）、福建省（324 社、2. 2%）、遼寧省（271 社、1. 9%）、河北省（270 社、1. 8%）の順である。

上海、江蘇、浙江の華東三地域の合計は 9, 503 社となり、全体の 65. 9%を占め、日系企業が長江デルタに集積していることがわかる。

また、華東三地域による投資総額は 3,721 億百米ドルで、全体の60%を占める。

表 3-2-1　地域別中國進出日系企業数一覧（2010 年）

地域	企業数	投資総額（百万米ドル）	資本金総額（百万米ドル）
上海市	5346	1,954,667.25	3,137,098.79
江蘇省	3136	1,418,592.62	2,844,992.49
浙江省	1021	347,823.95	624,415.99
北京市	984	799,712.59	1,056,712.67
山東省	982	197,807.53	338,450.73
天津市	768	334,809.41	661,207.33
広東省	420	339,498.35	614,992.60
福建省	324	70,892.92	115,953.68
遼寧省	271	43,168.58	58,255.19
河北省	270	110,113.69	195,128.72
安徽省	138	76,722.06	112,820.18
河南省	100	60,551.10	79,055.95
吉林省	86	12,728.60	24,076.32
重慶市	83	132,097.20	277,974.58
江西省	62	53,060.80	81,241.52
湖南省	49	31,732.58	45,470.01
湖北省	48	35,919.84	50,123.39
内蒙古自治区	46	88,746.21	100,837.38
黒竜江省	43	4,562.68	5,280.13
四川省	36	21,264.21	37,250.18
雲南省	34	5,730.70	6,731.03
広西壮族自治区	31	8,840.96	12,535.28
山西省	30	6,489.52	12,173.91
陝西省	25	27,164.71	72,047.27
海南省	20	4,428.37	5,391.21
寧夏回族自治区	16	3,876.09	9,421.64
甘粛省	16	998.76	1,055.12
貴州省	13	979.74	1,103.64
新疆ウイグル自治区	11	6,375.40	8,273.33
青海省	3	—	441
チベット自治区	1	—	65.72

注：操業中と準備中の日系企業の合計である。

出所：中国商務部「注冊運営企業査詢」（登録企業データベース）（2012年4月現在）に基づき、筆者計算、作成。

2. 日系企業対中進出の業種特徴

これまで中国進出日系企業の地域特徴について述べたが、これからは業種の特徴について分析することにしたい。

図 3−2−2 は経済産業省海外事業活動調査データに基づき作成した図である。年代別にみると、1997 年（製造業 1,055 社、非製造業 340 社）、1998 年（製造業 1,276 社、非製造業 865 社）、1999 年（製造業 1,429 社、非製造業 924 社）、2000 年（製造業 1,540 社、非製造業 990 社）、2001 年（製造業 1,393 社、非製造業 827 社）、2002 年（製造業 1,655 社、非製造業 954 社）、2003 年（製造業 1,843 社、非製造業 1,132 社）、2004 年（製造業 2,230 社、非製造業 1,335 社）、2005 年（製造業 2,476 社、非製造業 1,575 社）、2006 年（製造業企業 2,376 社、非製造業企業 1,144 社）、2007 年（製造業企業 2,770 社、非製造業企業 1,892 社）、2008 年（製造業 2,917 社、非製造業 2,213 社）、2009 年（製造業 3,089 社、非製造業 2,373 社）の構成となる。図 3−2−2 にも示されるように、2006 年まで、製造業企業が占める割合が圧倒的に多かった。2007 年から、非製造業による進出が急速に増加し、2009 年時点では 4 割以上を占めるようになってきた。

図 3−2−2　中国進出日系企業の製造業・非製造業別構成変遷図

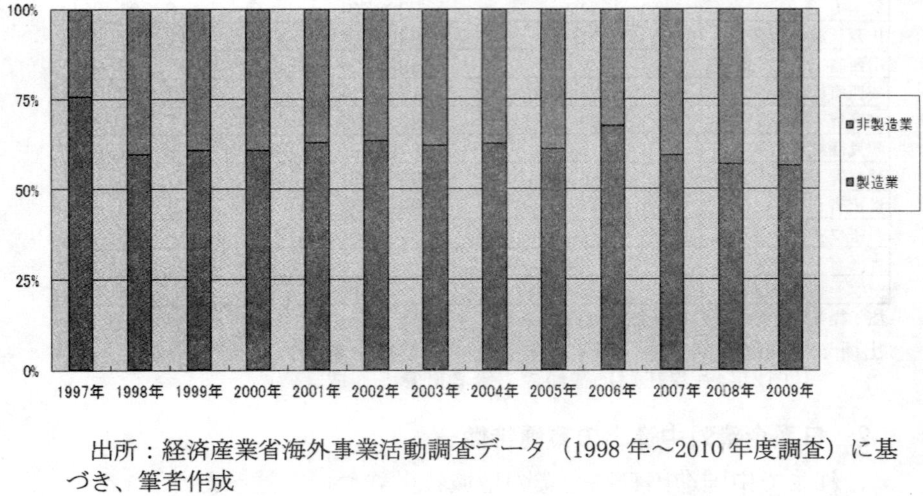

出所：経済産業省海外事業活動調査データ（1998 年〜2010 年度調査）に基づき、筆者作成

また、第 3 章の第 1 節で取り上げた表 3−1−1 からも、2010 年

現在、経済産業省が調査した中国進出日本企業（合計 4,502 社）の業種別の中、卸売業が最も多く進出しており、842 社となっている。その次は輸送機械（426 社）、その他の製造業（338 社）、情報通信機械（311 社）、化学分野（269 社）、電気機械（244 社）、繊維（235 社）、サービス業（229 社）、情報通信業（190 社）、生産用機械（181 社）、運輸業（173 社）、食料品（163 社）、金属製品（160 社）、との順位になっていることがわかる。

各省別の製造業・非製造企業の構成については表 3－2－2 を参照されたい。

表 3-2-2　2004～2009 年日本企業の中国現地法人企業数一覧（省別）　（単位：社）

省名	2009年			2008年			2007年			2006年			2005年			2004年		
	合計	製造業	非製造業	合計	製造業	非製造業	合計	製造業	非製造業	合計	製造業	非製造業	合計	製造業	非製造業	合計	製造業	非製造業
中国	5, 462	3, 089	2, 373	5, 130	2, 917	2, 213	4, 662	2, 770	1, 892	3, 520	2, 376	1, 144	4, 051	2, 476	1, 575	3, 565	2, 230	1, 335
上海市	1, 564	611	953	1, 453	594	859	1, 297	579	718	1, 216	584	632	1, 088	551	537	904	494	410
江蘇省	705	643	62	653	596	57	588	542	46	541	502	39	461	425	36	383	348	35
広東省	661	478	183	623	450	173	542	398	144	502	371	131	442	335	107	372	294	78
遼寧省	335	226	109	309	203	106	278	190	88	263	184	79	235	169	66	221	164	57
北京市	252	74	178	239	76	163	212	81	131	220	91	129	201	90	111	180	87	93
天津市	243	184	59	226	171	55	201	158	43	176	141	35	157	126	31	150	119	31
浙江省	220	195	25	195	175	20	171	153	18	157	139	18	142	128	14	127	117	10
山東省	210	174	36	207	167	40	173	142	31	164	139	25	153	127	26	145	121	24
福建省	61	50	11	58	48	10	52	44	8	45	38	7	43	37	6	42	35	7
河北省	35	33	2	40	38	2	36	34	2	35	34	1	31	29	2	28	28	–
四川省	34	28	6	34	28	6	31	28	3	34	30	4	30	26	4	30	26	4
湖北省	32	23	9	32	22	10	27	18	9	27	19	8	23	17	6	18	15	3
安徽省	27	21	6	24	21	3	27	23	4	21	19	2	16	16	–	16	16	–
陝西省	15	7	8	12	6	6	12	6	6	13	8	5	14	11	3	13	11	2
吉林省	15	12	3	16	13	3	10	9	1	13	11	2	8	7	1	6	6	–
重慶市	15	14	1	12	11	1	15	12	3	10	9	1	9	8	1	4	4	–
湖南省	14	13	1	10	9	1	11	10	1	11	10	1	8	7	1	7	6	1
河南省	11	10	1	12	11	1	12	11	1	8	8	–	8	8	–	7	7	–
江西省	10	9	1	10	8	2	7	5	2	13	8	5	17	8	9	14	6	8
広西壮族自治区	9	8	1	8	7	1	7	6	1	6	5	1	7	6	1	6	5	1
山西省	7	4	3	5	3	2	4	3	1	4	3	1	4	3	1	3	2	1
海南省	6	3	3	5	3	2	5	4	1	4	3	1	2	2	–	5	4	1
内蒙古自治区	6	5	1	6	4	2	4	3	1	5	3	2	6	3	3	4	2	2
黒竜江省	5	3	2	5	3	2	5	3	2	6	3	3	6	3	3	5	2	3
雲南省	4	2	2	4	3	1	2	2	–	3	3	–	3	3	–	3	3	–
新疆ウイグル自治区	3	–	3	2	1	1	1	–	1	3	1	2	5	1	4	4	1	3
寧夏回族自治区	2	2	–	1	1	–	1	1	–	1	1	–	2	2	–	1	1	–
貴州省	1	–	1	1	–	1	1	–	1	1	1	–	2	2	–	1	1	–
チベット自治区	–	–	–	–		–	–	–	–	–	–	–	–	–	–	1	1	–
甘粛省	–	–	–	–		–	–	–	–	–	–	–	–	–	–	1	1	–
青海省	–	–	–	–	–	–	–	–	–	–	–	–	1	–	1	1	–	1
香港特別行政区	960	257	703	917	240	677	881	285	596	–	–	–	912	320	592	861	303	558
不明	–	–	–	11	5	6	49	20	29	18	8	10	15	6	9	3	1	2

注：企業数は各年度3月末時点の数字である。

出所：経済産業省海外事業活動基本調査に関す集計データを基に筆者作成

第 3 節　中国労働市場の現状

1. 中国労働市場の特徴と変化

(1) 就業構造の変化[①]

中国における就業構造は、経済の急成長に伴い、大きく変化している。就業者の産業別構成は、第一次産業から第二次産業と第三次産業に大きくシフトした。衆議院調査局 2008 年の調査によると、中国では第一次産業に従事する就業者の割合が 1980 年の 68.7%かから 2006 年の 42.6%に低下した。それに対し、第二次産業は 18.2%から 25.2%、第三次産業は 13.1%から 32.2%へとそれぞれ大きく上昇した（図 3－3－1 参照）。

図 3－3－1　中国の従業構造の変化

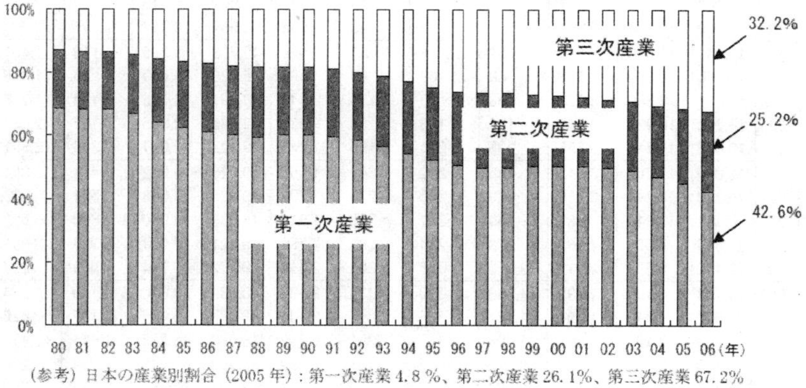

（参考）日本の産業別割合（2005 年）：第一次産業 4.8 %、第二次産業 26.1%、第三次産業 67.2%

出所：衆議院調査局（2008）、「中国における労働事情－労働契約法制定の影響を中心に一」、9 ページ。
原出所：日中経済協会、『中国経済データブック』

また、就業先の企業形態別構成も大きく変化している。都市部では、中国経済の根幹を形成していた国有企業で働く者は大きく減少した。一方、私営企業、外資系企業、個人経営などで働く者が増加している（表 3－3－1 参照）。国有企業の労働者が減少している理

① 衆議院調査局（2008)、「中国における労働事情—労働契約法制定の影響を中心に—」、8～9 ページ。

由は、人員の合理化や中国の「抓大放小（大を掴み、小を放す）[①]」の企業改革政策による企業の再編などが挙げられる。一方、農村部では、郷鎮企業で働く者が増加しており、郷鎮企業が農村の雇用創出に大きく貢献していることがわかる。

表 3−3−1　就業者の就業先の企業形態別構成割合の推移

（単位：万人）

年	都市部							農村部			
		国有単位	集団所有制	私営企業	港澳台系企業	外資系企業	個人経営		郷鎮企業	私営企業	個人経営
80	10,525	8,019	2,425				81	31,836	3,000		
81	11,053	8,372	2,568				113	32,672	2,970		
82	11,428	8,630	2,651				147	33,867	3,113		
83	11,746	8,771	2,744				231	34,690	3,235		
84	12,229	8,637	3,216				339	35,968	5,208		
85	12,808	8,990	3,324			6	450	37,065	6,979		
86	13,293	9,333	3,421		1	12	483	37,990	7,937		
87	13,783	9,654	3,488		1	20	569	39,000	8,805		
88	14,267	9,984	3,527		2	29	659	40,067	9,545		
89	14,390	10,108	3,502		4	43	648	40,939	9,367		
90	17,041	10,346	3,549	57	4	62	614	47,708	9,265	113	1,491
91	17,465	10,664	3,628	68	69	96	692	48,026	9,609	116	1,616
92	17,861	10,889	3,621	98	83	138	740	48,291	10,625	134	1,728
93	18,262	10,920	3,393	186	155	133	930	48,546	12,345	187	2,010
94	18,653	11,214	3,285	332	211	195	1,225	48,802	12,017	316	2,551
95	19,040	11,261	3,147	485	272	241	1,560	49,025	12,862	471	3,054
96	19,922	11,244	3,016	620	265	275	1,709	49,028	13,508	551	3,308
97	20,781	11,044	2,883	750	281	300	1,919	49,039	13,050	600	3,522
98	21,616	9,058	1,963	973	294	293	2,259	49,021	12,537	737	3,855
99	22,412	8,572	1,712	1,053	306	306	2,414	48,982	12,704	969	3,827
00	23,151	8,102	1,499	1,268	310	332	2,136	48,934	12,820	1,139	2,934
01	23,940	7,640	1,291	1,527	326	345	2,131	49,085	13,086	1,187	2,629
02	24,780	7,163	1,122	1,999	367	391	2,269	48,960	13,288	1,411	2,474
03	25,639	6,876	1,000	2,545	409	454	2,377	48,793	13,573	1,754	2,260
04	26,476	6,710	897	2,994	470	563	2,521	48,724	13,866	2,024	2,066
05	27,331	6,488	810	3,458	557	688	2,778	48,494	14,272	2,366	2,123
06	28,310	6,430	764	3,954	611	796	3,012	48,090	14,680		

①「抓大放小」について、金山権（2000）は以下のように解釈している。「「政策方針」は、社会主義初期段階における生産力発展の全体構造から制定した国有企業の改革戦略であり、社会主義初期段階の生産力発展の各階段からの要求でもあると定義している。大と中小は全国の範疇から規定したものである。「「抓大」とは、国有経済発展と関連する大型企業集団を掴み、経済発展の中で主導的役割を担当させる。「放小」とは、国有中小企業を放して生かすことで行政と企業の徹底的な分離をはかることである。「抓大放小」は国有企業改革の戦略であるが、これは国有企業の異なる性質によって分類、改革を行い、目指すのは国有企業全体の活性化を図ることであるが、次の 3 つの面から理論的に考えられる。①大企業と中小企業の異なる改革目標、②大企業と中小企業の異なる改革意義、③大企業と中小企業の異なる政策対応。」（金山権（2000）『現在中国企業の経営管理』同友館、118～119 ページ。）

(2) 最低賃金制度

現在の中国の最低賃金制度は、1993年11月に労働部が制定した「最低賃金保障制度実施に関する通達」、「賃金支給規定」、および「企業最低賃金規定」を改正し、2004年1月に労働社会保障部が公布した「企業最低賃金規定」が基礎になっている。

具体的な水準は31の省、自治区、直轄市に加えて、一部区級市も含めた34の地域単位で決定されるが、各地域によってさらに細かく分類されている。労働社会保障部が公表したデータによると、2010年各省最低賃金の平均上昇率は22.8%、月最低賃金で最も高い地域は上海市の1,120元である。また、2011年に入ってからも、14～28%程度の上昇率が続いている。主要地域の最低賃金基準の動きをまとめると、表3−3−2の通りである。内陸部都市の水準は沿海部都市より低いが、上昇率は沿海部より大幅に調整していることが、下表からわかる。例えば、湖南省は800元から1,020元と約27.5%の上昇である。さらに、2012年3月現在、最低賃金を調整すると発表した都市のデータを見ると、9%～13%程度の上昇率となっている。

また、2006年から2011年までの中国製造業の平均賃金および伸び率について、三浦（2012）が詳細に整理している（図3−3−2を参照）。2006年から2011年までの期間中に、金融危機の影響を受けた2009年を除き、11%以上の伸び率で上昇しており、5年間で平均賃金は2倍の水準にまで上げられていることがわかる。

表3−3−2　中国最低賃金状況　単位：人民元

地域	2012年（上昇率）	2011年（上昇率）	2010年
深圳	1500（13.6%）	1320（20%）	1100
浙江省	—	1310（19.1%）	1100
広東省	—	1300（26.2%）	1030
上海市	1440（9.4%）	1280（14.3%）	1120
北京市	1260（8.6%）	1160（20.8%）	960
天津市	1310（12.9%）	1160（26.1%）	920
江蘇省	—	1140（22.6%）	960
山東省	—	1100（19.6%）	920
福建省	—	1100（22.2%）	900

続表

地域	2012 年（上昇率）	2011 年（上昇率）	2010 年
山西省	—	980（15.3%）	850
湖南省	—	1020（27.5%）	800

注：2012 年のデータは、2012 年 3 月現在最低賃金の上昇を決定した地域のみ
出所：各省の労働部門が発表したデータに基づき、筆者作成

図 3－3－2　月平均賃金および伸び率の推移

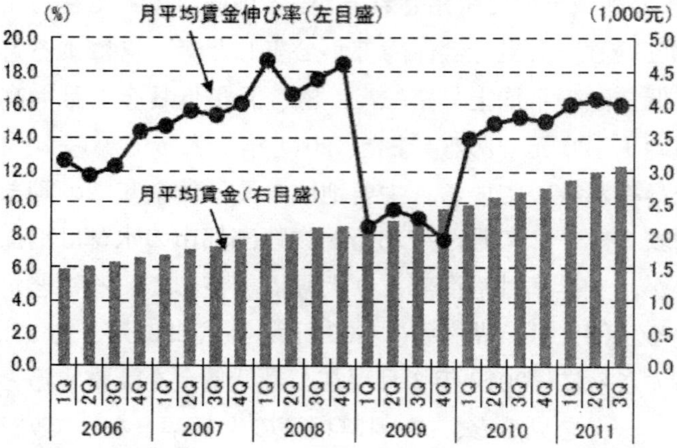

（注） 1．月平均賃金は、各四半期の「総賃金÷従業員数÷3」により算出。
2．数値は、季節調整値。

出所：三浦祐介（2012）「深刻化する中国の賃金上昇の影響」、みずほ総合研究所
http://www.toyo.ac.jp/rcm/paper/n6-koda.pdf 2012 年 3 月 27 日アクセス

中国新華社が 2012 年 2 月 8 日に発表した「2011 年～2015 年就業促進計画」によると、「十二五（第 12 次五カ年計画：2011～2015 年）①」期間中、政府は就業優先戦略など 4 つの措置を講じ、経済

①「計画では、「十二五」期間中、中国は就業優先戦略の実施を進める。各級政府が国民経済計画を制定し、産業構造と産業分布に対する重大調整を行う際に、社会経済成長の優先目標として就業を重視し、経済成長・産業構造調整の健全化と就業の拡大が相互促進される好循環が実現する長期的かつ有効な体制を確立する。新華社の報道によれば、「十一五（第 11 次五年計画：2006～2010 年）」期間中、中国の最低賃金基準の年平均上昇率は 12.5%である。また、「十一五（第 11 次五年計画：2006～2010 年）」期間、最低賃金基準の年平均上昇率は 12.5%である。「十一五」末時点で、中国企業の労働契約締結率は 65%、企業 グループの労働契約締結率は 50%である。

成長の牽引力を高めるために就業を強化する方針を決定した。

また、2011 年 7 月 10 日付新華社の報道によれば、「十二五（第 12 次 5 カ年計画）に対応し、労働社会保障部は「中国人的資源・社会保障事業 5 カ年計画要綱」を発表した。その中で、初めて最低賃金水準の年平均伸び率見込みを導入し、最低賃金基準の年平均上昇率を 13%以上とし、ほぼ全ての地域で、最低賃金基準を現地都市部勤労者の平均賃金の 40%以上とすることを目指す①と定められている。

最低賃金上昇の要因として、マクロ要因、人口要因、および政策要因の 3 つが指摘されている②。

「マクロ要因」としては、「急速な経済成長、工業化の進展に伴い、農業部門の余剰労働力が底をつき、労働需給が逼迫し、賃金が上がり始めてきた」と指摘されている。

「人口要因」として、中国の人口平均伸び率は 1990～2000 年で 1.07%となっており、少子化問題は深刻になってきている。2030 年頃から、生産労働力は 10 年毎に 1 億人ずつ減少、65 歳以上の人口比率は 2050 年には約 28%にまで上昇すると予想されている③。

「政策要因」として、前述の「十二五（12 次 5 カ年計画）」や最低賃金の上昇、および 2008 年から施行されている「労働契約法」などが挙げられている。

2. 労働契約法

(1) 労働契約法改定の背景

中国の労働者は低賃金、長時間労働など劣悪な労働条件のもとで、働かされているのではないかとの見方も根強い。中国内外の国際機関や NPO は、中国労働者の実態を詳細に観察し、その労働実態を各種のレポートにまとめている。中には、低コスト経営による劣悪な労働条件のもとでの労働者の健康被害や生活苦を報じるレポートも

---

① 新華社の報道によれば、「十一五（第 11 次五年計画：2006～2010 年）」期間、中国の最低賃金基準の年平均上昇率は 12.5%である。

② 金森俊樹（2011）、「中国進出外資企業の選択肢－人件費上昇への対応－」http:// www. dir. co.jp/souken/asia/asian_insight/110907.pdf を参照されたい。

③ 同注 2。

あり、経済成長の陰で働きすぎる中国労働者という実態とイメージが世界的に広まり、その改善を求める動きが海外からも起こるようになった。そうした動きに対して、中国政府は自ら調査に乗り出し、労働者の実態調査を2007年国務院研究室課題グループ「中国農民工に関する調査研究報告」として取りまとめた[①]。

また、中国では、経済成長が急速に進む一方で、不安定で劣悪な条件で働く労働者が多く存在し、労使紛争が増加するなど様々な労働問題が顕在化している。このため、中国では、労働者権益の保護を図る観点から、労働法制度面の整備・改善を進めるために、労働者の雇用契約を厳密に規制し、監督することを目的に「労働契約法」の制定を決定し、2008年1月から施行された[②]。

(2) 主な内容と改訂点[③]

「労働契約法」は8章、98条によって構成される。目次は次の通りである。

第1章 総則
第2章 労働契約の締結
第3章 労働契約の履行および変更
第4章 労働契約の解除および終了
第5章 特別規定
　　第1節 労働協約
　　第2節 労務派遣
　　第3節 非全日制労働者雇用
第6章 監督検査
第7章 法律責任
第8章 附則

① 野村かすみ（2008）「中国における労働契約法の制定とその課題」『ビジネスレーバートレンド』2008年2月号、44ページ。

② 青木修二（2008）「中国における労働事情—労働契約法制定の影響を中心に—」衆議院調査局、24～26ページ。

③ 本節で取り上げた「労働契約法」の改訂点の一部分は前掲書、青木修二（2008）、27～31ページによって整理したものである。

その主な改訂点は以下のように整理できる[①]。

①書面による労働契約の締結（第 10 条、第 14 条、第 82 条関係）

①労働関係を確立する場合、書面により労働契約を締結しなければならない。 ②使用者は、労働者の雇用の日から1か月を超え1年未満に書面による労働契約を締結しない場合、労働者に対して毎月2倍の賃金を支払わなければならない。 ③使用者が、労働者の雇用の日から満1年以上書面による労働契約を締結していない場合、期間の定めがない労働契約を締結しているものとみなすとともに、毎月2倍の賃金を支払う。

これにより、労働契約期間の長期化と労使関係の安定を誘導されることになるが、これが「労働法」の労働契約期間制度に対するもっとも大幅な修正となる。

日系企業の多くは、これまでも書面による適切な労働契約を締結してきたことから、大きな影響はなかったとしている。2007 年末で労働契約締結率は 90%を超えたとしている[②]。

②期間の定めがない労働契約（第 14 条関係）

①期間の定めがある労働契約を2回締結し、更に契約を更新する場合で、労働者が契約の更新を申し出たときは、期間の定めがない労働契約を締結しなければならない。 ②労働者が当該使用者において満10年以上勤務している場合で、労働者が契約の更新を申し出たときは、期間の定めがない労働契約を締結しなければならない。

---

①「労働契約法」の原文は、中国日本商会提供、大地律師事務所仮訳、www. jetro. go. jp/ world/ asia/cn/ip/law/pdf/regulation/20070629.pdf を参照されたい。

② 前掲書、青木修二（2008）、27 ページ。

この規定は、労働契約期間の長期化により雇用の安定を図ることを目的としたものであると考えられるが、これについて中国労働科学研究所労働関係室長李天国は、終身雇用たる固定工制から労働契約制への移行が行き過ぎて、短期の有期労働契約が多くなってしまった現状を少し元に戻すという趣旨であると説明している①。

しかし、企業側からは、期間の定めがない労働契約の締結を義務付けることは企業の雇用の自由を侵害し、人材の流動を停滞させ、新たな「鉄飯碗」②の形成につながるものであると批判された、また、企業側は企業に残ってもらいたい労働者が退職してしまい、企業に残ってもらいたくない労働者だけが残るという事態を懸念している③。

これに対して、全国人民代表大会法制工作委員会の信春鷹副主任は2008年3月11日に、「無固定期限労働契約」は「鉄飯碗」ではないと強調していた。また、次のように、「労働契約法の誤読である。法理面から説明すると、無固定期限労働契約は決して期限がないという意味ではなく、明確な終了時期をあらかじめ定めないということである。こうした契約は雇用側の負担にはならない。法定の条件を満たせば、雇用側は労働者との労働関係を解消することができる」と指摘した④。

また企業側の対策として、第1、2回の契約期間を延長することで、その後の無期限契約を回避することを図ろうとする傾向が見られている。

---

① http://www.jil.go.jp/kokunai/blt/bn/2008-02/44－47.pdf（2010年10月2日アクセス）。
② いわゆる「鉄飯碗」は、かつて中国の国営企業などに見られた解雇され、食いはぐれる心配のない雇用待遇のことを指す。
③ 前掲書、青木修二（2008）、28ページ。
④「人民網日本語版」2008年3月12日。

③試用期間（第 19 条～第 21 条関係）

①労働契約期間が 3 か月以上 1 年未満の場合には試用期間は 1 か月を、1 年以上 3 年未満の場合には 2 か月を、3 年以上の場合および期間の定めがない労働契約の場合には 6 か月を超えてはならない。 ②使用者は、同一労働者と試用期間を 1 回のみ約定することができる。 ③試用期間中の賃金は、労働契約の賃金の 80%を下回ってはならず、かつ、最低賃金を下回ってはならない。

これにより、長期にわたる不当な試用期間と当該期間における低賃金労働、そして安易な理由による解雇の防止が期待される[①]。

④経済補償金の支払（第 46 条、第 47 条関係）

①使用者が労働契約に約定する条件を維持し、又は引き上げて労働契約を更新する場合において労働者が更新に同意しないときを除き、労働契約期間が満了した場合に、使用者は労働者に経済補償金を支払わなければならない。また、予告解雇や整理解雇の場合にも同様とする。 ②経済補償金は、勤続期間 1 年につき 1 か月分の賃金を支払う。なお、労働者の月額賃金が当該地区の平均月額賃金の 3 倍を上回る場合、勤続期間 1 年につき地区の平均月額賃金の 3 倍とし、最高で 12 か月分まで支給する。

使用者に経済補償金を課すことによって、有期労働契約者の労働条件の引下げを防止するとともに、長期の有期労働契約や期間の定めがない労働契約の締結が促進されることを期待したものと考えられる[②]。

① 前掲書、青木修二（2008）、30 ページ。
② 前掲書、青木修二（2008）、31 ページ。

⑤派遣労働者（第57条、第58条、第92条関係）

①労働者派遣会社は、会社法の関係規定に従い設立されなければならず、登録資本は50万人民元を下回ってはならない。
②派遣元は、派遣労働者と2年以上の期間の定めがある労働契約を締結しなければならない。また、派遣元は、派遣労働者が就業しない期間においては、最低賃金基準に従った賃金を派遣労働者に支払わなければならない。

この改訂点により、派遣労働者は、派遣元との労働契約の期間中は、派遣されていない期間であっても一定の賃金が保障されることになる。しかし、派遣元にとっては、大きな負担となる。このため、多くの派遣元が、その負担を派遣先に転嫁し、派遣先に対して労働者派遣契約の改定を要請することを対策として取っているという。

中国では、外国企業の駐在員事務所が、現地で直接に中国人を雇用することが認められておらず、現地で中国人を雇用する場合、中国政府が指定する労働者派遣会社から労働者を派遣してもらわなければならないという規制[①]が設けられている。また、中国政府が指定する労働者派遣会社は、大手数社による寡占状態となっており、外国企業駐在員事務所は、不利な派遣契約を締結せざるを得ない状況にある。

この改訂点を踏まえ、外国企業の駐在員事務所以外の企業は、派遣労働者を直接雇用に切り替えるという対策を取ることはできるが、外国企業は派遣元から転嫁された負担を負わざるを得ないことになる。

① 同上書、33ページ。

⑥工会の関与（第 4 条、第 6 条、第 41 条、第 43 条、第 51 条、第 78 条関係）

①使用者は、労働者の利益にかかわる内部規定等を制定・改正する場合、工会又は従業員代表と平等に協議して、確定しなければならない。 ②工会は、労働者の適法な権益を擁護しなければならない。 ③使用者は、従業員を 20 人以上又は従業員が 20 人に満たない企業が従業員総数の 10%以上を削減する場合、工会又は全従業員に対して説明し、意見を聴取しなければならない。 ④使用者は、一方的に労働契約を解除する場合、その理由を工会に通知しなければならない。工会は、違反のある使用者に是正を求める権利を有する。 ⑤労働協約は、工会が企業従業員側を代表して使用者と締結する。 ⑥工会は、労働者の適法な権益を擁護し、使用者の労働契約および労働協約の履行状況に対して監督を行う。

これにより、労働契約に関するあらゆる場面で工会の関与が義務付けられるようになっている。今まで中国の工会は、主に企業の福利厚生の組織とした役割を担ってきたが、これにより今後の工会は労働者の代表としての役割の強化が求められるようになる。

（3）労働契約法の影響

日本貿易振興機構が 2007 年 10～12 月にかけて、中国の日系の製造業企業を対象に実施した「中国における様々な制度変更と人民元の上昇が企業にどのような影響を与えているのか」とのアンケート調査によると、労働契約法の施行による影響が最も多いとの結果となり、79.3%の企業がマイナスの影響を受けると回答している。なかには「労働者 1 名当たり8%程度のコスト増になる」との回答もあり、経済補償金や工会への対応など、企業のコスト負担増による営業利益の悪化を懸念する声があった[①]。

また、中国の経済誌『中国企業家』は、「労働契約法は、経営者、労働者、政府の三方がいずれも損失を被るものである」と酷評し、今後、労使紛争が増加する懸念があると指摘した。また、同誌が行った調査結果によると、中国の経営者の 71%が労働契約法の修正を要

① 前掲書、青木修二（2008）、35～36 ページ。

求しており、修正を要求する条項としては、「期間の定めがない労働契約への移行」が30%、「労働契約満了の際の経済補償金」が28%、「整理解雇の際の経済補償金」が18%と多くなっており、経営者側が特に人件費の負担増を問題視していることが分かる[①]。

前述したように、「労働契約法」は、労働契約を締結する企業側と労働者側の双方の権利と義務を明確にし、労働者の合法的権利利益を保護し、調和のとれた安定した労働関係を構築する目的で制定された。しかし、企業からの強い反対意見を受け、労働契約法に関する3つの争点[②]を明確にするために、2008年9月3日に、「労働契約法実施条例」は国務院常務会議で採択され、同年の9月18日に施行された。

ここでは「終了期間を定めない労働契約について」を取り上げよう。実施条例第18条は、13のケース[③]を列挙し、まず労働者の申

① 前掲書、青木修二(2008)、36ページ。

② 3つの争点は、①確実な終了期間を定めない(同法第14条)労働契約について、契約を解除又は終了できないのではないか、②派遣労働(同第57～67条)について、労働者の合法的権利利益を侵害するものではないか、③労働契約法の規定に基づき労働契約を解除又は終了した場合に使用者が労働者に支払う経済補償(同第46～47条等)と、使用者の労働契約法規定違反による場合に支払われる賠償(同法第48、83、84、87、93条等)について、同時に適用されるのか否かなどである。(http://www.ndl.go.jp/jp/data/ publication/ legis/ 23702/ 02370210.pdf を参照されたい。)

③ 下記のいずれかの情況に該当する場合、労働契約法に規定する条件および手順に従って、労働者は固定期限労働契約、無期限労働契約又は一定業務を完了までとする労働契約を解除できるとする。

(1)労働者と雇用者が協議により合意した場合

(2)労働者は30日前に書面にて雇用者に通知した場合

(3)労働者は試用期間内においては、3日前に通知した場合

(4)雇用者が労働契約の通りに労働保護または労働条件を提供しなかった場合

(5)雇用者が労働報酬を約定とおりに全額支給をしなかった場合

(6)雇用者が労働者の社会保険費を納付しなかった場合

(7)雇用者の就業規則、制度が法律規定に違反し労働者の権益を損なう場合

(8)雇用者が詐欺、脅迫または人の弱みにつけこむなどの手段を用いて、労働者の真実な意思を背き、労働契約を締結または労働契約を変更した場合

(9)雇用者は労働契約に自己の法定責任を免除し、労働者の権利を排除する場合

(10)雇用者は法律、行政規定の強制規定に違反した場合

(11)雇用者が暴力、脅迫、または身柄拘束などの手段により、労働者を強制労働させた場合

(12)雇用者が規定に違反する指令を下し、または危険な作業を強制し、労働者の身柄の安全を脅かす場合

(13)法律、行政規定に定めたその他の労働者が労働契約を解除できる状況(上海ND法律事務所提供、http://www.nuodilaw.net/roumu-jissisyousai-3.html を参照されたい。)

し出による契約解除についてより明確化した。同様に、使用者側が労働契約を解除できる場合として、労働者が過失、不正等による使用者側の申し出により契約を解除できる 14 のケース①が挙げられた。

第 4 節　中国人の職業観

1. 中国人職業観の変化

中国人の職業観の変化について、劉（2008）、日本能率協会総合研究所（2009）などが、よくまとめられている。1978 年の改革開放の開始から、中国人の職業観はいくつかの段階を経て今日に至っている。

(1) 1978 年から 80 年代半ばまで

1978 年から 80 年代半ば頃まで、計画経済体制の下で、仕事の選択に関しては受動的であり、農村部の若者は農業に従事するのがほとんどであった。大学卒業生は国の職業割り当てに従う人がほとんど

---

① 下記のいずれかの情況に該当する場合、労働契約法に規定する条件、手順に従って、雇用者は労働者と固定期限労働契約、無期限労働契約又は一定業務の完了までとする労働契約を解除できるとする。

(1)雇用者と労働者とが協議により合意した場合

(2)試用期間中、採用条件に適合しないと証明された場合

(3)労働者が雇用者の規定や制度を著しく違反した場合

(4)重大な職務怠慢、不当行為により雇用者の権益に重大な損害を与えた場合

(5)労働者が同時に他の雇用者と労働関係を持ち、業務遂行に深刻な影響を与え、かつ雇用者が指摘しても是正を拒否した場合

(6)労働者が詐欺、脅迫または人の弱みにつけこむなどの手段を用いて、雇用者の真実な意思を背き、労働契約を締結または労働契約を変更した場合

(7)労働者が法的に刑事責任を追及された場合

(8)労働者が病気、または業務外の負傷により規定の医療期間が満了後も元の業務に従事できず、雇用者の手配した他の業務にも従事できない場合

(9)労働者が業務の任に対応できず、職業訓練を経た後、もしくは職場配置の調整をしても依然として業務に対応できない場合

(10)労働契約締結時の根拠となった客観的な状況に重大な変化が発生し、労働契約の履行ができなくなり、雇用者と労働者が協議を経ても労働契約の変更に合意が達成できなかった場合

(11)企業破産法の規定により企業再編を行う場合

(12)生産経営がきわめて困難な情況に陥った場合

(13)企業の産業転換や重要な技術革新、または経営方式の調整により、労働契約を変更してもなお、従業員削減をしなければならない場合

(14)労働契約締結時の根拠となった客観的な状況に重大な変化が発生し、労働契約の履行ができなくなった場合

（上海 ND 法律事務所提供、http://www.nuodilaw.net/roumu-jissisyousai-3.html を参照されたい。）

どであった。そうでない人は親の仕事を継ぐのが一般的であった[①]。

劉（2008）によれば、1984 年に実施された「中国若者の就職問題」に関する調査では、75.6%の若者は国あるいは社会のニーズに合わせて、自分の能力を発揮したいと回答した。また、同調査によれば、職業選択は、「社会的地位」、「社会的意義」、「個人の才」、「集体先于个人（国家の利益を最優先し、その次は集団の利益であり、最後は個人の利益である）」という集団主義的な教育を受けて、職業の選択として、「政治的地位」、「社会的地位」が最も重視されていた。

最も理想的な職業として、「科学者」と「エンジニア」が選択されていた。「自営業」、「商業」、「サービス業」などの第三産業の職業は当時の中国で社会的地位が最も低い職業であったため、それに従事するのは最後の選択であった。

（2）80 年代半ばから 90 年代まで

80 年代に入り、大学生は「自己設計」、「自己努力」、「自己実現」を重視するようにわかりつつあったが、依然と「社会的地位」を重視していた。80 年代半ばごろに、改革開放の進むにつれて、報酬を重視し始めた。しかし、「社会的意義」は大学生にとって依然最優先にしていた。中国で転職が頻繁になったのは 80 年代後半であった。しかし、当時の転職は同じ業種や同じ職業間の転職であり、違う業種への転職や違う地域への転職は少なかった[②]。80 年代末になると、「社会的地位」は従来のように重視されなくなり、自分の能力や特性に応じたいことを最も重視するようになった。理想的な職業も著しく変化していた。日本能率協会総合研究所（2009）によれば、当時の若者の職業選択順位は、「自分の特性に相応したい」（51.9%）、「高い収入」（12%）、「自分の抱負が実現できること」（10.1%）であった。最も好まれる職業は「企業経営者」（80.1%）、「科学研究

① 当時の中国では、親が退職すれば、その仕事を継ぐことは可能であった。
②日本能率協会総合研究所(2009)『新・労働契約法に基づく最新中国人材マネジメントガイドブック』、150 ページ。

者」(79.9%)、「芸術家」(71.9%)、「大学教師」(69.4%)、「医者」(64.7%)、「公安、法律関係」(62%) との順位であった[①]。仕事に対して安定性を求めるようになり、このような安定志向の影響で、科学研究、文化、衛生部門は最も希望する就職先となった。その次は外資系企業、行政機構などであった[②]。

(3) 90 年代から 2000 年代まで

90 年代に入ると、「高い収入を得て、生活を改善させる」との意欲の下で、転職志向を示した人の割合は 67.5%にも及んでいた[③]。当時は、「最初は安定性のある仕事に就き、その後は収入の高い仕事へ転職しよう」とのスラングも流行っていた。さらに、「3 級跳」という社会現象になっていた。「3 級跳」とは、国営企業から民営企業へ転職した後、民営企業から合弁企業へ転職し、最後は合弁企業から外国独資企業へ転職するという現象である。そのため、90 年代初期、国営企業の従業員は急速に激減し、民営企業の従業員は外部へ流出し、「三資企業」[④]の従業員は過剰気味となっていた。特に 1993 年、1994 年ごろ、外資系企業や合弁企業が多く進出した沿海部地域への就職や転職が殺到した。

劉 (2008) によれば、当時の職業選択の基準として、第 1 位は「収入と福利厚生などの処遇」で、36.6%の割合をしめ、第 2 位は「自己価値の実現」で、27.9%となっており、第 3 位は「社会的地位」で、23.4%であった。好まれる職業の業種は「金融保険業」(26.8%)、「工業企業」(20.8%)、「国家機関」(12.1%)、「商業、飲食業、サービス業」(12.1%)、「研究機構」(10.6%)、「文化教育」(7.9%)、「その他」(9.7%) との順位であった。希望就職地域として、北京は 59.6%

① 前掲書、日本能率協会総合研究所(2009)、150 ページ。

② 前掲書、日本能率協会総合研究所(2009)、151 ページ。

③ 劉成斌(2008)、「改革开放与青年就业观念的变迁 (改革開放 30 年と若者職業観の変遷)」、『中国青年研究』、2008 年第 1 期。

④「三資企業」とは、外国企業が中国に直接投資を行う時に、設立する企業の形態であり、進出の初期は、主に「合弁企業」、「合作企業」、「独資企業」との 3 つの形態がある。(金山権 (2000)、前掲書、163 ページ。)

を占めており、その次は沿海地域の38.1%であった[①]。

（4）2000年代から

2000年代に入り、職業観は大きく変化した。選択の基準として、第1位は将来性、第2位は才能発揮のチャンス、第3位は処遇であった[②]。希望業種として、IT産業が第1位となり、金融保険業が第2位で、第3位となっているのは日用品業であった[③]。

また、近年の中国の経済発展と社会変化とともに、中国人の職業観もさらに変化した。「自分の意思に従い、自由に職業や仕事が選択できる」、「キャリア・アップできる」といった時代になってきている。また、非正規就業あるいた就職しないのを選択する若者も増えてきた。特に、80年代に生まれた新しい世代[④]の職業観はその以前の世代の職業観とは大きく異なる。

2. 中国人の仕事意識

最近の中国人の仕事意識の実態についての調査として、サーチナ総合研究所の調査が挙げられる。サーチナ総合研究所は、会社と個人の関係や収入面の質問を中心に、中国消費者の仕事意識を探るオンライン調査を実施した。調査は、新秦商務咨詢（上海）有限公司[⑤]を通じて、2007年1月19～22日の期間に行い、北京市、上海市、広東省を中心とする中国全国のモニター2,000人から有効回答を得た[⑥]。

まず、仕事と家庭の関係については、「仕事のために家庭生活が犠牲になるのはやむを得ないという考え方をどう思うか」との質問項目に対して、「非常に賛成する」と答えたのはわずか2.8%にとど

---

① 前掲書、日本能率協会総合研究所(2009)、151ページ。

② 前掲書、劉成斌(2008)。

③ 前掲書、日本能率協会総合研究所(2009)、151ページ。

④ 中国では、80年代に生まれた世代の若者は「80後」と呼ばれている。「80後」世代の価値観、仕事や生活に対する意識はそれ以前の世代の人とまったく異なっていることから、新人類とも呼ばれている。「80後」世代の性格を形成した要素として、「一人っ子政策」、「経済発展」、「インターネット」などがよく挙げられる。

⑤ 新秦商務咨詢（上海）有限公司はサーチナ総合研究所が上海に設立した子会社である。

⑥ 調査の詳細については、http://www.nikkeibp.co.jp/style/biz/china/market/070328_shigoto/ を参照されたい。

まっている。「賛成する」と答えたのは13.7%であった。要するに、仕事のために家庭生活を犠牲にすることに理解を示したのは16.5%に過ぎないことである。一方、「まったく賛成しない」という見方を持っている回答者は17.1%に達している。中でも年齢50代以上の高齢者層では24.1%が強く否定しており、家庭重視の伝統的な考え方が根強く残っていることが伺える。

また、サーチナ総合研究所の調査によると、「同じ会社で一生働く」という考え方に対しては、年齢層による差がはっきりと表れた。若い層で賛成しない人が多いのに対し、高齢層では賛成する割合が高い。これは各自の年齢層が置かれた世代的な環境の違いに大きく影響されている。前に中国若者の職業観についても述べたように、計画経済のもとでの長期的な労働が一般的だった時代は既に過ぎ去った。現在は意欲や能力さえあれば新しい機会をものにできるというチャンスが転がっている時代である。「もともと自己主張が得意な彼らにとっては、自分の能力をアピールしてステップアップを図れる環境になりつつある昨今の状況は、大いに好ましいものではないだろうか」と指摘されている。

それは、「仕事に不満がなくても転職や独立をしたいか」との回答に表れている。全体平均では63.9%が賛成しており、賛成しない人は15%に満たない。ステップアップを重視した人生設計の中では、むしろ転職は積極的に受け入れられていることがわかる。

また、「専門的な能力を高めたい」と考えている人は全体の9割を超えており、「その専門能力が発揮できる仕事をしたい」という考え方は多くの賛同を集めているという。能力主義や成果主義が浸透した環境で働くことを希望する人が多いことが調査結果からもわかったという。

それから、「会社への不満」（図3－4－1を参照）について、5位となっているのは「収入」、「賃金制度」、「福利厚生」、「能力発揮機会」、「会社の将来性」である。会社に対する不満で最も多いのは年収であり、2番目に多いのが賃金制度である。1位と2位とも賃金についての不満であることから、賃金に対して納得していない人が多いことがわかった。「不満が多い給与面について、どのような賃金体系がいいと思うか」との質問に、51.6%が「能力格差型」、33.4%が「業績格差型」、「年功序列型」と回答した人は少なかった。また、サーチナ総合によると、「能力格差型」を望むのは10代が最も多く、世代が進むにつれて減少していくとのようになっている。正反対に、「年功序列」を支持する人は年齢が高くなるにつれて増加している。「会社での労働意欲が増す理由」の1つに、福利厚生制度が挙げられるが、その内容で要望が多いのは、スキルアップの支援を中心とする制度である。

「残業」については、84.9%の回答者が普段から残業をしていると答えているが、そのうち残業代を全額でもらっている人はわずか14.3%であり、ある程度もらっている人が42.3%である。しかし、ほとんどあるいはまったくもらっていない人も43.4%に達している。

図 3−4−1　会社に対する不満

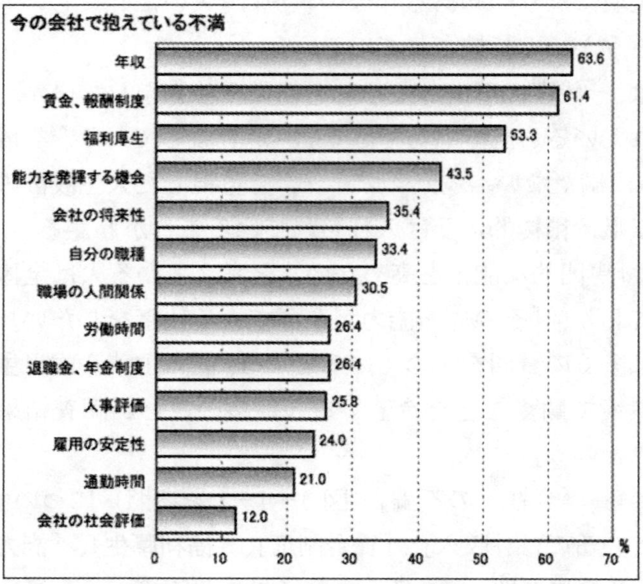

出所：サーチナ総合研究所 http://www.nikkeibp.co.jp/style/biz/china/market/070328_shigoto/index1.html、2010年1月4日アクセス

第 4 章　日系企業における人事評価・賃金制度の現状

事例研究を行う前に、まず、中国進出日系企業における人事評価・賃金制度の実態とその現状を把握する必要がある。そのため、本章では、主に中華英才網による中国大学生希望就職先についてのアンケート調査、中智人力資源管理諮詢公司による中国進出日系企業の業績評価と賃金についての調査、と上海時迅商務諮詢有限公司による日系企業の中国現地社員の給与動向についての調査といった、3 つの機構の調査データを用いながら、分析を行うとともに、近年中国日系企業における人事制度の改革の先進事例を取り上げ、在中日系企業の全体像を明らかにする。

第 1 節　中国大学生希望就職先についての調査

ドラッカーは「人材」と「資金」を企業が永続するために不可欠な要素と捉えており、そして、人材を獲得するには、企業が魅力的でなければならないと示唆している。

中国進出日系企業の人事評価・賃金の実態を考察する前に、まず、中国人にとって、日系企業はどの程度の魅力を持っているのかを明確に把握する必要がある。また、前述したように、日系企業の競争相手は欧米系外資企業だけではなく、現地の中国企業との競争が激しくなる一方である。そのため、下記は中国国内で最大規模かつ最も影響力のある調査、中華英才網による「中国大学生最佳雇主」調査のデータを用いて、中国全土において、日系企業はどのような位置にあるのかを確認しておきたい。

1. 調査概要

日系企業の中国での人気度の裏付けとして、しばしば用いられるのは中国最大の求人情報サイト「中華英才網」による調査結果である。「中華英才網」は中国において最も早く（1997年に）開設された求人ポータルサイトであり、主な業務として、大学新卒者向け、転職者向けの就職情報を提供することである。本社は北京に設立され、ビジネスモデルは日本のリクナビに似ている。2008 年にアメリカのオンライン求人情報会社「モンスター・ワールドワイド」傘下に加わった。

「中華英才網」は2002年から毎年継続的に、中国全土の大学生①を対象に希望就職先についての調査および研究を行っている。調査・研究チームは働く環境、賃金処遇などの要素を総合して、翌年6 月末に報告書の発行と同時に、「中国大学生が最も就職したい企業50社」というランキングを発表し、さらに毎年、上位になった企業のトップ経営者を招いて、盛大な表彰式を開催している。実施時期、調査方法および調査対象の属性などの詳細は2011年を例として紹介する。

(1) 調査の時期と方法：調査は以下のような 3 つのステップに分けられる。

ステップ1：2011年2月—2011年3月に、前年の調査結果を基に、新たな就職の動きを合わせ、人的資源、就職支援、心理学、社会調査および統計学などの分野の学者によって、調査項目と調査内容を改定する。

ステップ2：2011年3月25日—4月30日の期間中に、オンライン調査および全国各大学での現地調査を実施する。

ステップ3：2011月5月—2011年6月に、第三者の専門機構にデータの集計および統計を依頼し、報告書を作成する。

---

① 2010 年までは在学中の大学生に限定していたが、2011 年の調査は会社員歴 1 年以内の人も調査に加えた。

(2) 調査対象者の属性

2011 年の調査では、全国 764 の大学、20 万人近くの大学生から回答票を回収した。そのうち、有効回答数は 171,488 件である。調査対象者の属性は表 4－1－1 のとおりである。

表 4－1－1　2011 年調査対象の属性

	構成	割合
性別	男性	47.3%
	女性	52.6%
学歴	大専在学生	11.9%
	大学在学生	76.8%
	大学院修士課程在学生	10.8%
	博士課程と MBA	0.5%

出所：同調査 2011 年報告書に基づき、筆者作成

2. 調査結果

2003 年～2011 年の発表結果（図 4－1－1）を通して、上位 50 社のランキングを見ると、トップ 10 社に日系企業は 1 社も上位していないことが判明した。また上位 50 位に入った日系企業を挙げてみると、上位社数の多い年でも 3 社までに留まっている。上位企業はソニー、松下電器、トヨタ自動車（広州）とホンダ自動車（広州）に限られている。さらに、2010 年から日系企業の姿さえ消えている。2 年連続、トップ 50 社に上位を図れなくなっている。そのように、日本企業の技術や製品について中国人から高い評価を得ているのに対して、大学生の希望就職先として日系企業は決して優位性を持っていない。むしろ欧米系企業や中国現地企業に比べて、日系企業は圧倒的な劣勢にあることが伺える。

表 4-1-1　希望就職先上位 50 社企業の国籍別上位数

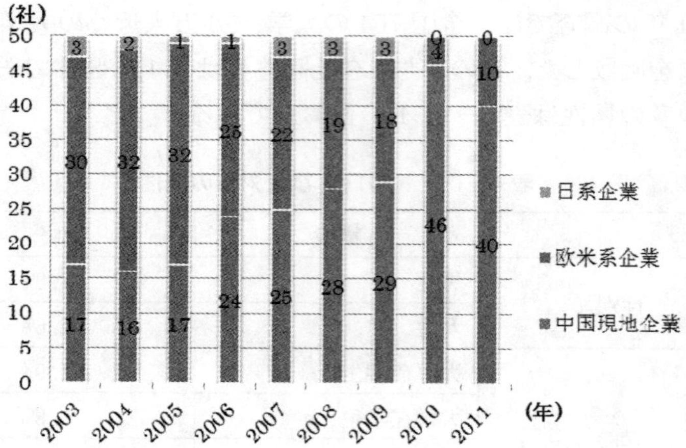

出所：筆者作成

表 4-1-2　2002－2011 年中国大学生の希望就職先
トップ 50 ランキング上位日系企業

年度	上位日系企業の内訳
2002	ソニー（電気産業 3 位）、トヨタ（自動車 3 位）、ホンダ（自動車 4 位）
2003	ソニー（17 位）、松下電器（32 位）、トヨタ（46 位）
2004	ソニー（26 位）、松下電器（46 位）
2005	ソニー（22 位）、松下電器（42 位）、
2006	ソニー（38 位）
2007	松下電器（29 位）、ホンダ（35 位）、ソニー（46 位）
2008	松下電器（27 位）、ホンダ（28 位）、トヨタ（42 位）
2009	ホンダ（24 位）、松下電器（25 位）、トヨタ（49 位）
2010	上位なし
2011	上位なし

出所：同図 4－1－1。

アンケート調査の設問項目には、①希望就職先企業名（3 社まで）、②選択理由（5 つまで）、③希望業種、④希望地域などの項目が設けられているが、「選択理由」を分析することによって、中国の大学生はどういう基準で企業を選んでいるのかが伺えるため、その内容について取り上げたい。図 4-1-2 は選択理由の選択率順位を示したものであるが、選択率の高い順からは、①公平・公正な人事制度(81.4%)、②調和のとれた社内人間関係（79.8%)、③企業の社会的責任（78.2%）となっている。この結果は一般的に言われている中国人の職業観、すなわち「賃金重視」という見方は必ずしも一致しない。これから就職先としての企業を選ぶ多くの大学生にとって、賃金も重要な要素ではあるが、それ以上に重視するのは公平・公正な人事制度である。つまり、自分の働きぶりや成果をきちんと評価されることを通して、働き甲斐や自己実現、そして、充実感や達成感が得られ、さらなる仕事の向上へとつながると考えられる。

図4−1−2　希望就職先を選択する理由（2010年）

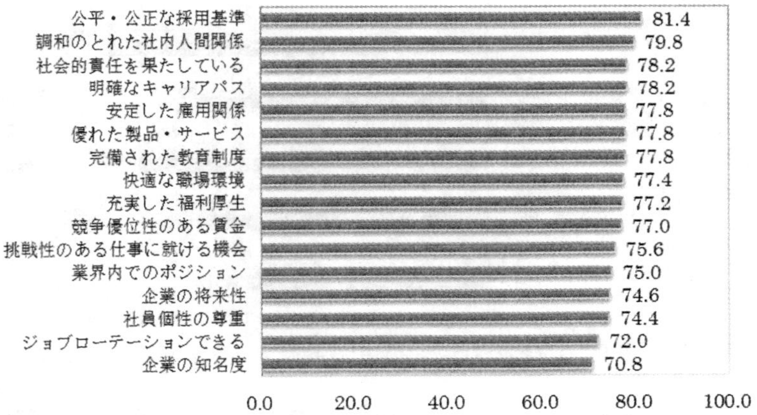

出所：「中華英材網　第八回中国大学生最佳雇主調査報告書」2010.7　p.68に基づき、筆者作成

第2節　中智人力資源管理諮詢公司による調査

中智人力資源管理諮詢公司（以下「中智」と称する）は、毎年中国の各都市と業界において賃金をはじめとする人的資源関連の調査研究を行っている。中国国資委、中国工程院、各地域の人的資源と社会保障局および人材センターなどの政府部門と機構の報酬データサプライヤーでもある。

1. 業績評価と従業員の賃金満足度に関する調査

中智が2009年6月に、上海地域の日系企業93社を対象に「業績評価と従業員賃金満足度に関する」調査を行った。その調査結果（図4−2−1）によれば、「上司およびそのリーダーシップ」、「仕事の環境」、「キャリア・アップと研修」、「企業内コミュニケーション」、「業績等についての評価」と「賃金・福利厚生」といった調査項目のうち、「業績等についての評価」と「賃金・福利厚生」に関する満足度が最も低く、しかも年々低くなる一方である。特に2009年になると、賃金・福利厚生に対する不満は最も強く、わずか24%の人からしか評価されていないことがわかった。

図4−2−1　中国進出日系企業に働く従業員の満足度に関する調査

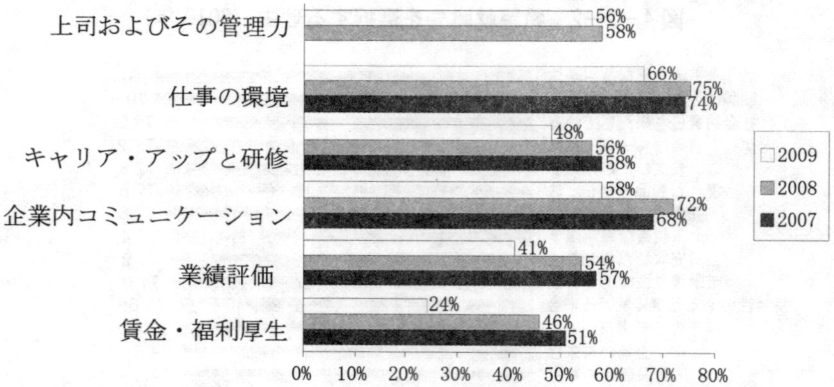

出所：2009年6月に公表された中国中智調査データを基に筆者作成

また、同調査で、評価結果の運用について、8割の日系企業は賃金や賞与への反映を選択し、3割の企業が昇進・昇格に応用し、そして、わずか1割強の企業が人材育成の面から取り組んでいることが明かになった。図4-2-2を参照されたい。

図4-2-2　日系企業での人事評価結果の応用に関する調査

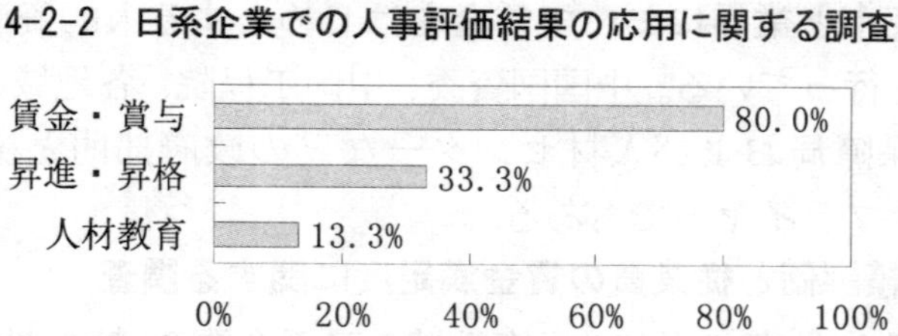

出所：2009年6月に公表された中国中智調査データより筆者作成

2. 賃金の現状に関する調査

中智が 2009 年 11 月 25 日に、中国進出日系企業の賃金の状況に関する調査結果を発表した。この調査は上海、北京、蘇州、無錫、瀋陽、大連、青島などの 15 の都市で、約 450 社の日系企業から各種データを集計した。また、中智は別の調査で欧米系企業、その他のアジア系企業などの企業の賃金についても行っている。

①その他の外資系企業との賃金格差

ここでは日系企業の賃金と業績評価の部分について、取り上げ分析する。まずは、2009 年の中国進出日系企業の全体の賃金状況に関しては下図のとおりである。

図 4−2−3 2009 年度職位別外資系企業年収水準（中央値）（単位：元）

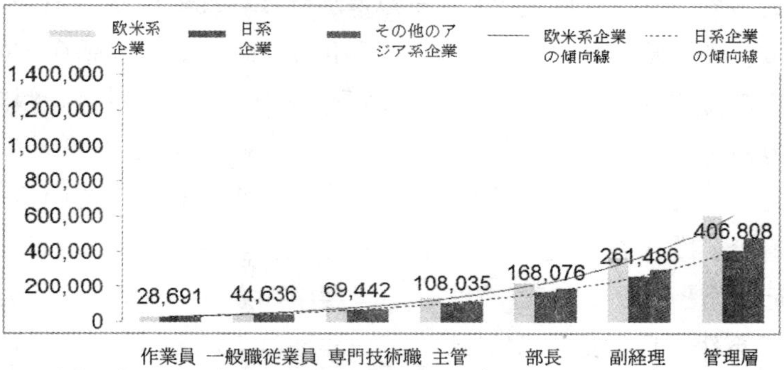

出所：中智（2009）「日系企業賃金調査」データに基づき、筆者作成

図 4−2−4 2009 年度職位別外資系企業年収水準（90%値）（単位：元）

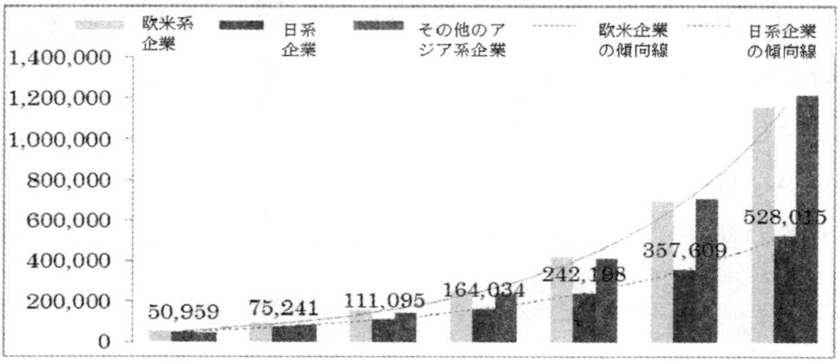

出所：中智（2009）「日系企業賃金調査」データに基づき、筆者作成

図 4−2−3 は 2009 年度職位別外資系企業年収水準の出資国別の中央値[①]賃金水準を示している。図に示されるように、日系企業は作業員の場合は欧米系企業より低いが、その他のアジア企業よりは高い。一般職従業員の場合は、欧米企業とその他のアジア系企業よりやや低めな賃金額であるが、さほど大きい差はない。専門技術職は、欧米系企業に大きい差が付けられた。さらに中間層管理職以上になると、職位が高くなればなるほど、欧米系企業との差は大きくなる。例えば、主管の場合、欧米系企業は 13 万元であるが、日系企業は 10 万元の程度である。部長の場合、欧米系企業の 22 万元に対して、日系企業は 16 万元で、6 万元の差額となっている。管理層の場合、欧米系企業は 60 万元に達しており、日系企業は 40 万元に留まっている。年間約 20 万元の差が付けられている。総合してみれば、技術職、特に中間層以上の職位に関して、欧米系企業の賃金水準の優位性が明らかになっている。また、職位別賃金の傾向線からみると、欧米系企業昇級に伴った昇給率が高いことがわかる

図 4−2−4 は主に出資国別の 90%値[②]賃金水準を示している。主管の場合、欧米系企業の 25 万元に対して、日系企業は 16 万元で、9 万元の差となっている。そして、管理層の場合、欧米系企業は 42 万元であり、日系企業は 24 万元で、差額は 18 万元になっている。日系企業は欧米系企業の 6 割にも達していない。欧米系企業の賃金水準の優位性は一目瞭然である。

しかし、賃金水準の中央値と 90%値を合わせてみれば、欧米系企業は中央値と 90%値の差額は 10 万元で、2 倍ぐらいとなっている。これに対して、日系企業は平均で 5 万元前後となっており、比較的に緩やかな賃金水準であることがわかる。

新卒者の初任給については、下の図 4−2−5 を参照されたい。

---

① 中央値はすべてのデータを小さいほうから数えて 50%の数値である。
② 中央値はすべてのデータを小さいほうから数えて 90%の数値である。

図４−２−５　新卒者初任給　（単位：元）

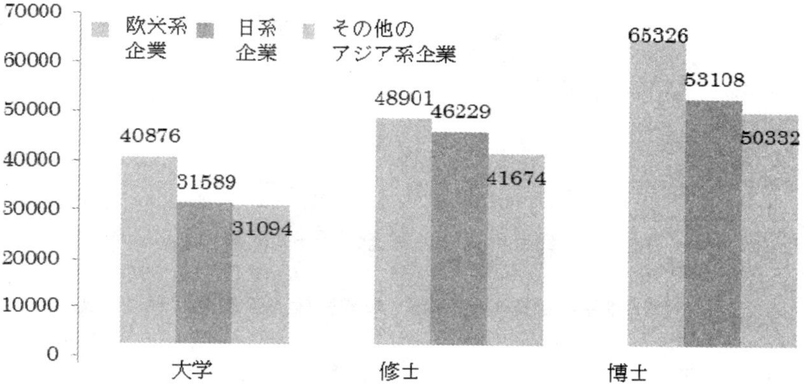

出所：中智（2009）「日系企業賃金調査」データに基づき、筆者作成

日系企業の新卒者の初任給は、その他のアジア系企業より多少高いが、やはり欧米系企業とはまだ大きな差があるといえる。とりわけ、大学卒の差は９千元で、修士は３千元近く、博士は１万２千元以上となっている。その背景として、欧米系企業は新卒者採用の際に、大学卒以上の学歴を求めるのに対して、日系企業は専門技術を持つ専門学校卒者に力を注いでいることを指摘している。

②年功型賃金

それから、日系企業において年功が賃金にどれだけの影響を与えているのかについて、下の６つの図を参照されたい。

図 4-2-6　人事管理部門管理職　年度総収入平均値（単位：元）

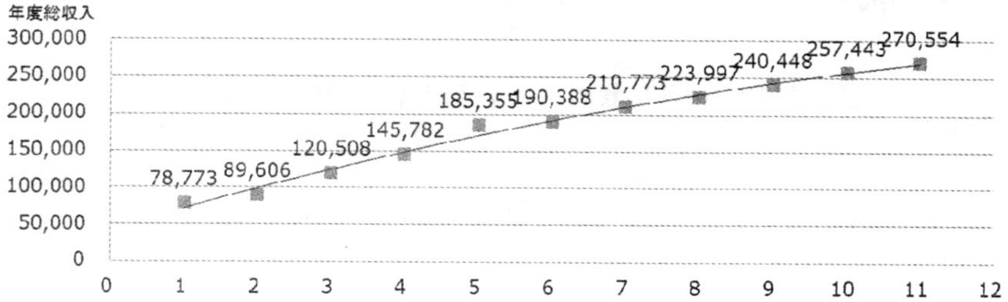

出所：中智（2009）「日系企業賃金調査」データに基づき、筆者作成

図 4-2-7　人事管理部門一般職　年度総収入平均値（単位：元）

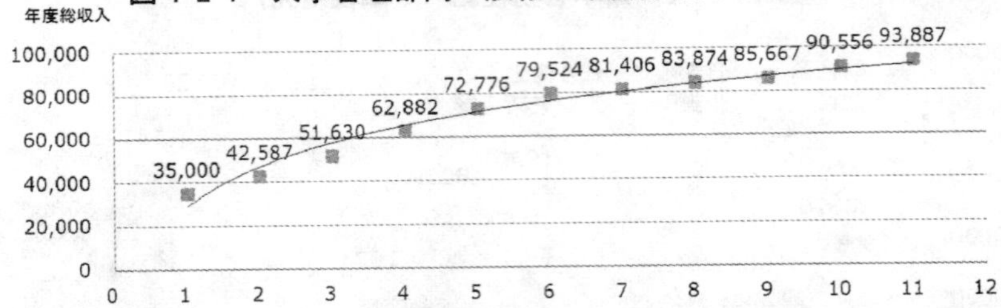

出所：中智（2009）「日系企業賃金調査」データに基づき、筆者作成

図 4-2-8　総務部管理職　年度総収入平均値（単位：元）

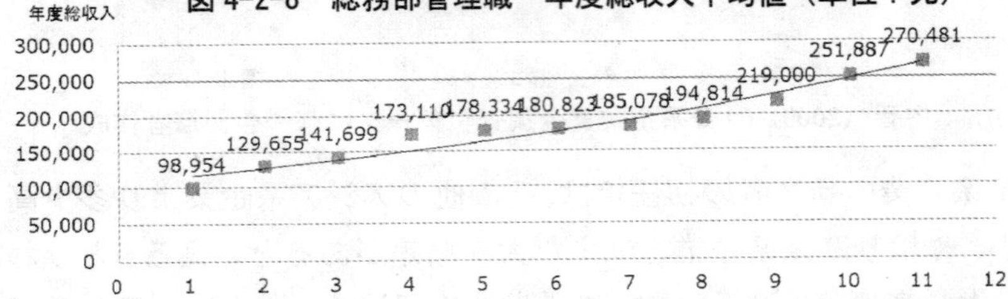

出所：中智（2009）「日系企業賃金調査」データに基づき、筆者作成

図 4-2-9　総務部一般職　年度総収入平均値（単位：元）

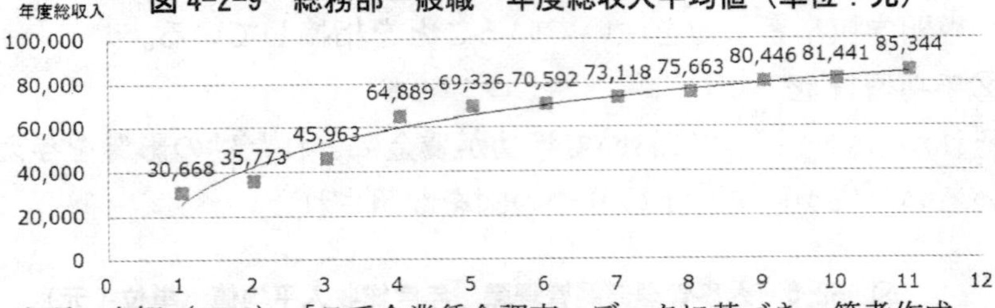

出所：中智（2009）「日系企業賃金調査」データに基づき、筆者作成

図 4-2-10　財務部管理職　年度総収入平均値（単位：元）

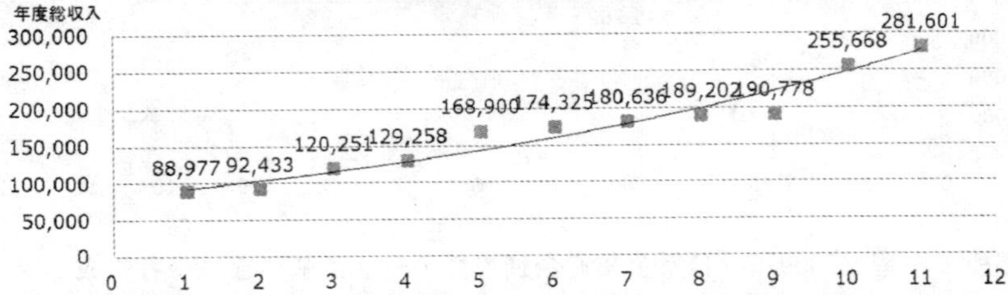

出所：中智（2009）「日系企業賃金調査」データに基づき、筆者作成

図 4-2-11　財務部一般職　年度総収入平均値（単位：元）

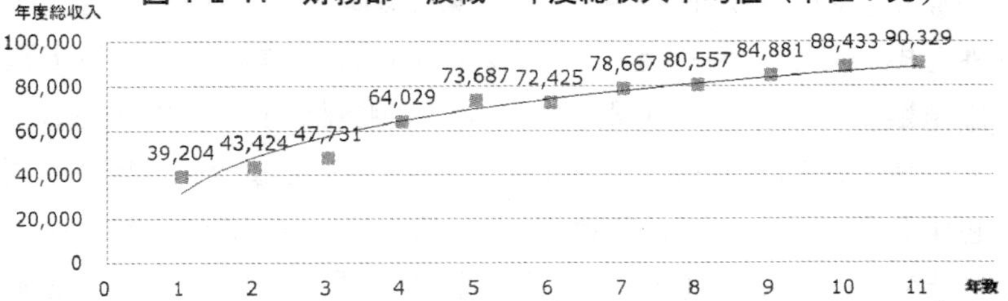

出所：中智（2009）「日系企業賃金調査」データに基づき、筆者作成

以上の6つの図（「人事管理部」、「総務部」、「財務部」の管理職と一般職の年度総収入平均値）を通して、中国進出日系企業の賃金特徴は「右肩上がりの年功制賃金」であることが確認できた。

③離職問題

また、離職率については次の図を参照されたい。作業員の離職率は日系企業が最も低く、11.8%となっている。一般職従業員と専門技術職および主管の離職率は、欧米企業とほとんど変わらない。しかし、中間管理職以上の管理層の離職率は欧米系企業より遥かに高いことがわかった。要するに、日系企業では、優秀な人材の流出問題がいまだに解決されないままであろう。

図 4-2-12　職位別離職率

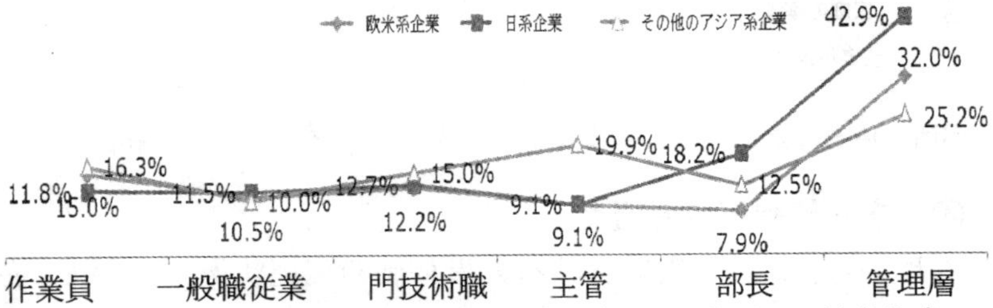

出所：中智（2009）「日系企業賃金調査」データに基づき、筆者作成

中智の調査報告によれば、日系企業の一般職の従業員は賃金が理由で離職する割合は4－5割前後である。そして、日系企業管理職従業員が離職する原因として、個人のキャリア発展が最も大きな原因（中間管理職とトップ管理職の場合）と指摘されている（図4－2－13 参照）。前述で、日系企業の管理職の賃金水準は欧米企業よ

りかなり低いことが指摘されたが、賃金が理由で離職する管理層は意外と極めて少なかった。この結果は一般的に言われている中国人の価値観、すなわち「中国人にとっては報酬がすべてである」、「少しでも賃金が高ければ、すぐ他社へ転職してしまう」[①]という見方は必ずしも一致しない。賃金は彼らにとって、重要な要素ではあるが、一定の職位に昇進すると、賃金以上に重視しているのが仕事を通しての成長と自己実現、そして、仕事から得られた充実感や達成感、将来のキャリア・アップであると考えられる。

図 4－2－13　日系企業従業員の離職原因

管理職	トップ管理層	中間管理職	高級技術職
個人のキャリア発展	40.5%	50.4%	35.1%
会社の将来性	30.0%	20.3%	15.5%
仕事のプレッシャー	15.1%	8.6%	7.3%
仕事や努力が認められず	9.5%	7.5%	5.3%
賃金	4.9%	13.2%	36.8%

非管理職	専門技術職	一般職員	生産現場作業員
個人のキャリア発展	26.5%	25.5%	7.0%
賃金	46.5%	50.8%	43.2%
インセンティブ	10.6%	6.3%	9.3%
家庭の事情	4.2%	10.1%	10.3%
仕事がきつい	4.2%	6.3%	7.0%

出所：中智（2009）「日系企業賃金調査」データに基づき、筆者作成

④人事評価制度の問題点

それから、日系企業における人事評価の実施状況について、企業のトップ管理層の回答状況は次のようになっている（図 4－2－14参照)。「形式化の評価だけであり、効果があまりない」と回答したのは 51.6%であった。「まあまあ効果があるが、改善が必要である」と答えたのは 39.8%であった。それに対し、「効果がとても良い」

① 張英莉（2007）「在中国日系企業の人材マネジメント—現状・問題点・課題—」『埼玉学園大学紀要』、第 7 号、82 ページ。

と評価したのはわずか 8.6%であった。要するに、90%以上の日系企業において人事評価制度の改善が求められていることを示している。

また、人事評価の問題点と指摘されたのは、「会社の目標と連動性」(56%)、「担当者と従業員の理解」(37%)、「時間がかかりすぎて、それなりの効果が出ない」(30%)、「評価に必要な参考データが不足」(24%)、「各会社の人事評価制度のバラつきが大きく、統一した制度が整備されていない」(20%)との順位であった。日系企業にとって、人事評価はまだ大きな課題であることが考えられる。

図４－2－14　人事評価の実施状況

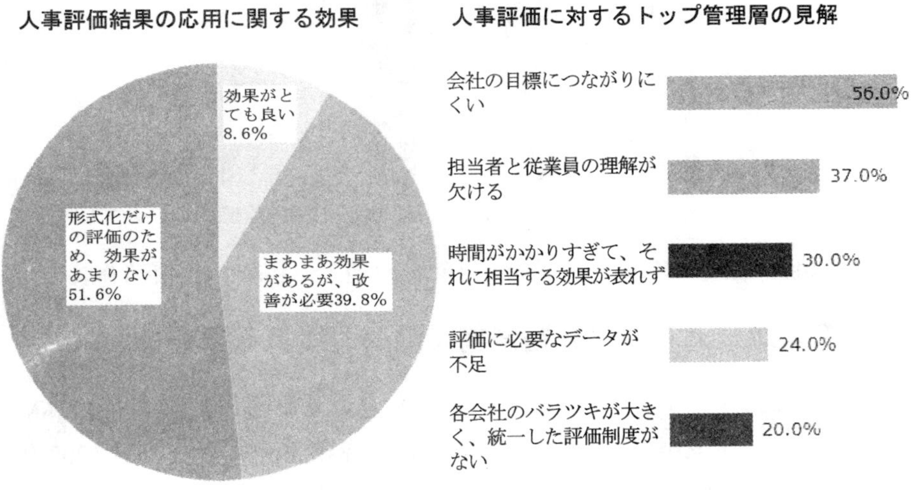

出所：中智（2009）「日系企業賃金調査」データに基づき、筆者作成

⑤人材現地化

また、中智は日系企業の人材現地化についても調査を行った。調査した 400 社の企業の職位別従業員の現地化率は下図 4－2－15 で確認できる。いうまでもなく、作業員は全員中国人である。そして、一般職員もほぼ100%現地化が実現できている。技術職の現地化率も相当高く、91%近くとなっている。また、日系企業の中間管理層の現地化率は 50%に達しており、人材の現地化の重要性が重視される

ようになっていることがわかる。しかし、トップ管理層の現地化率は依然と低く、わずか10%程度であった。トップ管理層の現地化の遅れについて、徐（2009）にも指摘されている[①]。今後は大きな課題として、トップ管理層を含めた人材現地化をさらに進める必要があると考える。

図4－2－15　人材現地化の実態

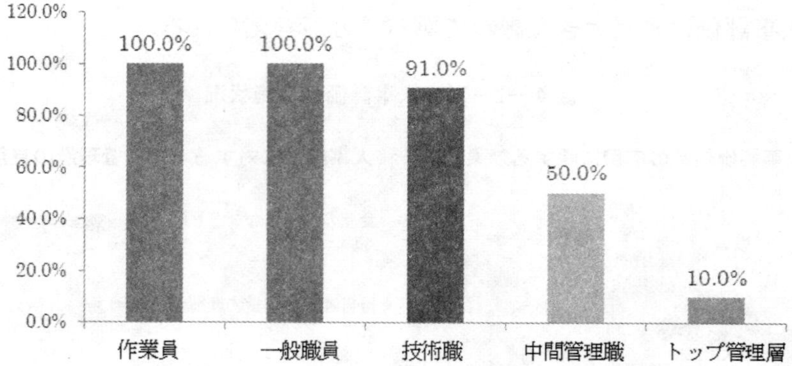

出所：中智（2009）「日系企業賃金調査」データに基づき、筆者作成

第3節　上海時迅商務諮詢有限公司による調査

株式会社エヌ・エヌ・エー（NNA JAPAN Co.,Ltd.、以下は NNA と称する）の中国法人である上海時迅商務諮詢有限公司が 1997 年から毎年日系企業の中国現地社員の賃金について調査を行っている。2008 年 11 月には、中国全土（香港、マカオ、台湾地域を除く）の 6,528 社の日系企業にアンケート調査表を配布し、361 の有効回答アンケートを回収した[②]。本節では、NNA が 2009 年に発表した「日系企業中国現地社員給与動向調査」のデータに基づき、日系企業の中国現地従業員の賃金の特徴について分析する。

① 前掲書、徐雄彬（2009）、303 ページ。
② エヌ・エヌ・エー(編)(2009)『日系企業中国現地社員給与動向(2009 年度版)』NNA、vi ページ。

1. 賃金の実態

(1) 業種別賃金

まず、月額賃金について、日系企業に勤務する中国人従業員の平均月額賃金は、「高級管理職（総経理・支店長・店長）」は 20,184 元、「マーケティングのシニアスタッフ」は 5,510 元、「マーケティングのジュニアスタッフ」は 3,955 元、「通訳」は 3,916 元、「事務職」は 3,247 元となった。一方、技術職では、「工場長」が 10,017 元、「システムエンジニア」は 5,388 元、「一般エンジニア」は 4,481 元である。また、「一般生産現場従業員」は 1,520 元である。経験のあるマーケティング担当従業員と技術型従業員の賃金水準が高いことが伺える。

(2) 地域別賃金

地域別から見ると、「営業一般職」では、北京が 4,245 元、上海が 4,195 元、広州が 2,716 元で、中国国内消費市場を狙う販売拠点が多い北京市、上海市や広州市が高水準となっている。「事務一般職」では、北京が一番高く 3,726 元、次いで上海は 3,050 元である。「一般エンジニア」は上海市が 4,251 元と一番高く、次いで広州市 3,725 元、北京が 3,269 元となっている。上海や広州およびその周辺地域に生産現場の拠点が多く集積していることから、その地域の賃金水準もほかの地域に比較すると高いレベルにある。「一般生産者」は、北京市が 1,819 元、次いで上海市 1,246 元で、広州市 972 元と珠江デルタ地域は、まだ 1,000 元台には達していない。

(3) 新卒賃金

2008 年の新卒者の平均月額賃金は、大学院卒が 4,283 元、大学卒が 2,786 元、専門校卒が 2,079 元となっている。大学卒を地域別で見ると、天津市が 3,508 元と最も高く、次いで北京市 3,388 元、上海市は 3,196 元という順となった。

また、中智の調査においても指摘されたように、日系企業特に製造業においては、一定の技術的知識を持つ「専門校卒」の人材を積極的に採用し、熟練工として育成する傾向があるため、「専門校卒」

と「大学卒」の賃金格差（707 元）は、「大学卒」と「大学院卒」との格差（1,497 元）より半分以下小さくとなっている。

(4) 昇給率

また、2007 年の昇給を実施した企業は、調査全体の 86.2%で、実行昇給率は平均 10.8%となった。2008 年に昇給を予定している企業は 81.8%で、予定昇給率は 9.6%となっている。予定昇給率は前年比やや低くなっている原因は、金融危機が与えた影響と考えられる。

2. 賃金の決定要因

同調査によれば（図 4－3－1 参照）、現在日系企業の賃金制度に最も採られたのは能力重視型賃金であり、その次は勤務年数重視型となっている。学歴や年齢は従来のように重要な要素と考えられなくなっているが、成果や業績などの要因はどれだけ重視しているかは、NNA の調査では明らかになっていない。

図 4－3－1 中国進出日系企業における賃金制度の全体像

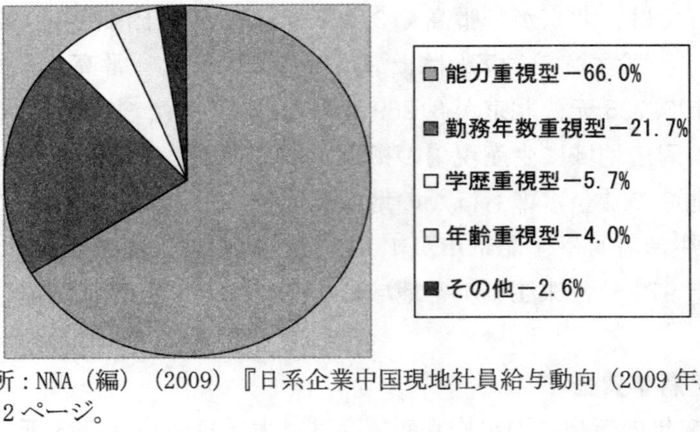

出所：NNA（編）（2009）『日系企業中国現地社員給与動向（2009 年度版）』NNA、2 ページ。

第 4 節　日系企業における人事制度の改革

近年、中国の経営環境の変化、とりわけ労働市場環境の変化を背景に、人材の確保・定着をねらい、従業員個人の働きぶりや能力を評価して賃金に反映する成果型人事制度の導入や、賃金・福利厚生の拡充、現地人材の積極的登用など、人事制度の改革に取り組む日系企業が続出している。本節では人事制度の改革を実施した優良日系企業の事例をまとめて取り上げる[①]。

①東芝は2007年に中国事業統括会社で、目標の達成度合いなどに応じて、給与を積み増やす制度を導入した。さらに2009年までに中国の関連会社約70社はすべて取り入れることになった。そのほかに、本来1年の契約期間を3年に延長するように変えた。

②パナソニックは2008年から個人の能力や実績を11段階で評価し、給与に反映する制度を中国拠点で順次に導入した。

③ホンダの合弁会社である広州ホンダは2008年春までに、勤続年数や能力に加え、働きぶりも従業員を評価する制度を導入するとともに、従業員の仕事や経験に応じて本来2年の契約期間を5年へ、そして本来3年の契約期間を7年へ延長することを可能にした。また、2010年5月のストライキ以後、工場長などの経営者たちとの懇親会を増やしたり、従業員の誕生パーティーを開催したりするなどによって、従業員との意思疎通を密にする工夫をしている。

④トヨタ自動車も従業員の仕事や経験に応じて、本来1年の契約期間を5年に変更する方針を打ち出した。人事制度の面では、すでに能力重視の評価制度が導入されている。

⑤富士ゼロックスは管理職従業員の研修を強化するとともに、管理部門所属の従業員の契約期間を以前の2年から3年に変更した。また、工場従業員の契約期間も1年から2年に変更させた。

⑥三菱商事は契約社員を正社員に登用する方針を検討した。また、派遣社員の場合は、1年の契約期間を2年に変更し、2年の契約期間を3年に延長した。

⑦住友商事は管理職従業員の研修を強化するほか、1年の短期契約期間を2年に変更した。

⑧工作機械メーカーのツガミは中国子会社の人事を現地幹部に

① ここで取り上げる先進企業の事例は以下「中国で長期雇用体制」、『日本経済新聞朝刊』、2007年12月31日と「中国で現地社員待遇改善」、『日本経済新聞朝刊』、2010年9月23日より整理したものである。

任せており、さらに2010年6月に、中国子会社のトップを日本本社の取締役に登用した。

⑨曙ブレーキ工業は2010年夏に、中国工場に働く従業員の賃金を臨時に引き上げた。

⑩アドウェイズ(成果報酬型広告会社)は中国の従業員を対象に、子供の誕生日に休暇を取れる制度を取り入れた。そして、2010年10月に、中国子会社の女性従業員を対象に出産費用を補助する制度も導入した。

⑪日本精工は現地の人材を積極的に登用するほか、現地の幹部候補者に次期（2017年3月期）の中期経営計画を策定させることになっている。

⑫コマツは近隣企業の賃金を調査し、トップクラスになるように賃金の設定・変更を行った。

⑬TOTOは中国子会社の取締役以上の現地人材率を2018年3月期までに3割程度引き上げて5割にする方針を打ち出した。

総じて、日系企業における人事制度の改革によって、日系企業において、優秀な人材の確保、定着を促す意向がはっきり見えてくる。日系企業の中国進出戦略は新たな段階に踏み組んだとも言えるだろう。

第Ⅲ部
現地調査による事例研究

第Ⅰ部では中国に進出した日系企業の人事評価・賃金制度に関する理論的レビューを行った。第Ⅱ部では文献資料をサーベイし、現在中国進出日系企業が置かれている現状について考察・分析した。そこで、第Ⅲ部は、中国現地調査による日系企業（大連・X社、塩城・F社、武漢・W社、天津・S社）と中国現地企業（吉林・T社、延辺・D社、大連・Y社）、合計7社の事例研究である。図5－1－1は現地調査対象企業それぞれの所在地を示した図である。また、本書では製造業企業と非製造業企業における人事評価・賃金制度について取り上げるが、それぞれの企業に対して、従業員の職位別・職種別に取り上げることを前提とする。

図5－1－1　本書で取り上げる現地調査対象企業所在地一覧

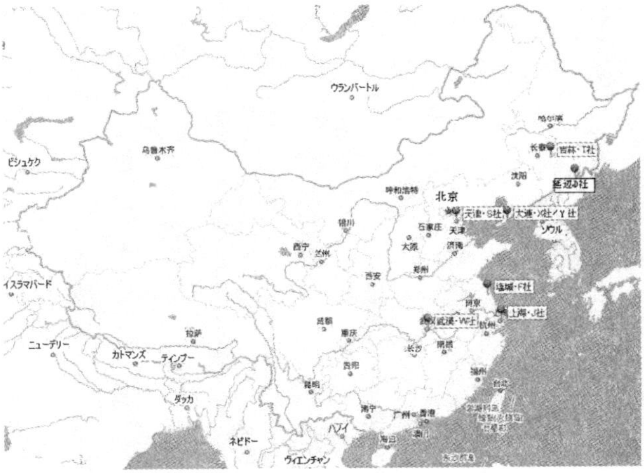

出所：2012Baidu-GS（2010）6006号データを基に筆者作成

第５章　中国進出日系企業の事例研究

まず、本章では中国進出日系企業４社の事例研究を取り上げる。中国進出日系企業の人事評価・賃金制度の実態を検証するために、2009年12月から2011年４月にかけて、遼寧省、江蘇省、湖北省、天津市と上海市に現地入り、日系企業４社を対象とした現地調査を実施した。調査方法に関しては、各企業への事前質問項目を依頼した後、現地で企業経営者、人事担当者を対象にしたヒアリング調査、社内および工場考察などであった。さらに、現地での文献、社内資料による文献研究も行った。本現地調査では、状況によって、従業員に直接アンケート調査を行った。さらに企業訪問後、電話やメールなどを通じて再度確認を行う方法も取った。

また、中国進出日系企業の人事評価・賃金制度は企業の進出時期・業種・規模などにより異なることから、本章では上述の影響要因を配慮し、各進出企業の親会社の歴史・業種・規模などについて論じてから、現地の進出企業の事例を取り上げることにする。

第１節　大連・X社の事例研究

1. X社の日本本社

(1) 会社概要

X社の日本本社は1962年に創業したセキュリティ会社である（表5－1－1参照）。そして、1989年に「社会システム産業」[①]の構築が企業目標であることを宣言し、現在はセキュリティ事業を中心に、

① 大連・X社の日本本社では、「社会システム産業」を、社会にとって安心で、便利で快適なサービスシステムを次々に創造し、それらを統合化・融合化して、トータルな新しい社会システムとして提供する産業と定義している。具体的には、「社会システム産業」の構築を、セキュリティ事業を中心に、防災事業、メディカル事業、保険事業、地理情報サービス事業、情報系事業、不動産事業の各事業分野で新しい事業の創出と拡充に取り組み、トータルシステムとして提供できるように注力していくことを指している。

防災事業、メディカル事業、保険事業、地理情報サービス事業、情報系事業、国際事業、不動産事業の8つの事業分野で事業を展開している。

また、国際事業では、1978 年に中国台湾で合弁会社の設立を始まりとして、現在は中国台湾、韓国、中国大陸、タイ、マレーシア、シンガポール、インドネシア、ベトナム、フィリピン、インド、アラブ首長国連邦、イギリス、フィンランド、ベルギー、オーストラリア、ニュージーランド、アメリカ、ブラジル①の海外 18 の国と地域で事業を展開している。

表 5—1—1　X 社の日本本社の概要

設立年月日	1962 年 7 月 7 日
所　在　地	東京都渋谷区
資　本　金	663 億円（2011 年 3 月 31 日現在）
社　員　数	13, 640 名（2011 年 3 月 31 日現在）
売　上　高	3, 292 億円（2011 年 3 月期）
事 業 内 容	セキュリティ、情報処理、医療・福祉・介護サービス、損害保険、不動産など
海外子会社	18 の国と地域に 111 の子会社

出所：会社資料より筆者作成

(2) 人事制度

X 社の日本本社では、創業時から「社員の向上と会社の発展は一体不可分」という理念を同社の人事運営の基本理念として守ってきた。そして、社員一人ひとりが、常に自分の意志で活き活きと仕事をし、自己実現していくことが、結果として組織の発展につながると認識している。「より努力し、能力を上げ、成果を発揮した人にふさわしく報いること」を方針として定められている。さらにこの方針を目的とした人事制度を確立させた。

人事制度のコンセプトは「評価と育成」、そして「透明性と公平

① 国・地域順番は同社の海外事業展開順番である。

性」である。社員自らが申告した担当業務、成果、反省点と職務ごとに最適化された合理的な評価項目の両面を冷静に評価し、結果をそのつど開示するオープンで公正な仕組みとなっている。

また、人事評価は、資格級や賞与評価決定のためだけに行うのではなく、評価結果や理由を本人に伝えることで、社員を育成することも目的とされている。さらに、個人が自らの仕事と今後のキャリアパス・プランを描ける「自己申告制度」など、さまざまなアイデアを導入し、社員のモチベーション向上につなげるように努力されている。あわせて、「2つの評価」、「2つの審査」、「1つの申告」と「1つの依頼」によって構成されている。具体的には次のようである。

まず、「2つの評価」とは「業務に対する取組姿勢、業績・成果などの評価」と「保有能力の評価」のことである。

業務に対する取組姿勢、業績・成果などの評価は年2回実施されている。6ヶ月毎に、社員本人が申告した担当内容、成果、反省点を踏まえ、取組姿勢、業績・成果などを上司が評価する。

一方、保有能力の評価は年に2回実施されている。資格給審査に先立ち、知識技能吸収力、コミュニケーション能力、実績・応用力などの保有能力を評価する。

次に、「2つの審査」とは「賞与審査」と「資格級審査」のことを示す。

賞与審査は年2回行われている。賞与審査を行う際に、社員の半期の努力と業績に基づき、7段階（S～E）の評価を決定し、賞与審査に反映させている。

資格級審査は年1回行われている。上位資格給に期待される能力発揮ができるかどうかを総合的に判断し、資格級を決定する。

そして、「1つの申告」は「自己申告制度」のことを指す。社員は、評価と別に毎年1回「自己申告書」により、会社に対して「担当業務についての所感」、「今後希望する職務・時期・理由」などをアピールすることができる。

最後に、「1つの依頼」とは、「再審査依頼」のことである。X社の日本本社では、より納得できる評価の実現を目指して、自分自身の評価内容や評価プロセスについて疑問や不安を感じた場合、再審査の依頼をすることができる。再審査依頼があった場合、評価委員会等により再度評価プロセス・判断尺度を確認するなどをして、解決を図る。

また、上記した「2 つの評価」、「2 つの審査」、「1 つの申告」と「1 つの依頼」の流れは、次の図 5−1−2 で表すことができる。

図 5−1−2　X 社日本本社の人事評価制度の流れ

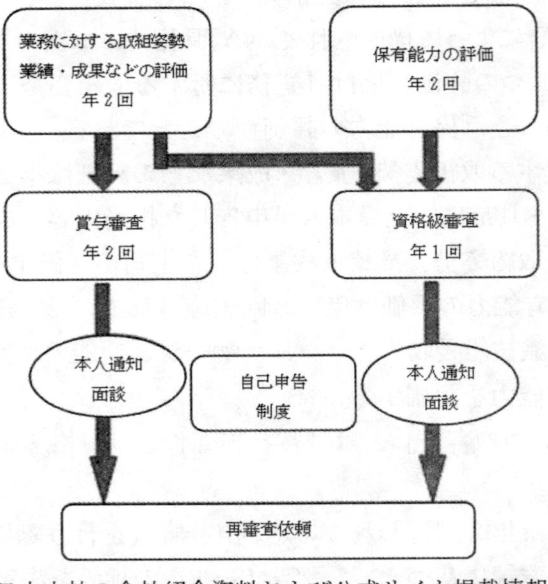

出所：X 社日本本社の会社紹介資料および公式サイト掲載情報に基づき、筆者作成

前述のように、X 社の日本本社の人事評価システムを以下の 4 つのポイントに総括することができる。①評価項目、評価判断基準、評価配分点数などの評価基準をあらかじめ明らかにしていること。②個人の目標等について、上司が積極的にサポートすること。③評価にあたっては上司と面談を実施するとともに、評価結果をその都度開示すること。評価結果を昇給や賞与に反映させること。

それから、社員の成長指針ともなっているX 社の日本本社の「資格級体系」は、会社が社員に期待する役割・資格級基準に応じて全社員のクラスを6階級に区分している。このうち最初の3段階（J－R－L クラス）には、下記の図5－1－3のようにレベルが細かく規定されている。年に1回行われる資格級審査の結果によって社員の資格級が決定される。昇級の方法としては、1階級ずつ上昇する通常の「昇級ルート」に加え、階級を飛び越して昇級できる「飛び級」も設けられている。

図5－1－3　X社日本本社の資格給体系の仕組み

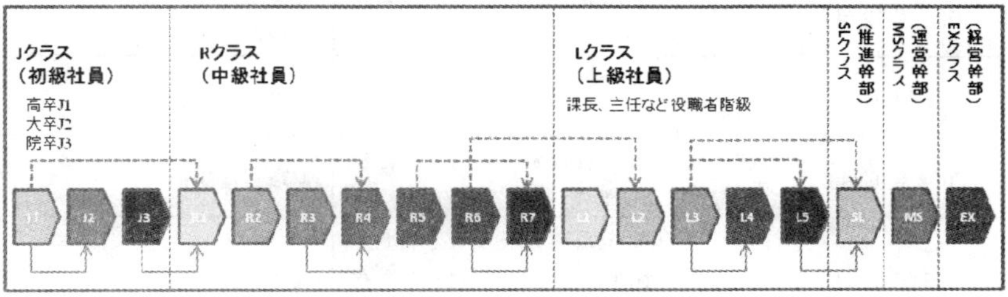

注：「——」は通常の「昇進ルート」で昇進の例である。
　　「- - -」は「飛び級」で昇進の例である。
出所：X社日本本社の会社紹介資料および公式サイト掲載情報に基づき、筆者作成

(3) X社の中国進出状況

前述のように、X社の日本本社は「社会システム産業」の構築の一環として、1978年に初めて中国台湾で海外事業を開始した。そして、中国大陸での事業は1992年に、北京の日系ソフト関連企業の営業権買収から始まり、日本企業として初の持株会社として、X社の中国有限公司を設立した。その年は鄧小平氏の「南巡講話」(1992年）による市場経済化の加速化が外資系企業の進出を促した年でもある。そして翌年の1993年から、日本同業界他社に先駆けて、中国の主要な都市で現地企業と合弁会社を設立し、独自のオンライン・セキュリティシステムの提供を始めた。20年かけて、現在は中国大陸18の都市で15の子会社、計30の拠点を設置している（表5－1－2を参照)。

表 5−1−2 X 社中国グループの歩み

設立時期	事業内容	所在地
1992 年 12 月	X（中国）有限公司を設立	北京市（本社） 上海市（開発センター）
1993 年 12 月	大連 X 電子安全有限公司を現地企業との合弁で設立	遼寧省大連市
1995 年 04 月	上海 X 電子安全有限公司を現地企業との合弁で設立	上海市に 2 の拠点 江蘇省蘇州市、無錫市、昆山市に 3 の拠点
1995 年 06 月	上海 NX 消防設備有限公司を日本企業 N 社との合弁で設立	上海市
1995 年 12 月	北京 JX 電子安全有限公司を現地企業との合弁で設立	北京市に 4 の拠点 天津市に 1 の拠点
1997 年 04 月	青島 X 電子安全有限公司を現地企業との合弁で設立	山東省青島市
2004 年 6 月	大連 X 電子安全有限公司瀋陽支社を設立（遼寧 X 安全防范有限公司の前身）	遼寧省瀋陽市
2005 年 07 月	深圳 X 電子安全系統有限公司を現地企業との合弁で設立（広東 JX 電子安全有限公司の前身）	広東省深圳市
2005 年 9 月	X 天津智能化技術工程有限公司を現地企業との合弁で設立	天津市
2006 年 05 月	上海 GX 智能科技有限公司を現地企業との合弁で設立	上海市
2006 年 09 月	X（天津）物業管理有限公司を現地企業との合弁で設立	天津市に 1 の拠点 山東省青島市に 1 の拠点
2009 年 02 月	福建 X 電子安全有限公司を現地企業との合弁で設立	福建省福州市
2009 年 07 月	陕西 X 電子安全有限公司を現地企業との合弁で設立	陕西省西安市
2009 年 08 月	四川 X 電子安全有限公司を現地企業との合弁で設立	四川省成都市
2010 年 01 月	浙江 X 安防系統科技有限公司を現地企業との合弁で設立	浙江省杭州市に 3 の拠点
2010 年 03 月	遼寧 X 安全防范有限公司を設立	遼寧省瀋陽市
2010 年 03 月	広東 JX 電子安全有限公司を設立	広東省広州市に 2 の拠点 深圳市、東莞市に 2 の拠点

注：2012 年 3 月現在の統計

出所：X 社の会社紹介資料および各支社の公式サイト掲載情報に基づき筆者作成

上表5−1−2はX社が中国大陸での30年の歩みを表にしたものである。同表で示すように、X社の中国事業展開は主に以下の3つのステップとして考えられる。

ステップ1　沿海地域への進出

まずは、1995年より経済発展が著しい沿海部の主要都市である上海市、北京市、青島市、深圳市にセキュリティ会社を設立し、オンライン・セキュリティシステムの提供を開始した。現地企業や日系企業を対象に契約先を増やし、中国での事業展開に踏み切った。

ステップ2　沿海部周辺都市への進出

2005年からは第1ステップで進出した都市の周辺部にある瀋陽市、昆山市、無錫市、杭州市、天津市、広州市などの都市で拠点を開設し、中国事業のさらなる展開をさせた。

ステップ3　内陸主要都市への進出

さらに、2009年からは内陸部の主要都市にも拠点を広げ、中国への進出を本格化させた。今後も中国全土において、オンライン・セキュリティを主とするセキュリティ事業の拡大を図っている。それから、上海NX消防設備有限公司ではオンライン・セキュリティシステム用機器と防災機器などを製造し、中国と東南アジア各国に供給している。

こうして、X社は中国において、本社機能を果たす会社から、製造を担当する会社、そして開発センターまで、すべて備えるようになってきた。

2. 大連・X社の概要

大連・X社は1993年12月に、X社と中国の最初の合弁会社として誕生した会社である。遼寧省大連市西崗区中山路に拠点を設置している。当時における総投資額は200万米ドルであり、その出資比率はX社（中国）有限公司が95%、大連の現地企業である大連JT労務服務有限公司が5%との出資比率であった。2011年1月現在の社員数は294人であり、うち現地駐在日本人社員は4人である。

1994年7月より大連市で初のオンライン・セキュリティサービ

スの提供を開始し、2004年には遼寧省の省都である瀋陽市にもサービスエリアを拡大した。現在は中国東北地区の最大級のセキュリティ会社にまで成長を果たした。

次の表5—1—3と図5—1—4は大連・X社の会社概要と組織図を示したものであり、いずれも2011年1月現在の資料と現状を基に作成したものである。

表5—1—3　大連・X社の会社概要

設立時間	1993年12月22日
所在地	遼寧省大連市
資本金	200万米ドル
出資比率	日本側出資比率（95%） 中国側出資比率（5%）
業務内容	オンライン・セキュリティサービスの提供 安全商品の提供
従業員数	294人（日本人4人）

出所：ヒアリング調査および大連・X社の社内資料に基づき、筆者作成

図5—1—4　大連・X社の組織図

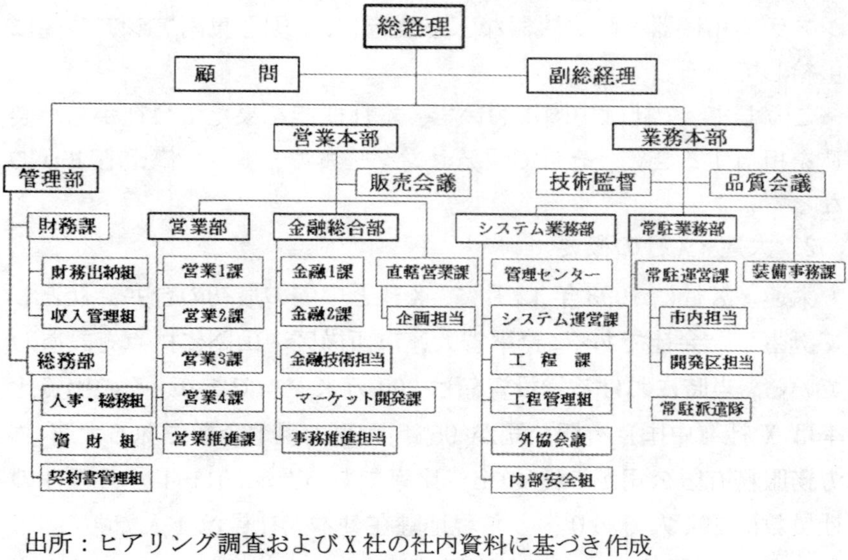

出所：ヒアリング調査およびX社の社内資料に基づき作成

大連・X社は日本本社の基本方針と要諦をそのまま継承しているという。すなわち、基本方針は①社業を通じ、社会に貢献する。②社会に貢献する事業を発掘、実現しつづける責任と使命を有する。③額に汗し、努力の結果以外の利益は、受けない。④組織内外問わず、人間尊重が基本であり、いかなる場合においても、いささかも人間の尊厳を傷つけてはならない。⑤他企業、他組織を誹謗してはならない。⑥すべてのことに関して、判断の尺度は、「正しいかどうか」と「公正であるかどうか」である。⑦常に革新的でありつづける。⑧否定の精神、現状打破の精神を持ちつづけ絶やさない。⑧すべてに関して礼節を重んずる。⑨その時々の風潮に溺れず、流されず、常に原理原則に立脚し、凛然と事を決する。⑩いかなることに関しても、社員自らの立場、職責を利用した言動をしてはならない、との10か条になっている。この基本方針はX社グループにおいて共通の方針となっている。

X社が中国進出する際に、まずは中国本土で本社機能を果たす親会社を設立し、20年を経って、徐々に本社機能を日本から中国へ移転させた。経営形態としては、製造を行う上海NX消防設備有限公司を除いて、すべての子会社は現地企業との合弁により設立している。

そして、企業経営において、経営上重要なテーマに関しては、X社は合弁先と協議をしながら進めているが、日常の経営管理はX社が担当している。合弁相手の企業には現地の認可や監督当局とのコミュニケーションを維持するパイプの役割を担ってもらうようなモデルを取り入れている。そのため、同社各子会社の経営者はすべて日本本社より派遣され、経営方式は日本と一貫する体制を取っている。

3. 人事評価・賃金制度の実態

2009年12月下旬と2011年1月上旬の2回にわたって、大連にあるX社を訪問し、ヒアリング調査およびアンケート調査を実施してきた。現地調査を実施する際に、管理部総務課、営業部、システム業務部などの部門でヒアリング調査を行った。また、現地訪問後、総務部、営業部、システム業務部の従業員を対象に無記名による「会社人事評価・賃金制度に関するアンケート」調査を行った。アンケートの調査内容は留学経験の有無・勤務年数・職務内容や職位などの11項目を含めた「回答者」、「人事評価制度について」の11項目と、「賃金制度について」の 19 項目によって構成される。ここでは大連・X社でのヒアリング調査、社内資料による分析、アンケート調査の結果を総合して、大連・X社の人事評価・賃金制度の実態およびそれらの特徴について、以下のように整理したい。

(1) 年度末評価の結果によって、翌年の賃金を決定するが、減給や昇給の中断や停止はなく、少なからず昇給している。

従業員個人に対する評価によって、賃金の変動額は異なるが、入社年数の少ない従業員や職位によって会社から成果評価のできない従業員に対しても、最低限でも 3%の昇給が実施されている。この場合、その決定要素として、従業員の年功や勤続年数が加わることによって、日本本社での賃金制度に近い制度となっている。

(2) 具体的な評価方法は従業員の職位や階級によって、その実施方法や評価者の範囲も違う。その全体像については図5−1−5を参照されたい。

図5−1−5　大連・X社評価・賃金制度の全体像

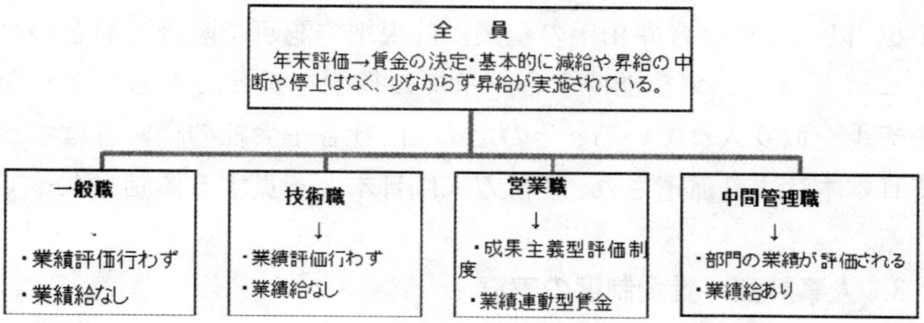

出所：インタビューや社内資料より筆者作成

a. 一般従業員を対象とする評価は、毎年1回のペースで実施されている。仕事内容は事務が中心となるため、業績や量的指標による評価が不可能なため、評価実施年度の初めに、所属する部門の上司が当該部門の目標を作成した後に、個々の従業員と面接を行い、最終的な年度業務目標が決定される。そして、一年後の評価結果は、自己評価、同じ部門のほかの従業員の評価に直接の上司の評価を加えることによって決定される。ここで、主に職務遂行能力と勤務態度に対する評価から実施されている。

しかし、目標設定による年 1 回の評価、それから職務遂行能力・勤務態度評価は賃金に反映されることがなく、主に次年度の仕事改善や今後の人材育成に結び付けることになる。賃金また、賃金の構成は基本給に残業手当と社会保険が加わっている。昇給は年 1 回で、年功や勤続年数の要素によって実施されている（表 5－1－4 および図 5－1－6 を参照）。

表 5－1－4　一般職を対象とした人事評価の仕組み

評価内容	評価方法	評価結果の反映
・職務遂行能力 ・勤務態度	・年一回実施される ・自己評価・同部門の同僚による評価 ・直属上司の評価によって決定される	・評価結果の格差が少ない ・昇給・昇進が安定 ・次年度の仕事の改善 ・人材育成

出所：インタビューや社内資料より筆者作成

図 5－1－6　一般職従業員の賃金構成

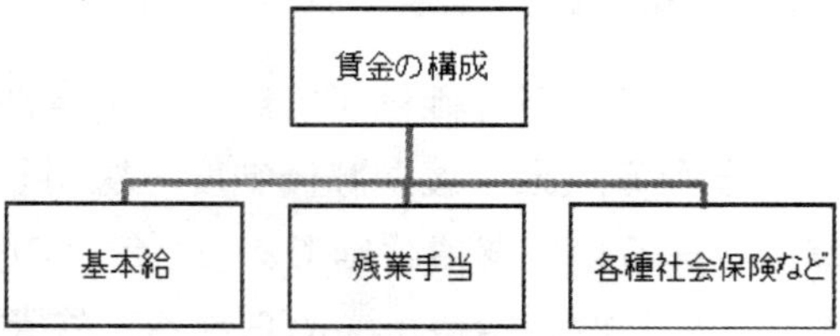

出所：インタビューや社内資料より筆者作成

b. 技術職従業員に対する評価は主に能力評価と勤務態度評価の 2 つの側面から会社や仕事に対する貢献度を測定し、評価を行う。ここでは、一般事務を担当する従業員より技術面の知識や能力が求められているため、評価の手段として、年度末に業務知識・能力に関するテストを受験させる。その試験結果に基づき、上司が評価する。評価の結果は昇給・昇進へとつながり、さらに能力開発・人材育成に結び付けるように運用されている。また、勤務態度の面では協働性やチームワークが必要とされているため、同じ部門のほかの従業員も評価に参加させている(表5−1−5および図5−1−7を参照)。その結果は次年度の仕事の改善などに反映させている。

表5−1−5　技術職従業員を対象とした人事評価の仕組み

評価内容	評価方法	評価結果の反映
・能力評価 ・勤務態度評価	・年一回実施される ・能力評価→年度末に業務知識 ・能力に関する筆記試験 ・勤務態度評価→自己評価・同部門の同僚による評価 ・直属上司の評価によって決定される	・能力開発・人材育成 ・来年度の仕事の改善 ・昇給・昇進

出所：インタビューや社内資料より筆者作成

図5−1−7　技術職従業員の賃金構成

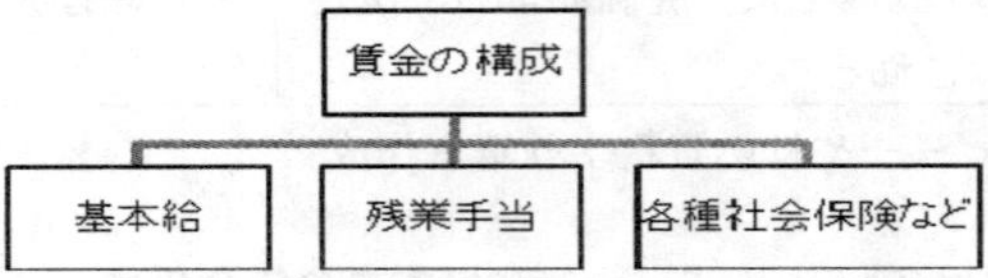

出所：インタビューや社内資料より筆者作成

c.営業担当従業員に対する評価は能力評価と情意評価のほか、業績評価も評価対象となる成果主義型評価制度を採用している。このなかで、最も重視されるのは業績評価である。毎月の契約件数に基づく業績が計れ、その月度の給料が決められる。業績給が月収に占める割合について、多い場合は40%にも占めるが、少ない場合でも月収の15%前後になる。また、一定期間で連続して業績が下位となる社員に対し、直接に上司が面談を実施し、問題や改善方法を分析し、業績の向上を試みる。そして、一定期間で連続して業績が下位となる社員に対しては契約条件に基づき、雇用契約を解除し、実質的に解雇となる（表5−1−6および図5−1−8を参照）。

表5−1−6 営業職従業員を対象とした人事評価の仕組み

評価内容	評価方法	評価結果の反映
・業績評価 ・能力評価 ・勤務態度評価	・業績評価→毎月の契約達成件数に基づく ・能力評価や勤務態度評価は自己評価・同部門の同僚による評価・直属上司の評価によって決定される	・評価結果の格差が大きい ・仕事の改善 ・人材育成

出所：インタビューや社内資料より筆者作成

図5−1−8　営業職従業員の賃金構成

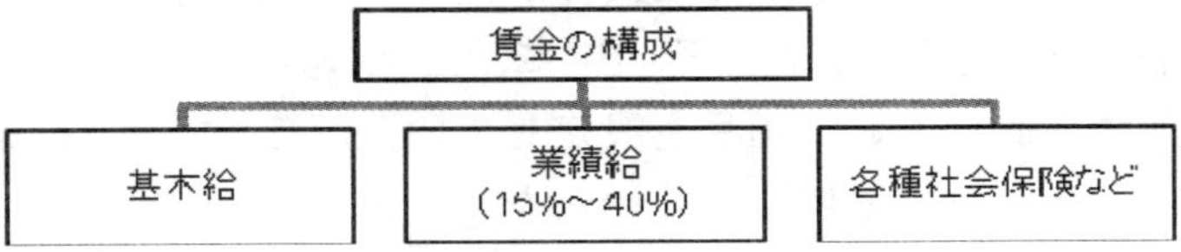

出所：インタビューや社内資料より筆者作成

d. 中間管理層を対象とした評価は業績評価、能力評価、情意評価によって構成されるが、業績評価の部分では担当する部門が毎月業績の達成度に基づき評価され、その月度の業績給に反映させる仕組みとなっている。業績が月収に占める割合は20%前後である。また、中間管理層に対する評価は部下、その他の部門の管理者および会社の経営者によって評価される（表5−1−7および図5−1−9を参照）。

表5−1−7　中間管理職を対象とした人事評価の仕組み

評価内容	評価方法	評価結果の反映
・能力評価 ・業績評価 ・勤務態度評価	・業績評価は毎月実施され、部門の業績によって決定される ・自己評価・部下の評価・他の部門の管理者 ・会社の経営者の評価によって決定される	・昇給・昇進 ・来年度の仕事の改善 ・人材育成

出所：インタビューや社内資料より筆者作成

図 5−1−9　中間管理職の賃金構成

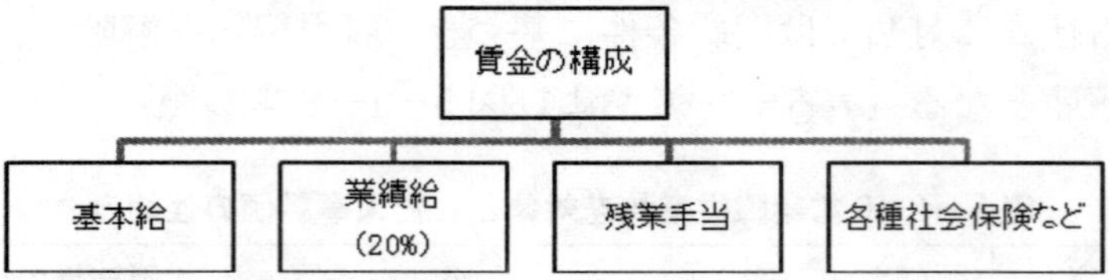

出所：インタビューや社内資料を基に筆者作成

2009 年 12 月の初回現地調査の際に、大連・X 社の新卒社員から中間管理層である事務所長までの従業員を対象にアンケートを実施した。また、社員の本音を引き出すことを意図し、会社側に依頼するのではなく、社員個人に依頼し、アンケートを実施した。前述したように、アンケートは従業員背景、人事評価制度、賃金制度の 3 つの部分から構成された。その中に、会社の人事評価制度、賃金制度に対する評価という項目も設定していた。ここでは、従業員の職務別に、代表となる例をいくつかを挙げたい。

まずは、一般従業員の例である（表 5−1−8 を参照)。一般従業員によるX社の人事評価･賃金制度に対する意見は主に次のとおりである。

a. 従業員を評価する場合、従業員が会社に対する貢献度を評価すべきである。

b. 評価プロセスの一環である面接は実際の効果が少ない。

c. 大連・X 社の賃金水準はやや低いが、会社の知名度や勤続の安定性から考慮すれば、メリットがある。

表 5−1−8　一般従業員の例

年　齢	26 歳
性　別	女性
学　歴	四大卒
勤続年数	3 年
職　位	総務部事務
留学経験	なし
賃　金	1200 元（月間収入)
昇　給	年一回 3%

出所：アンケート調査に基づき、筆者作成

次に技術職従業員の例を挙げたい（表 5－1－9 を参照 ）。技術職従業員による大連・X 社の人事評価・賃金制度に対する意見は主に次のとおりである。

a. 人事評価は実施されているが、形式的なものに過ぎない。

b. 同僚間の評価は時に人間関係に左右され、公正的に行われていない場合がある。

c. 仕事の成果はいまの評価制度で、処遇への反映はできない。

d. 会社の知名度やキャリア・アップ（月一度の職務教育・訓練）の視点から働きがいが感じられる。

表 5－1－9　技術職従業員の例

年　齢	30 歳
性　別	男性
学　歴	大専卒
勤続年数	1 年
職　位	BE エンジニア
留学経験	なし
賃　金	1600 元（月間収入）
昇　給	年一回 3%

出所：アンケート調査に基づき、筆者作成

それから、営業職従業員の例である（表 5－1－10 を参照）。営業従業員による大連・X 社の人事評価・賃金制度に対する意見は主に次のとおりにまとめられる。

a. 基本給が固定されているため、毎月の業績によって、賃金が決定される。

b. 完全な業績連動型賃金であるため、定時昇給がない。

表 5－1－10　営業職従業員の例

年　齢	27 歳
性　別	男性
学　歴	大専卒
勤続年数	4 年

職　　位	営業部営業員
留学経験	なし
賃　　金	5000元（平均月間収入）
昇　　給	

出所：アンケート調査に基づき、筆者作成

最後に、中間管理職の例である（表5－1－11を参照）。中間管理職によるX社の人事評価・賃金制度に対する意見は主に次のとおりにまとめられる。

a. 現在の賃金状況には満足している。

b. 人事評価制度において、柔軟化が欠けている。

c. いかに人事評価によって、チームワークの向上を図るかが困難であり、今後の課題と感じている。

表5－1－11　中間管理職の例

年　　齢	35歳
性　　別	男性
学　　歴	大学院卒
勤続年数	3年
職　　位	事務所長
留学経験	あり
賃　　金	5000元（月間収入）
昇　　給	留学経験あり→基本給20%高い昇給→年一回5%

出所：アンケート調査に基づき、筆者作成

大連・X社の中国従業員を対象とするアンケート調査結果を分析したうえで、以下のような特徴を抽出することができた。

①大連・X社の現地従業員の学歴による賃金の差別はほとんどないことが判明した。

②大連・X社の基本給の水準から見れば、営業担当社員の賃金レベルが一番高いことが明らかになった。

③一般従業員の賃金は決して高くなく、むしろ低い水準にもかかわらず、従業員の離職意識はほとんどないことも明らかになった。その原因を追究したところ、会社の知名度と、会社が従業員に与えるキャリア・アップの将来性などに理由があると思われる。

④大連・X社において、留学経験があり、かつ一定の条件に達した従業員には、中間管理を担当させ、賃金面では20%アップという仕組みが取られている。

⑤ただし、大連・X社においては成果主義制度を採用しているが、その該当対象は従業員全員ではなく、営業職と中間管理職を対象とした一部従業員のみに導入しているため、一般職従業員と技術職従業員からやや不満がある。

⑥人事評価が行われていても、その具体的な方法や判断基準は全員に明確に伝えられていないことも明かになった。

4. 総合分析

以上、X社の日本本社の状況やX社の中国進出経緯などについて探ってみた。そのうえ、企業を対象とした現地調査と従業員を対象としたアンケート調査を踏まえて、大連・X社の状況と人事評価および賃金制度の実態を取り上げた。前述の如く、X社は日本同業界の競合他社に先駆けて20年前から中国への進出に踏み切った。中国へ進出したX社中国現地企業との合弁を繰り返しながら中国での事業を急成長させ、日本国内のみならず、中国現地でも業界のトップクラスに入っている。パールミュッターとヒーナン（1979）によれば、多国籍企業には「国内志向型」、「現地志向型」、「地域志向型」、「世界志向型」など4つの形態がある。その理論に従えば、大連・X社は「現地志向型」にあたると考えられる。

ここでは大連・X社における人事評価・賃金制度の特徴と問題点について総合して分析したい。

第1に、X社の日本本社においては、社員の能力・成果に応じた報酬を支払うことを賃金方針としている。そして、この方針に基づいて、人事評価システムを確立させてきた。

第2に、大連・X社において、成果主義人事制度は、全社員ではなくて、限定された職務と職位の社員にしか対象にしていない。とりわけ成果主義に基づいた人事評価や賃金制度は営業職と中間管理職を対象に導入されている。しかし、一般職や技術職の従業員には導入されていない。

アンケート調査からも反映されているように、成果主義を重視する中国人従業員の視点から見れば、大連・X社における人事評価や賃金制度は公平性を保っていないことになる。従業員に適切なインセンティブを与え、モラールを高めることは図れるが、適切でないと、かえって従業員のモラールが低下してしまい、一部の従業員のやる気がなくなることもある。したがって、一般職や技術職の従業員にも適切なインセンティブを与える施策の策定が必要であると考えられる。

第3に、中国現地の従業員は高い賃金だけではなく、自己実現や将来のキャリア形成も常に意識しながら働くという特徴を、中国進出日系企業が根本的に意識し、人事制度を構築しなければならない。そして、人事評価の目的は賃金や昇進に連動するだけではなく、認められることも評価を通じて従業員に感じさせることが重要である。さらに、日本留学経験者の積極的採用・登用によって、企業と現地社員の間の意思疎通の向上化が図れると考えられる。

第2節　塩城・F社の事例

1. F社の日本本社

(1) 会社概要

F社の日本本社は1952年に創業した熱処理設備の製造販売および自動車、ロケットからライターまであらゆる金属製品に欠かせない表面熱処理加工を行う企業である。現在は中国、マレーシアに合弁企業を持ち、日本国内をはじめ、韓国、タイ、インドなどの20ヶ国以上に熱処理設備を提供している。

多くの金属部品からなる自動車においては、熱処理加工による部品の強度向上が不可欠である。同社は設立以来、熱処理加工を専門として技術力の向上と蓄積を行ってきた。2007年には第23回素形材産業技術賞、第17回型技術協会技術賞を受賞し、技術力の高さには定評がある。また、同年経済産業省・中小企業庁により「元気なモノ作り中小企業300社」に選定された。

同社は、熱処理加工における真空浸炭処理では後発だったが、先行技術のしがらみがない分、それを逆手にとり、技術革新によってトップに躍り出るチャンスを捉えた。この前向きな挑戦が独自制御技術開発の成功を生み、現在では雰囲気熱処理分野で業界トップシェアを誇っている。

表5−2−1　F社日本本社の会社概要

設立年月日	1952年8月12日
所在地	東京都荒川区
資本金	800万円
業種	金属製品製造業
社員数	150名（2012年3月現在）
事業内容	熱処理設備製造販売、機器販売、熱処理加工
得意分野	省エネ熱処理設備の開発 真空浸炭処理、プラズマCVDコーティング、DLCコーティングなどの高付加価値処理委託
海外子会社	中国に4社　マレーシアに1社

出所：会社資料を基に筆者作成

(2) 中国へ進出した経緯

1980年代の急速な円高を背景にF社では輸出が伸び悩む状況が発生した。苦境に立たされ、F社は経営環境の転換を模索していた。そのなかで、当時のX社の取引先である中国の企業から合弁会社設立の提案が持ちかけられた。しかし、当時の中国はまだ生活環境の変革が起きておらず、社内から反対の声が上がった。当時のF社は海外諸国と技術および販売提携の契約を結んでいたが、合弁企業の設立は初めての経験で前例もなかった。いろいろなリスクを考え、不安材料がいっぱいあり、会議を重ねても決められなかった。

そこで、中国側の企業と率直な意見交換をし、相手企業の真摯な態度と熱意を感じられたことがＦ社を後押しさせたという。そして、Ｆ社投資額の半分が技術料という形になっている。技術に対する価値が中国側の企業に認められていることが、Ｆ社が中国進出へ踏み切った大きな要因となっている。

中国で第一号となった塩城・Ｆ社を設立以後、上海、天津、重慶などにもほかの子会社を合わせて 10 社設立している。現在まで大きなトラブルもなく順調に事業を展開している。一つ大きな原因は現地の熱心な中国人スタッフに恵まれていたことであると Ｆ 社の常務副総経理（塩城・Ｆ社の日常経営管理の最高責任者）が評価している。また、中国進出においての経営特徴として、次のように挙げられている。

①会社運営については、日本式を踏襲するのではなく、親会社から現地のやり方で任されていることが第一の特徴である。つまり、最初から徹底的な現地化を目指し、現地のやり方に一々干渉することはなく、現地の従業員に責任を持って業務を遂行してもらうことである。そのため、中国の子会社と本社経営陣の間で摩擦が発生することもなく、良好な関係が維持できている。

②最初の会社の設立時点から生産開始までの約 2 年間の期間に現地スタッフの研修を徹底して実施した。第一段階として経営幹部 15 名が日本国内で約 2 ヶ月間の研修をさせ、次に新卒者を対象とした技術研修などを行った。最初に研修を受けた現地スタッフが現在の塩城Ｆ社の経営陣となり、モチベーションも高く、業務もこなしている。

2. 塩城・Ｆ社の会社概要

塩城・Ｆ社は 1988 年に日本企業 2 社と中国企業 2 社の 4 つの会社からの共同投資によって設立された会社である（表 5－2－2 を参照）。設立当時、日本側による出資のうち、Ｆ社の出資が 72%の割合を占めた。

同社は設立してから24 年の発展を経て(会社の沿革については、表 5−2−3 を参照されたい)、現在は中国国内熱処理業界の旗艦企業として、熱処理と表面改性設備の研究開発、製造と販売を行い、金属部品の熱処理受託加工も引き受けている。製品は可変雰囲気熱処理、真空熱処理、感応熱処理三つの技術分野を含めている。現在はプラズマ表面改性設備と大型ガス加熱工業炉の方向へ切り開いている段階にある。会社設立以来、各種熱処理設備および表面改性設備をおよそ 1,000 台以上に達しており、制御雰囲気炉の中国国内販売シェア 1 位を 4 年連続維持している。

また、生産した各種機械・設備は航空産業、自動車、オートバイ、工程機械、船製造などの各種機械工業に広く使用されている。一部の設備は、東南アジア、インド、アメリカ、ヨーロッパなどの国や地域に輸出されている。

それから、上海交通大学、南京航空航天大学との協力で江蘇省熱処理表面改性工程技術研究センターを設立し、最先端の熱処理技術、新設備の研究と開発も行っている。現在、中国国家科学技術部に「国家火炬計画重要先端技術企業」として認定されている。また、2002 年から 2008 年連続して中国熱処理業界協会に「品質管理優秀企業」とも評価された。

表 5−2−2　塩城・F 社の会社概要

会社設立	1988 年 7 月 30 日
所在地	江蘇省塩城市
資本金	7,500 万元
出資比率	日本側出資比率（72%） 中国側出資比率（28%）（設立当時）
業務内容	熱処理と表面改性設備の研究開発、製造および 販売と金属部品の熱処理受託加工
従業員数	669 人（2011 年 1 月現在、うち日本人 4 人）

出所：ヒアリング調査および社内資料に基づき、筆者作成

表 5－2－3　塩城・F 社の沿革

時間	事業内容
1988	会社設立
1990	正式生産開始
1993	江蘇省科学技術庁に第 1 陣の省級ハイテク企業と命名される
1994	江蘇省トップ 50 の外資系企業に選ばれる
2000	ISO 9001 認証取得
2002	塩城 FT 子会社を設立
2003	上海交通大学および南京航空航天大学と共同でプロジェクターセンターを設立 8 月 ISO14001 認証取得
2004	国家火炬計画の重点ハイテク企業と認定される 上海 FD 会社を買収
2005	長春 FD、青島 FD 会社を買収、合弁会社塩城 GZB 会社設立
2006	合弁会社広州 FD を設立する
2007	外資投資株式会社へ変更、社名を変更 重慶 FD、南京 FD を買収、天津 FD を設立
2009	企業院士ワークステーションと承認される ポストドクターワークステーションと承認される 新工場へ移転 上海新熱処理加工工場建設開始（建設中）
2010	2010 年 12 月 31 日　外商投資株式会社として深圳証券取引所上場
2011	南京子会社、上海子会社、重慶子会社、青島子会社へ増資

出所：ヒアリング調査および社内資料に基づき、筆者作成

塩城・F 社の企業統治システムおよび組織構造については次の図 5－2－1 を参照されたい。塩・F 社の企業統治システムは中国の「公司法」の規定に準じて設置されている。すなわち、株主総会は会社の最高権力機関であり、経営方針や投資計画を決定し、取締役と監査役を選出する。経営上の意思決定は取締役会に委ねられている。さらに、2010 年の上場を契機に独立取締役制度と委員会制度を導入し、企業統治の改革を実施した。合理的な企業統治システムの構築の一環として、専門委員会制度を導入し、具体的には、会計監査委員会、経営戦略委員会、報酬・評価委員会と指名員会という 4 つ

の委員会を設置している。

また、取締役会の指導の下で、総経理、副総経理、最高財務責任者、最高営業責任者、首席エンジンニア、総経理補佐、取締役秘書などによって、経営陣が構成される。組織構成として、監査部、証券部、営業部、研究開発部、技術部、供給部、品質部、生産部、アフターサービス部、管理部、財務部、投資管理部、加工部という 13 の部門を設置している。

図 5—2—1　塩城・F 社の組織図

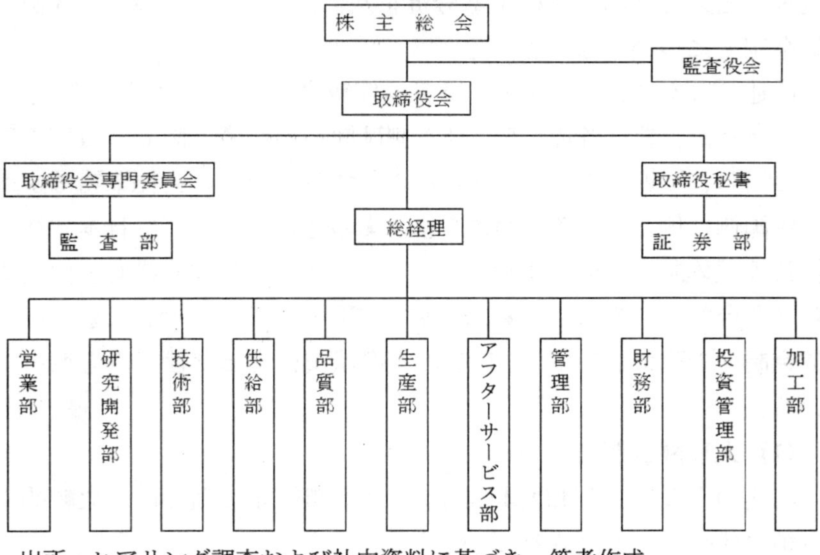

出所：ヒアリング調査および社内資料に基づき、筆者作成

従業員構成については、主に生産部門従業員（372 人）、技術部門従業員（120 人）、管理部門従業員（111 人）、営業部門従業員（36 人）、財務部門従業員（30 人）の構成となっている。そのうち、日本人従業員は 4 人で、生産担当 2 人、技術担当 1 人、管理担当 1 人（常務副総経理）となっている。人材の現地化は 99.4%に達しており、非常に高い現地化率となっている。

従業員の学歴構成は、高卒および中卒（397 人）、大専卒（131 人）、大卒およびその以上の学歴は 141 人となっている。

また、従業員の年齢構成は 45 歳以上（146 人）、36－45 歳（237 人）、26－35 歳（193 人）、25 歳以下（93 人）となっている。

3. 人事評価・賃金制度の実態

塩城・F 社訪問の際に、常務副総経理と管理部人事担当の副部長を対象に、インタビュー調査を実施した上で、同社の社内や工場と社員食堂なども考察をした。また、管理部において統計処理が行われている全従業員の「2010 年度人事評価表」について詳細な説明を受け、評価内容の中身を見ることができた。以下は、ヒアリング調査の結果と社内資料による分析を基に、塩城・F 社の人事評価と賃金制度について取り上げる。

前述のように、塩城・F 社は日本側親会社による出資比率が 72%であったが、設立当時から、日本側は製造の技術と製品の販売のみを担当し、人事マネジメントを始めとするその他の会社業務はすべて中国側に任している。つまり、企業の経営管理方式は日本本社の経営管理体制をそのまま導入するのではなく、日本式経営と中国式経営を合わせての融合型を取りいれている。そのため、人事評価や賃金制度の面においては、自社の実際状況に沿った仕組みを取っている。

（1）人事評価制度

前述のように、F 社は具体的には、人事評価の面では、比較的に単純な仕組みを取り入れている。

a. 一般従業員

ほとんどの従業員の仕事内容は単一労働ではなく、技術と技能を一番大事にしている仕事であるため、従業員を評価する際も、仕事能力、学習能力、職務の適応能力、仕事の完成度などの面が最も重視されている。いわゆる職能重視型人事評価である。

能力評価の基準は、会社があらかじめ評価要素に関するきわめて具体的な、かつ分かりやすい評語を用意して、評価者が評価を行うときに、多くの段階の短文の中から、該当すると思う欄にチェックするという方法である（表 5－2－4 を参照）。

評価は自己評価と直属上司による評価に分かれているが、まず従業員による自己評価を行う。自己評価の方式は評価要素のチェックのみであり、上司の評価は評価要素をチェックしたうえで、当該従業員当期の総合評価を評語方式にて記入する。この段階までは、すべての部門は同じ評価要素を同じ方法で実施している。

総合評価に関しては、部門によって異なる。具体的には、次のようになっている。

①生産部門

生産部門は総合評価の部分に当期（過去一年）の期間中に、当該従業員がやり遂げた仕事の主な内容も記入しなければならない。そして、当該従業員の次期の育成方向や改善すべきところなどについても上司に記入してもらう（表5−2−4の太い枠線の部分を参照されたい）。この能力評価は年に一度行われ、その結果は主に昇格・昇進、人事異動、人材教育などへ反映させている。毎月の賃金には反映されていない。生産部門の従業員の月次評価の基準として、欠勤、遅刻、早退の有無や勤務態度などが非常に重要な基準となっている。

②投資部、品質部、加工部

投資部、品質部、加工部の総合評価は当期の仕事の量や今後の改善点と育成方向に重点を置いている（表5−2−5の太い枠線の部分を参照されたい）。

③財務部、管理部などの部門

財務部や管理部など、生産と直接に関係がない部門は、総合評価の項目は主に仕事に対する対応力や今後の改善および育成方向などについて評価を行っている（表5−2−6参照）。

以上取り上げたように、F社の能力評価は人材育成の視点からとなっていることがあきらかになった。

表5－2－4　F社生産部従業員用能力評価表

部門		氏名	職務

評価項目	評価基準	自己評価	上司評価
仕事能力	人に頼らず、自力で仕事する能力が高い。基本的には指導がいらない。		
	自力で仕事ができるが、時々指導が必要である。		
	仕事はできるが、基本的には指導が必要である。		
	基本的な仕事はできるが、監督や指導が必要。		
	まだ自力で仕事ができない。指導と補助が必要。		
学習能力	学習能力が非常に高い。常に積極的に自己の知識や技能を高めており、技能のレベルを非常に高く向上させた。		
	学習能力が高く、積極的に自己の知識や技能を高めており、技能のレベルを高く向上させた。		
	学習能力があり、自己の知識や技能を高めており、技能のレベルを向上させた。		
	言われた通りに学習できる。一定程度の技能の向上ができる。		
	学習意欲が見られず、受け身な姿勢で技能向上の意識はない。		
適応能力	困難な状況下でも、迅速に適切な判断・行動ができる。挑戦する姿勢を示している。		
	困難な状況下でも、適切な判断・行動ができる。		
	普通な状況では対応できるが、困難な状況では、自信がない。		
	困難な状況では、諦めやすい。		
協働性	協働精神がとても強く、積極的に周囲に働きながら、チームプレイで順調に仕事を完了させることができる。		
	協働精神が強く、チームワークを意識し、周りの人と共同で仕事ができる。		
	周りの人と共同で仕事ができる。		
	いつも単独で仕事をする。周囲との人間関係はよくない。		

当期担当した主な仕事	
総合評価（現在の職務・職位に堪えるのかどうかなどについて）	
今後の改善点や育成方向	

出所：ヒアリング調査および現地調査のメモ書きに基づき、筆者作成

表5−2−5　投資部、品質部、加工部の総合評価項目

部門	氏名	職務	
評価項目	評価基準	自己評価	上司評価
仕事能力	人に頼らず、自力で仕事する能力が高い。基本的には指導がいらない。		
	自力で仕事ができるが、時々指導が必要である。		
	仕事はできるが、基本的には指導が必要である。		
	基本的な仕事はできるが、監督や指導が必要。		
	まだ自力で仕事ができない。指導と補助が必要。		
学習能力	学習能力が非常に高い。常に積極的に自己の知識や技能を高めており、技能のレベルを非常に高く向上させた。		
	学習能力が高く、積極的に自己の知識や技能を高めており、技能のレベルを高く向上させた。		
	学習能力があり、自己の知識や技能を高めており、技能のレベルを向上させた。		
	言われた通りに学習できる。一定程度の技能の向上ができる。		
	学習意欲が見られず、受け身な姿勢で技能向上の意識はない。		
適応能力	困難な状況下でも、迅速に適切な判断・行動ができる。挑戦する姿勢を示している。		
	困難な状況下でも、適切な判断・行動ができる。		
	普通な状況では対応できるが、困難な状況では、自信がない。		
	困難な状況では、諦めやすい。		
協働性	協働精神がとても強く、積極的に周囲に働きながら、チームプレイで順調に仕事を完了させることができる。		
	協働精神が強く、チームワークを意識し、周りの人と共同で仕事ができる。		
	周りの人と共同で仕事ができる。		
	いつも単独で仕事をする。周囲との人間関係はよくない。		

現在の職務や仕事の担当能力	任に堪える	改善が必要	任に堪えないまたは職務調整が必要
仕事の量について	最適である	少なかった	多すぎた
今後の改善点と育成方向			

出所：ヒアリング調査および現地調査のメモ書きに基づき、筆者作成

表 5—2—6 財務部、管理部などの部門の総合評価項目

部門	氏名	職務

評価項目	評価基準	自己評価	上司評価
仕事能力	人に頼らず、自力で仕事する能力が高い。基本的には指導がいらない。		
	自力で仕事ができるが、時々指導が必要である。		
	仕事はできるが、基本的には指導が必要である。		
	基本的な仕事はできるが、監督や指導が必要。		
	まだ自力で仕事ができない。指導と補助が必要。		
学習能力	学習能力が非常に高い。常に積極的に自己の知識や技能を高めており、技能のレベルを非常に高く向上させた。		
	学習能力が高く、積極的に自己の知識や技能を高めており、技能のレベルを高く向上させた。		
	学習能力があり、自己の知識や技能を高めており、技能のレベルを向上させた。		
	言われた通りに学習できる。一定程度の技能の向上ができる。		
	学習意欲が見られず、受け身な姿勢で技能向上の意識はない。		
適応能力	困難な状況下でも、迅速に適切な判断・行動ができる。挑戦する姿勢を示している。		
	困難な状況下でも、適切な判断・行動ができる。		
	普通な状況では対応できるが、困難な状況では、自信がない。		
	困難な状況では、諦めやすい。		
協働性	協働精神がとても強く、積極的に周囲に働きながら、チームプレイで順調に仕事を完了させることができる。		
	協働精神が強く、チームワークを意識し、周りの人と共同で仕事ができる。		
	周りの人と共同で仕事ができる。		
	いつも単独で仕事をする。周囲との人間関係はよくない。		

現在の職務や仕事の担当能力			今後の改善点・育成方向
任に堪える	改善が必要	任に堪えないまたは職務調整が必要	

出所：ヒアリング調査および現地調査のメモ書きに基づき、筆者作成

b. 管理職

各部門における副部長以上の管理職についての能力評価は取締役会下の報酬・評価委員会によって年一回実施されている。決まった評価表や評価基準はないが、評価の基準は主に指導力、仕事内容とやった仕事の結果などに基づいている。しかし、4人の日本人社員の人事評価は現地ではなく、日本本社で業績を中心に評価されている。

(2) 賃金制度

塩城・F社の賃金形態は主に、職務給、業績給、年末賞与とストック・オプションの4つに分けられている。

a. 職務給

職務給については、管理職、技術職とそれ以外の職務に大分類している。その上、各職務の難易度に基づいて、すべての職務を10等級に分けた。さらに、仕事の熟練度を基準に等級ごとに10のランクをつけた。表5−2−7から確認できるように、等級別にみても、同じ職務でも、ランク10の賃金額はランク1の賃金額の約2倍である。

塩城・F 社の職務賃金の原則は「能上能下、移崗移薪」である。この「能上能下、移崗移薪」の原則とは、上のランクへ上がることもあれば、下のランクへ落ちることもあり、職務が変わると、職務給も変わる原則である。「職務給」の部分は従業員がどの内容の仕事を担当するか、またどの職位で働くかによって決められている。そのため、職場が変わり、その職務が変わると、従業員の職務給の部分はその月から新たな職務・職位の職務給で計算される。当然のことではあるが、等級の高い職位へ上がると、職務給は上昇するが、等級の低い職位へ落ちると、職務給は下落する。楠田（2004）が示したように、賃金には2つの考え方がある。1つは「人間の価値」で決める能力主義の賃金であり、もう1つは「仕事の価値」で決める成果主義の賃金である。この塩城・F社の職務賃金の原則から見れば、同社の職務給は「人間の基準」ではなく、「労働の価値」で決める「仕事基準」となっている。

また、以下の場合は職務ランクの調整対象となる。

①「年度最優秀従業員」に選ばれた場合は、職務給を1ないし2のランクへ上げる、または職務の等級を上の等級へ昇進する。

②2年連続で「優秀従業員」に選ばれた場合は、1つ上のランクへ調整する。

③年末の人事評価で「不合格従業員」と評価された場合は、職務給を1ないし2のランクへ下げる。

④2年連続で「不合格従業員」と評価された場合は、職務停止または労働契約解除とする。

また、全員の職務給は会社の業績が著しく上がった場合あるいは、物価上昇などの社会的な原因がある場合は、勤務中の従業員全員に職務給の基準を調整する。

表 5－2－7　F 社職務賃金基準表　　（単位：元）

職務等級	職位種類			ランク									
	管理職	技術職	その他	1	2	3	4	5	6	7	8	9	10
十	社長			4500～4900	5000～5400	5500～5900	6000～6400	6500～6900	7000～7400	7500～7900	8000～8400	8500～8900	9000～10000
九	常務副社長、副社長	外部技術専門家		3500～3800	3900～4200	4300～4600	4700～5000	5100～5400	5500～5800	5900～6200	6300～6600	6700～7000	7100～8000
八	最高営業責任者、最高財務責任者、首席エンジニア、社長補佐、子会社社長			2800～3000	3100～3300	3400～3600	3700～3900	4000～4200	4300～4500	4600～4800	4900～5100	5200～5400	5500～5700
七	部長	外部先端技術者		2300	2400	2500	2600	2700	2800	2900	3000	3100	3200
六	副部長	高級エンジンニア	高級技術員	2000	2100	2200	2300	2400	2500	2600	2700	2800	2900
五	部長補佐	主任エンジニア	主任技術員、営業担当	1800	1900	2000	2100	2200	2300	2400	2500	2600	2700
四	総務補佐、サービス管理、仕入れ管理、経理担当、ウェッブ管理	エンジニア、技術担当、会計監査	営業員、各地駐在事務所責任者、高級技術工員	1500	1600	1700	1800 、	1900	2000	2100	2200	2300	2400
三	書類保管、経理、生産管理、運転手、部門補佐、事務職員	助手エンジニア、翻訳担当	機械調整担当、品質検査担当、熱処理操作担当（熟練者）	1000	1100	1200	1300	1400	1500	1600	1700	1800	1900
二	倉庫管理、部門補佐、内勤、電気工事		そのたの生産現場の一般工員	800	900	1000	1100	1200	1300	1400	1500	1600	1700
一	その他の職位と休業・職務停止中の従業員			700				750	800	850	900	950	1000

研修期の従業員の職務給は学歴によって決められている（表 5−2−8 を参照）。研修期間は、基本的に 3 ないし 6 か月となっているが、能力や技術レベルの特に高い研修期の従業員に対して、総経理の認可により、昇給も可能である。

表 5−2−8　研修期の従業員職務給金額　　（単位：元）

学歴	研修期職務給	学歴	研修期職務給
博士（学位あり、学歴あり）	3,000	大学学士学位	1,200
博士（学位あり、学歴なし）	2,500	大専（大専卒および大卒学歴なし）	1,000
修士（学位あり、学歴あり）	1,800		
修士（学位あり、学歴なし）	1,500	高卒および職業高卒	800

出所：F 社の社内資料およびヒアリング調査により

b. 業績給

塩城・F 社では熱処理機械の受注から、生産、輸送、組立てまでの過程を 1 つのプロセスと定義している。そのため、業績による評価は具体的な時間の制限がなく、プロジェクトごとに評価を実施している。従って、生産にかかわる諸部門の従業員の業績給は毎月支給されるのではなく、そのプロジェクトが完成した月に反映されるようになっている。

生産と直接かかわりのない部門、例えば、管理部や財務部などの部門では、制度上では業績評価による業績給の支給制度を導入しているが、実際は業績評価の方法が曖昧であり、ほとんど差別がつかない。

また、以下のいずれかに該当する場合は業績給の支給額を減額して支給される。または支給されない。

①会社の規定に沿った休暇、帰省休暇、結婚休暇、慶弔休暇、学習休暇、計画生育休暇について、職務給は全額支給されるが、業績給と年末賞与は状況に応じて減額される。

②産休期間中の職務給は全額支給され、業績給は該当の職種・階層の業績給の平均額で支給される。ただ、年末賞与の支給対象にな

らない。

c. 年末賞与

年末賞与は会社の業績と大きく連動している。一般職従業員、技術職従業員そして中間層従業員ごとに異なる係数比を導入し、年末賞与の計算に使用している。具体的には、次のようになる（表 5—2—9 を参照）。各職種、階層の係数は一定の調整幅が設けられているが、取締役会指導の下で報酬・評価委員会で決めることになっている。その時の評価基準は能力評価の結果を主に参考にしている。

表 5—2—9　職種・階層別業績給支給係数

中間管理層	技術職	一般職
2.0 以上	1.4—1.7	0.5—1.0

出所：ヒアリング調査に基づき、筆者作成

d. ストック・オプション

会社概要の部分で既に述べたように、F 社は技術集約型のハイテク企業である。そのため、塩城・F 社では従業員の技術・技能を最も重視している。インセンティブ政策の一環として、技術職従業員の主力にストック・オプションを無償で給与している。具体的な職位、持ち株比率と年度総収入については下表を参照されたい。

表 5—2—10　主力技術職従業員のストック・オプション給付状況

氏名	職位	持ち株比率	2009 年度年度総収入
A さん	技術部長	1.97%	6.32 万元
B さん	研究開発部長	1.32%	6.32 万元
C さん	生産部長	2.19%	6.31 万元
D さん	生産部副部長	0.88%	5.44 万元
E さん	技術部補佐	0.35%	5.05 万元

注：氏名は代わりに A さん、B さん、C さん、D さん、E さんと称する。
出所：ヒアリング調査に基づき、筆者作成

e. 福利政策

塩城・F 社と正式雇用契約を締結したすべての従業員は「五険一

金」①の加入対象となる。

労災以外による病気休暇期間中は業績給と年末賞与が支給されない。職務給は下表のとおりに所定の期間につき支給されるようになっている。

表 5－2－11　病気休暇に関する規定

総勤続年数	年齢区分	自社での勤続年数	医療期間（月）	職務給の支給率
10 年以下	30 歳以下	5 年以下	3	70%
	30 歳以上	5 年以上	6	80%
10 年以上	30 歳以下	5 年以下	6	70%
	30－40 歳	5－10 年	9	75%
	40 歳以上	10－15 年	12	80%
		15－20 年	18	85%
		20 年	24	90%

出所：塩城・F 社の社内資料およびヒアリング調査より

(3) 人材確保

塩城・F 社の従業員構成は一般の日系企業に比べ、独自の特徴を持っているという。それも進出の成功要因の一つであると F 社の常務副総経理が指摘している。つまり、立地要因である。塩城・F 社の従業員は 4 人の日本人従業員以外、95%以上の従業員は地元の出身である。さらに、多くの従業員は親の呼び戻しによって、故郷に戻っ

---

①「五険一金」は①養老保険、②失業保険、③医療保険、④公傷保険、⑤生育保険、⑥住宅公共積立金のことを指す。それぞれ「会社負担分」と「個人負担分」とに分かれている。通常、以下の通りになっている。パーセンテージは各人の基本賃金額に対しての数字である。

表 5-2-12 「五険一金」の負担分内訳

	会社負担分	個人負担分
養老保険	20%	8%
失業保険	1%	0.2%
医療保険	10%	0.2%
公傷保険	0.3%	—
生育保険	0.8%	—
住宅積立金	12%	12%

出所：筆者作成

た南京大学や上海交通大学など長江デルタ地域の名門大学から卒業した者である。また、外資系企業の少ない町に生産拠点を設立したため、優秀人材の確保や定着に優位性を持っているという。そのため、塩城・F 社は求人活動を行うこともなく、しかも現地従業員の離職率が非常に低い水準に保っている。2010 年のデータによると、669 人のうち、離職したのはわずか 3 人であり、離職率は 0. 45%となっている。

4. 総合分析

前述の如く、塩城・F 社の中国進出は約 25 年前までの 1980 年代後半に遡ることができる。中国現地では、研究開発から生産、販売および受託加工まで一貫した製造業務を実現している。

以上取り上げた塩城・F 社の事例を踏まえて、同社の人事制度の特徴を次のようにまとめることができる。

(1) 進んでいる人材現地化

塩城・F 社は中国で 24 年の歴史を持つ日系企業であり、人材現地化が遅れている他の日系企業に比べ、早い段階から積極的に人材の現地化に取り組んでいる。できるだけ現地に日本人従業員を置かない方針のもとで中国での事業を進んできている。パールミュッターとヒーナン（1979）によれば、多国籍企業には「国内志向型」、「現地志向型」、「地域志向型」、「世界志向型」など 4 つの形態がある。その理論に従えば、塩城・F 社は「現地志向型」にあたると考えられる。

現在、会社日常業務の最高責任者の常務副総経理は日本人であるが、現地のスタッフと良好な関係を築いている。彼は中国での仕事をうまく進めるために、現地の人々の考え方や行動パターンを学び、現地になじむことを心がけてきたという。例えば、お昼食事の時も、現地スタッフと同じ食堂で一緒に取っている。仕事以外の場面でも人間関係を重視する中国人から見れば、とても接しやすい日本人であると評価されている。これも現地調査の際に、最も感心したところである。

(2) 人材育成重視の視点

塩城・F 社は人材の育成に力を入れて取り組んでいる。毎年、約50名の従業員を選出して、日本へ派遣し、1～2週間ぐらい日本の本社で研修をさせている。派遣人員の選出基準は主に年度末の能力評価の結果に基づいている。また、学習力が能力評価の1つの重要な要素として、設けられていることや、能力評価の結果を教育訓練や仕事改善へ運用していることから、塩城・F 社が求めている人材像が浮上してきた。すなわち、知識型、技術型、学習型人材である。

(3) 有力なインセンティブ政策

優秀な人材を確保しようという人材方針の下で、主力技術者にストック・オプションを給与し、最大限にインセンティブを与え、モラールを高めることができている。主力技術者でない技術者や生産者にもプロジェクトごとに業績給の支給を実施している。従業員にとってはとても良いインセンティブになっている。

(4) 職務等級賃金制度

細かめな職務等級制度の設定によって、従業員は自分がどの職務になったら、そして、どのランクに上がったら、どれぐらいの賃金がもらえるのかをあらかじめ念頭に入れておくことができる。さらに、モラールの向上につながることが考えられる。

第3節　武漢・W社の事例

1. W社の日本本社

(1) 会社概要

武漢・W社の日本親会社は1947年に金属玩具などを製造する制作所として設立した。1955年に有限会社を設立し、1959年から自動車部品の生産を開始した。現在は、ペダル、フロントロアアーム、トレイリングアーム、フロントサブフレーム、リアサブフレーム、フロントサスペンション、リアサスペンションなどをはじめとする自動車部品およびそれに伴う金型、機械器具などの開発、製造、販売を行っている。「人間尊重」、「挑戦する心」、「利益の確保」を基本理念にグローバル事業の展開を推進し、国内では4つの生産拠点と3つの子会社を持っており、海外ではアメリカ、カナダ、メキシコ、中国、インド、タイ、フィリピンなど7つの国において12の子会社を持っている。2001年に東京証券取引所市場第2部へ上場し、2006年に東証第1部への指定替えを承認された。2011年3月期の連結売上高は137,706百万円に達している。

表5—3—1　W社日本本社の会社概要

設立時間	1947年7月1日
本社所在地	埼玉県久喜市
資本金	2,677百万円
連結売上高	137,706百万円（2011年3月期実績）
連結従業員数	5,594名（2011年3月末現在）
事業内容	自動車部品およびそれに伴う金型、機械器具等の開発·製造·販売

出所：W社のホームページおよび会社資料に基づき、筆者作成

（2）中国での事業展開

2002年に中国広東省中山市に第1社の子会社を設立した。その後、2004年に湖北省武漢市、2010年に山東省煙台市それぞれの地域に子会社を設立した。現在中国全土で合計3社の子会社を持っている。

2. 武漢・W社の会社概要

武漢・W社は日本の親会社が自動車部品の製造および販売を目的で、第9番目の海外生産拠点、第2番目の中国子会社として、2004年に湖北省の武漢市に設立した日系独資企業である。同社の総投資額は45億円、資本金は15億円であり、2011年現在の従業員数は558名である。現在、東風本田、東風日産、広汽三菱等の自動車メーカーに部品を供給している。主要製品はシャシー、サスペンション、ペダル等の重要保安部品で、年間生産台数は約30万台で、2010年売上は5億元に達している。

武漢・W社は日本本社の経営理念を承継するとともに、中国事業の特徴に合わせた自社の独自の「経営方針」を定めている。すなわ

ち、①Q 品質、C コスト、D 搬入の優良企業となる。②社員との調和を尊重し、努力する。③常に会社の環境改善に努力し行動する。④地域社会との共存、共栄に努力する、3 つの方針である。

表 5—3—2　武漢・W 社の会社概要

会社設立	2004 年 11 月 22 日
所在地	湖北省武漢市
資本金	1 億元
出資比率	日本企業による 100%独資
業務内容	某日系自動車企業のサプライヤーである CRV・CIVIC 部品、ペダル、シャーシーなどの製造
従業員数	558 人（2011 年 1 月現在、うち日本人 10 人）

出所：ヒアリング調査および武漢・W 社の社内資料に基づき、筆者作成

次の図に示すように、武漢・W 社の最高責任者は総経理であり、総経理の下に、営業部、財務部、管理部、製造部が設けられている。各部門に、合計 14 の課が設立されている。

図 5—3—1　武漢・W 社の組織図

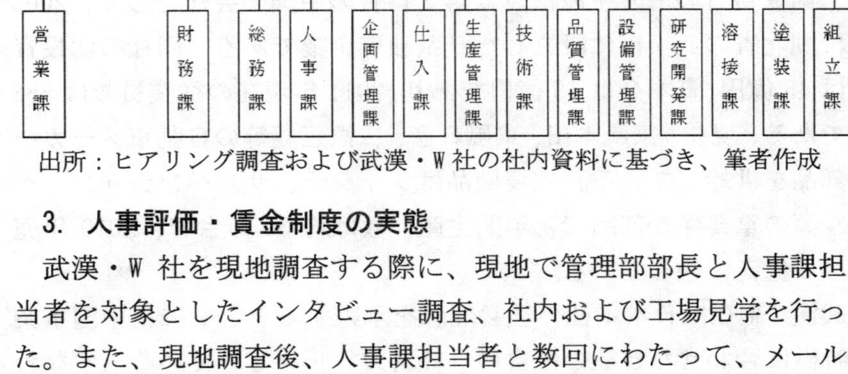

出所：ヒアリング調査および武漢・W 社の社内資料に基づき、筆者作成

3. 人事評価・賃金制度の実態

武漢・W 社を現地調査する際に、現地で管理部部長と人事課担当者を対象としたインタビュー調査、社内および工場見学を行った。また、現地調査後、人事課担当者と数回にわたって、メール

を通じて、調査項目や不明な事項について、再確認も行った。

(1) 人事評価制度

武漢・W 社では、人事評価を、研修期の従業員を対象とした人事評価と正規従業員を対象とした人事評価に大きく分けられている。前者は研修期間終了となる月に実施され、後者は年一度に実施される年次評価と毎月実施される月次評価に分けられる。

a. 年次評価

年次評価の内容に関しては、従業員全員に共通の評価表が使用されており、評価項目には、専門知識、業務実績、責任感、協調性、服従理解、積極性、イベント参加、5S の日常維持、目標管理、賞罰・出勤といった10の項目が含まれている(表5－3－3を参照)。各項目の点数は、等しい割合で振り分けられる（各項目の点数が10点ずつになる）ように決められている。

表5－3－3　年次評価表

評価項目	評価基準	点数
専門知識	業務上必要な専門知識を持っているか。それを活用、また十分に発揮していたか。絶えずして勉強しているか。他人に謙虚に教わっているか。	
業務実績	勤務時間内に決められた仕事を完了できたか。業務改善と効率向上に努めていたか。チャレンジ精神はあるか。それなりの実績を果たしたか。	
責任感	持ち場の仕事を大事にしているか。責任感は強いか。自分の職務責任を明確に把握していたか。やり遂げるまで責任を持つことはできるか。業務上のミスを犯していたか。	
協調性	同僚と良好な人間関係を築いているか。チームワーク精神はあるか。他人に協力して仕事できるか。他人のことを心がけて、助け合いはできるか。	
服従理解力	上司の指導に従うか。業務指示の内容を正確に理解して、遂行できるか。上司からの指摘を真摯に受け止めることはできるか。	
積極性	毎日の仕事に全力を尽くしたか。積極的に取り組んだか。仕事に対していい加減にしていたか。仕事をさぼったことがあったか。	

続表

<table>
<tr><th>評価項目</th><th colspan="4">評価基準</th><th>点数</th></tr>
<tr><td>イベント参加</td><td colspan="4">会社のイベント（各委員会主催の活動、GF サークル、運動会、忘年会など）に参加したか。協力的であったか。自分の得意分野をアピールすることはできるか。</td><td></td></tr>
<tr><td>5S</td><td colspan="4">自分の職場と管轄エリアをいつも清潔に保っているか。作業服の清潔と個人衛生の管理はできるか。礼儀は正しいか。</td><td></td></tr>
<tr><td>目標管理</td><td colspan="4">所属部門の業務目標を把握できるか。月次業務計画と週次業務計画を作成したか。毎日、スムーズに業務を進めたか。手抜かりは多かったか。</td><td></td></tr>
<tr><td rowspan="2">賞罰勤怠</td><td>遅刻回数</td><td>早退回数</td><td>欠勤回数</td><td>賞罰状況</td><td rowspan="2"></td></tr>
<tr><td></td><td></td><td></td><td></td></tr>
</table>

出所：ヒアリング調査および社内資料に基づき、筆者作成

年次評価の結果は基本的に 5 段階（0 級、1 級、2 級、3 級、4 級）となる（表 5－3－4 を参照）。そして、主に労働契約継続の可否の判断、年末時の賃金調整の見直しおよび年末賞与の支給額の判断に直結し、いずれの場合も最も重要な決定要素となっている。

次の表に示されるように、年次評価の結果（点数）が「0～29」になった場合は、契約中止または解約解除になる。「30～49」の場合は労働契約を継続させるが、昇給はされない。「50～69」の場合は 1 つのランクへ上げられ、「70～89」の場合は 2 つ上のランクへ上げられ、90 点以上になると、3 つのランクまで上げられることになる。

表 5－3－4　評価段階の点数化表

段階	評価結果	労働契約	勤続給	進 1 級	進 2 級	進 3 級
4	90～100	継続	支給	—	—	有
3	70～89	継続	支給	—	有	無
2	50～69	継続	支給	有	無	—
1	30～49	継続	支給	無	—	—
0	0～29	中止/解除	—	—	—	—

出所：ヒアリング調査および社内資料に基づき、筆者作成

b. 月次評価

武漢・W 社では、上記の年次評価と別途に監督者、事務系職員および現場作業員を対象とする月次評価も実施されている。月次評価は評価表方式ではなく、会議方式と聞き取り方式を取り入れている。

従業員の職位、職務内容の相違によって、評価者と評価要素もそれぞれ異なる。たとえば、監督者に対する評価は課長級以上の管理層がリーダーシップ、管理力や組織をまとめる能力などを中心に評価を行う（表5－3－5を参照）。

事務系従業員の評価は直属上司によって評価される。勤務態度、仕事の効率や業務遂行能力などは評価の主な内容となっている（表5－3－6を参照）。

現場作業者に対する評価も直属上司によって実施される（班長→係長→課長補佐→課長との順位で評価される）。また、評価の内容は、不良品流出の有無、安全生産の取り組む姿勢、残業の協力状況やイベント参加状況などとなっている。

表5－3－5　監督者の評価内容

リーダーシップ	担当部署の同僚間の人間関係は良好であるか。人員の配置は合理的であるか。人材の育成や抜擢に力を注いでいるか。
管理力	会社の年度目標に基づいて、品質を維持するとともに、コスト削減への取り組みはどうであったか。生産量の増加が決まった時、新製品、新しい製造工程や新しい技術を導入する時に、適当な措置を取ることはできたか。
組織をまとめる能力	企業内部の各活動に積極的に部下を引率して参加したか。

出所：ヒアリング調査に基づき、筆者作成

表5－3－6　事務系従業員の評価内容

勤務態度	上司の指示に従い、決められた日常の仕事を完了できたか。如何に同僚と協力して、所属部門の仕事を進めたか。
仕事効率	仕事の向上に努めたか。
業務能力	仕事について、経験と教訓を総括することはできたか。自己啓発はできたか。

出所：ヒアリング調査に基づき、筆者作成

c. 人事評価の改革

武漢・W 社は 2009 年 1 月に人事評価内容の公平性、および評価手順の簡素化を図る目的で、人事評価制度の改革を行った。それまでに、評価項目が曖昧で、評価しにくいという、各部署からの指摘があった。また、管理職以外の従業員に対する評価は直属上司が評価した後に、部長による最終評価が必要であった。しかし、実際に従業員の働きぶりを知らず、部長から適切な評価をすることはできなかった。以上の問題点を踏まえて、評価内容を見直し、全社共通の評価項目に改定した。また、一般従業員に対する評価は直属上司のみで、評価結果も社内掲示板にて公示するように切り替えた。

(2) 賃金制度

武漢・W 社の賃金構成は、毎月の基本給と各種手当、それから年末賞与によって構成される（図 5－3－2 を参照)。同社は自動車メーカーのサプライヤーであるため、提供先の必要に応じて生産を行い、営業職を含め、すべての従業員に業績給を支給しないようにしている。基本給は現地の業界水準に合わせ、個人の経験、職歴や学歴などによって決められる。また、業績給は支給されないが、年次評価の結果に応じて、年末賞与は給与される。

ここで一般の会社において、あまり見えない生活手当と住宅手当に注目しよう。2010 年の中国消費市場の物価急上昇現象に対応し、武漢・W 社は賃金に生活手当という部分を新たに加えることにした。物価上昇による従業員の不安感を最低限にしようとの意図であった。また、同社は業績給制度がないため、如何に従業員のモラールを高めるのかに相当検討された。そこで浮上したのは住宅手当であった。

図 5－3－2　賃金構成

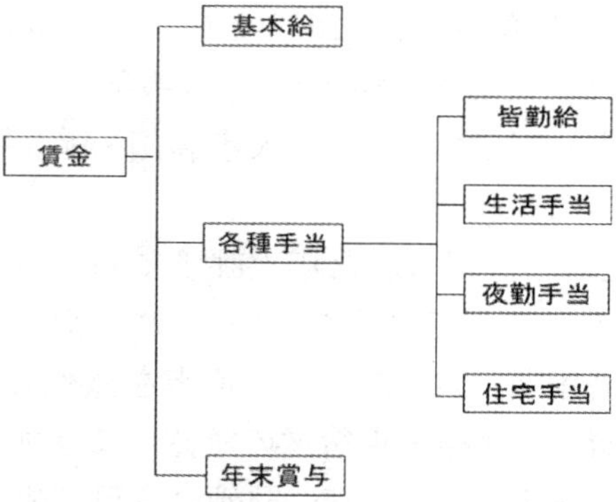

出所：ヒアリング調査に基づき、筆者作成

(3) インセンティブ諸政策

上記したように、武漢・W 社においては、業務給制度を取り入れていない。如何に従業員の勤労意欲を引き出し、雇用の安定を維持し、自社で長く働いてもらうとともに、積極的に企業に貢献するのかについて、考案したのは上記の「生活手当」、「住宅手当」と、次に記述する「奨励制度」であった。

武漢・W 社では「課長賞」、「部長賞」、「総経理賞」、「会社特別貢献賞」の 4 つの奨励政策が設けられている。仕事の改善、生産効率の向上などの面で企業へ特別な貢献をした場合、あるいは社外で社会貢献をした場合、会社から奨励金が給与される。支給額（表 5－3－7 を参照）は従業員の貢献度に応じて、課長級以上の管理層会議で決められる。また、従業員の働く意欲を刺激するために、従業員全員参加の表彰式で授賞することになっている。

表 5－3－7　奨励金支給額　（単位：元）

奨励名目	課長賞	部長賞	総経理賞	会社特別貢献賞
奨励金額	200 元	300 元	400 元	500 元

出所：ヒアリング調査に基づき、筆者作成

4. 総合分析

前述のように、武漢・W 社は 2002 年中国が WTO に加盟した後に中国への進出を果たした自動車産業の日系独資会社である。上記を踏まえて、武漢・W 社においての人事評価・賃金制度について、次のようにまとめておきたい。

(1) 2010 に見直しが行われた年次評価における人事評価制度は全員共通の評価内容にしていることによって、実施しやすくなったが、従業員の階層差別、業務内容の相違点を無視してしまった。そのため、職能階層別、職種別期待像の確認ができず、人材育成の視点からも欠如していることになる。評価は自己評価などを実施しておらず、直属上司による評価のみであるため、評価者つまり上司の評価能力が求められる。したがって、いかに評価者の評価能力を高めるかということが武漢・W 社にとって大きな課題になっていく。

また、武漢・W 社の年次評価は昇給・昇進などの処遇の基本にかかわっている。それであるだけに、処遇に結び付けるにあたっては特別な慎重さが求められる。そこで楠田 (1981) が考案したように、直属上司の評価のほかに、業務上でかかわり合いを持つほかの部署からの評価をも取り入れ、甘辛誤謬など部門間のゆがみの調整の判断基準とすることも必要である。部下を持つ従業員の指導力などの特定要素については、同僚からの評価や部下からの評価なども取り入れていくことが適切である①。つまり、年次評価でも多面化評価を取り入れるべきであると考えられる。

(2) 成果主義賃金ではなく、日本本社とほぼ同じ年功制賃金制度を取り入れ、基本的に解雇を行わないことによって、安定した雇用の維持ができたと武漢・W 社の人事担当者が主張した。とりわけ、ここ 3 年間の離職率は非常に低い水準に保っている。2008 年の離職率は 0.76%(離職者 4 人)、2009 年は 0.84%(離職者 5 人)、2010 年は 0.90% (離職者 6 人) となっている。しかし、2008 年の金融危機が与えた、労働者が雇用への不安などの社会的背景も重

---

① 前掲書、楠田丘 (1981)、112 ページ。

要な原因の一つではないかと考えられる。

また、当面の間、生活手当や住宅手当など手厚い福利厚生、そして、さまざまな奨励制度は従業員と企業の一体感をもたらし、従業員の働く意欲を刺激することが人材の定着ができたとはいえ、あらゆる面で成果主義が浸透した中国ではどこまで適応できるかはもう一つ重大な課題ではないかと思われる。

第4節　天津・S社の事例研究

1．S社の日本本社

(1) 会社概要

天津・S社の日本本社は1945年に運送業会社を創業し最初の事業を開始した。その後、1957年に法人改組を行い、株式会社を設立し、製造業企業として事業転換を実現した（表5－4－1を参照）。現在は鋳造製品、電設資材製品、試験機器および不動産事業の4つの分野の事業を展開している。製造・販売事業において、主に①バルブやモーターやポンプなどをはじめとする自動車や工作機器の部品および建築金物、配管資材の製造・販売、②電線管付属品とブッシングやキャップなどの電設資材の製造・販売、③ボーリングや地質調査、コンクリートなどの検査に使われる試験機器の製造・販売などが行われている。

表5－4－1　S社の日本本社の概要

設立年月日	1945年4月20日
所在地	大阪府東大阪市
資本金	3,600万円
社員数	64名（2011年3月現在）
事業内容	·自動車や工作機器の部品および建築金物、配管資材の製造・販売 ·電設資材の製造・販売 ·試験機器の製造・販売 ·不動産事業
海外事業	中国大陸子会社3社、韓国と中国台湾に生産工場設立

出所：S社のホームページおよび会社資料より

(2) 中国進出状況

S 社は海外拠点の低コスト生産をねらい、1988 年に中国への進出に踏み切った。生産拠点は天津市に置き、現在天津にて、合計 3 社の子会社を設立している（表 5－4－2 を参照)。日本本社の技術力の下で、グローバルな生産体制を備え、日本製品に比肩する良質の製品を低価格にて、世界各地へ提供することを図っている。

表 5－4－2　S 社の中国大陸子会社

設立時期	事業内容	所在地
1988 年 2 月	天津 SH 有限公司設立	天津市
1995 年 6 月	天津 SS 機械有限公司を設立	天津市
2004 年 11 月	天津 ZH 金属有限公司を設立	天津市

注）各子会社の名称をアルファベットで表記している。
出所：S 社のホームページより

2. 天津・S 社の会社概要

天津・S 社は 1989 年 5 月に設立して以来、23 年を経過した。現在は各種機械設備、電機電器製品、農用機械、建築機械などの設備に使用する木型・金型の製作から、鋳造・シェル芯・加工・塗装・組立などを自社で一貫して行っており、90%以上の製品は日本に提供している。2007 年 7 月から 2010 年 7 月までの 3 年間の売上金額は 9,951.44 万元、純利益は 554.14 万元に達している。

表 5-4－3　天津・S 社の会社概要

設立時間	1989 年 5 月
所在地	天津市
資本金	146 万ドル
出資比率	日本側出資比率（53.59%） 中国側出資比率（46.41%）
業務内容	機械設備、電気製品や鋳物などの製造および販売
従業員数	143 人（うち、日本人 2 人）

出所：ヒアリング調査に基づき、筆者作成

下図の示すとおり、天津・S社はS鋳造部、Z鋳造部、加工部、財務部、販売部の５つの部門、と１つの事務所によって構成されている。さらに、製造工程などの機能に合わせ、25つの組に細分化されている。天津・S社では技術担当の２人以外、すべて中国人であり、経営現地化、人材現地化ともに進んでいる。

図５−４−１　天津・S社の組織図

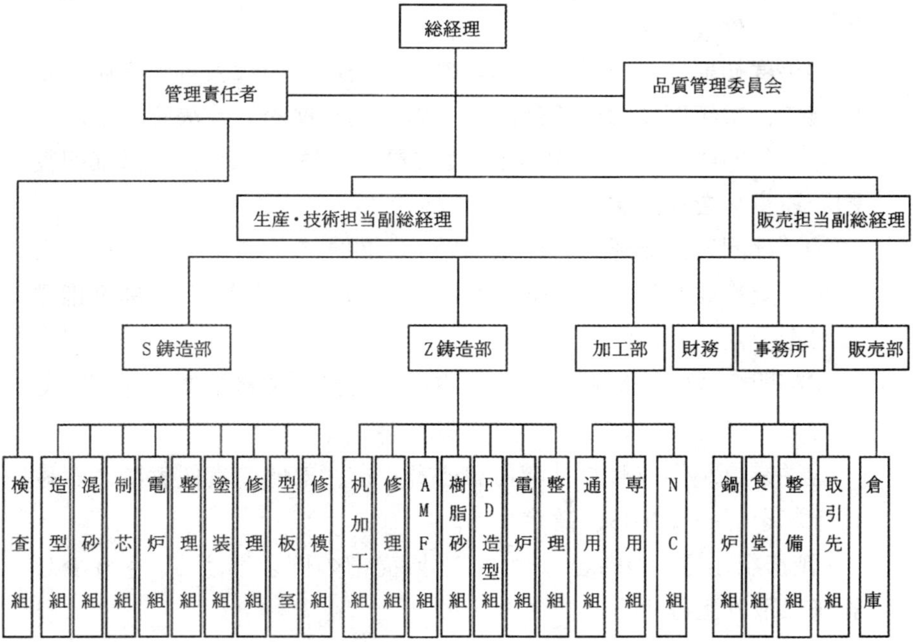

出所 ヒアリング調査および社内資料に基づき、筆者作成

3. 人事評価・賃金制度の実態

2011年４月に天津・S社を現地調査し、総経理と事務所人事担当を対象に、ヒアリング調査および社内や工場などの考察も行った。また、現地調査した後に、電話による調査も数回行った。これから、天津・S社における人事評価と賃金制度について取り上げよう。

(1) 人事評価

a. 一般従業員

天津・S 社では、従業員の納得性向上と職務の職責基準の明確化をねらいとして、S 鋳造部、Z 鋳造部、加工部、財務部、販売部、事務所の 6 つの部門の正規従業員に「職務記述書」の作成が義務となっている。職務・職位ごとに「職務記述書」を作成し、役割・使命、主要担当業務、補助担当業務などを細分化しての作成となっている。作成は次の手順で行われている。

①年度初期に、まず、各部署の副部長以上の代表者が出席する会議で、次年度における部門ごとの役割を検討し、決定する。

②各部門において、部門所属従業員の全員参加により、「部門役割記述書」を作成する。

③「部門役割記述書」に基づいて、部門の会議で従業員個々人の担当業務（主要担当業務・補助担当業務に分かれる）、業務指標などを分割する。

④部門会議で決められた各自の担当業務と業務指標に基づいて、自分の「職務記述書」を作成する。

⑤従業員が作成した「職務記述書」を、部門の責任者による最終確認を行ってから、確定する。

「職務記述書」の内容について、販売部の例を挙げて、もう少し詳細に取り上げよう。

「営業部役割記述書」は A4、3 ページの紙になっている。そのなかで、まず、「部門主要役割」の欄に、①注文書の管理、②納期管理、③出荷管理、④倉庫管理、⑤取引先との連絡管理、⑥輸出入業務連絡、税関手続き管理、⑦翻訳管理、⑧統計表管理など 8 項目が設けられている。

さらに、細分化して、①注文書の管理を 7 つの業務に分け、②納期管理を 8 つの業務に分け、③出荷管理を 9 つの業務に分け、④倉庫管理を 4 つの業務に分け、⑤取引先との連絡管理を 4 つの業務に分け、⑥輸出入業務連絡、税関手続き管理を 3 つの業務に分け、⑦翻訳管理を 4 つの業務に分け、⑧統計表管理を 5 つの業務に分け、合計 44 の細かい業務となっている。

上記した 8 つの項目に対して、販売部長の「職務記述書」に②、③、⑤、⑧、そして部門の総括管理を入れての 5 つの担当業務が記入されている。この 5 つの業務をさらに 16 の業務に分けられている。

販売副部長の場合は、上記の①、②、③、④、⑤を担当し、細分化すると 16 の業務になっている。

販売部従業員 A さんは上記の③、④、⑥、⑧を担当し、細分化して 15 の業務に分けられている。

販売部従業員 B さんは上記の①、②、⑦を担当し、15 の業務に細分化されている。

ほかの 5 つの部門でも、販売部と同じように、日常の業務を明確にさせている。

上記の「職務記述書」は、人事評価を行うときの評価基準となっているため、毎月、会議方式にて、各従業員の「職務記述書」に基づき、人事評価が実施されている。また、天津・S 社の人事評価は、従業員のみならず、各部門の間でも相互評価が行われている。

b. 管理職従業員

各部門（副部長以上）と各組の副組長以上の管理職従業員に対する評価は「職務記述書」による評価と別に、部門目標の達成度や期日まで完成できない仕事の内容およびそれについての説明などの内容を含めた「管理者業績評価」と、「取引先による満足度評価」が毎月行われている。これらの評価結果を四半期ごとに評価結果を集計し、そして、年度末に総合した最終評価結果に基づく管理職従業員の順位付け公表が実施されており、年末賞与の支給額が決定される時に、唯一の基準であると決められている。

表 5—4—4 管理者業績評価

管理職業績評価記録表

記入者

被評価者		第__四半期評価結果	
A. 部門目標点数			
B. 主要業務の達成および未達成状況の詳細記述		点数	
番号	具体的に記入してください。		
1			
2			
3			
4			
5			
6			
7			
8			
C. 補助業務の達成および未達成状況の詳細記述		点数	
番号	具体的に記入してください。		
1			
2			
3			
4			
5			
6			
7			
8			
D. 会社の規定に違反した回数および理由		点数	
番号	具体的に記入してください。		
1			
2			
3			
4			
5			
6			
E. 執行力と仕事の効率			

保管部門：事務所　　　　保管期間：5 年

注：A、B、C、D、E の各項目の点数は 20 点ずつとなっている。

財務部と事務室管理職の評価項目および点数は A を除いて、B~E の 25 点ずつとなっている。

出所：社内資料より

(2) 賃金制度

天津・S 社に働く従業員は正規従業員と農民工従業員に構成されており、それぞれの賃金制度は異なっている。

a. 正規従業員

正規従業員の場合は、一般的に、基本給プラス生産賞与と各種手当という仕組みとなっている。

①天津・S 社においては、中間管理職以上の従業員に職位別賃金制度を導入している。中間管理職の職位等級にあわせて、職位別賃金基準が設けられている。該当従業員には基本給の代わりに、職位賃金が支給される。

②生産職従業員には出来高型賃金または職務賃金が支給されるが、支給される賃金の種類は生産職従業員の職種によって異なる。

③職位・職種にかかわらず、正規従業員全員に、毎月の生産賞与のほか、年度中間賞与と年末賞与も支給される。

生産賞与の支給額は生産賞与の基数と生産賞与の係数によって決まる。計算方法は次のとおりである。

生産賞与の支給額＝生産賞与の基数×生産賞与の係数

そのうち、生産賞与の基数は所属部門の業務達成度に基づき計算されるが、生産賞与の係数は各従業員の業績に基づき計算される。つまり、同じ部門に所属しても、個人の業績によって生産賞与の金額が異なることが可能である。同様に、個人の業績が同じレベルであっても、所属部門の業務達成度の差異によって、生産賞与の支給額が異なる。

b. 農民工従業員

農民工の賃金は基本給と生産賞与から構成される。基本給の計算は正式従業員と同じ方法ではあるが、年度中間賞与と年末賞与は支給されない。

(3) インセンティブ政策

天津・S 社では、人間尊重の理念に立脚し、従業員の成長を目指し、人材育成とキャリア開発に積極に取り組んでいる。同社では「社内訓練」と「社外訓練」という2つの訓練方法を取り入れている。

社内訓練において、発生した費用は会社が全額支給するうえで、従業員の教育を行った。

従業員に対して、「講義手当」が支給される。また、講義手当の支給額については、教育を受けた従業員に評価してもらい、その評価結果に基づき、金額が決定される（表5—4—5を参照）。

表5—4—5　講義手当の支給基準

評価結果	講義手当
80～100点	40元/時間
60～79点	30元/時間
60点以下	20元/時間

出所：社内資料より

従業員が資格を取得するために、外部で教育や訓練を受ける場合、事前申請によって、会社に訓練費を支給してもらうことができる。ただ、訓練費の支給額に基づき、会社と勤続年数についての契約を結ぶことが義務となっている。

4. 総合考察

天津•S社は以上取り上げた天津•S社の人事諸制度を踏まえて、簡単に次のようにまとめることができる。

(1)天津・S社では、賃金システムは比較的単純な構成となっているが、生産賞与の部分に部門の業務達成度によって影響される基数と、個人の業績によって影響される係数を取り入れている。これによって、極端な個人の業績追求に伴ったチームワークの悪化が防止でき、さらに成果主義とチームワークの融合が期待できよう。

(2)天津・S 社では、「職務記述書」は人事評価の判定材料として活用されていた。職務・職位に期待される役割行動を明示し、所属部門の円滑な業務運営を促すことができた。中間管理職業績評価の結果を順位付け公表により、中間管理職のモチベーションを高めることに繋いでいくことが考えられる。

(3)企業が明確な教育訓練制度を積極的に従業員に提示し、個人が明確な目的意識を持って職業教育訓練を受講できるような環境整備を進めることは、単なる個人の能力開発を通じた生産性の向上という役割のみならず、チームワークの育成など企業への帰属意識の形成という役割も持っていると考えられる。

第6章　中国現地企業の事例研究

第5章では、中国進出日系企業4社の事例を取り上げ、分析によって、4 社の人事評価・賃金制度の実態および特徴を明らかにした。これからは現地の中国企業における人事評価・賃金制度について事例研究を行う。2009 年 3 月から 2011 年 4 月にかけて、吉林省、遼寧省の現地中国企業3社を対象とした現地調査を行った。調査方法としては、日系企業と同じように、各企業へ事前質問項目を依頼した後、現地で企業経営者、人事担当者を対象にしたヒアリング調査、社内および工場考察などである。さらに、現地での文献、社内資料による文献研究も行った。

第1節　吉林・T社の事例

1. 会社概要

吉林T社は1998年に国有企業から転換された民営企業である。現在は薬品の研究、開発、生産、販売を一貫して、事業を展開している。同社の資本金は7,500万元で、2008年現在の総資産額は2.6億元である。「人間尊重」、「生き甲斐、働き甲斐を見出せる夢のある豊な企業を目指す」の経営理念の下で、企業発展の成熟期を迎えた。

表6—1—1　T社の概要

会社形態	国有企業から転換した民営企業
所在地	吉林省吉林市
設立時間	1998年
資本金	7,500万元
業務内容	薬品の製造・販売
従業員数	480人（2009年3月現在）

出所：インタビューおよび社内資料より筆者作成

下図6−1−1に示されるように、株主総会は会社の最高権力機関であり、経営方針や投資計画を決定し、取締役と監査役を選出する。取締役会の指導の下で、総経理、販売担当副総経理、生産担当副総経理、財務担当副総経理から経営陣が構成されている。組織構成として、市場部、販売部、生産部、供給部、研究開発部、企画部、財務部、総務部、品質管理部など9つの部門が設置されている。

図6−1−1　T社の組織図

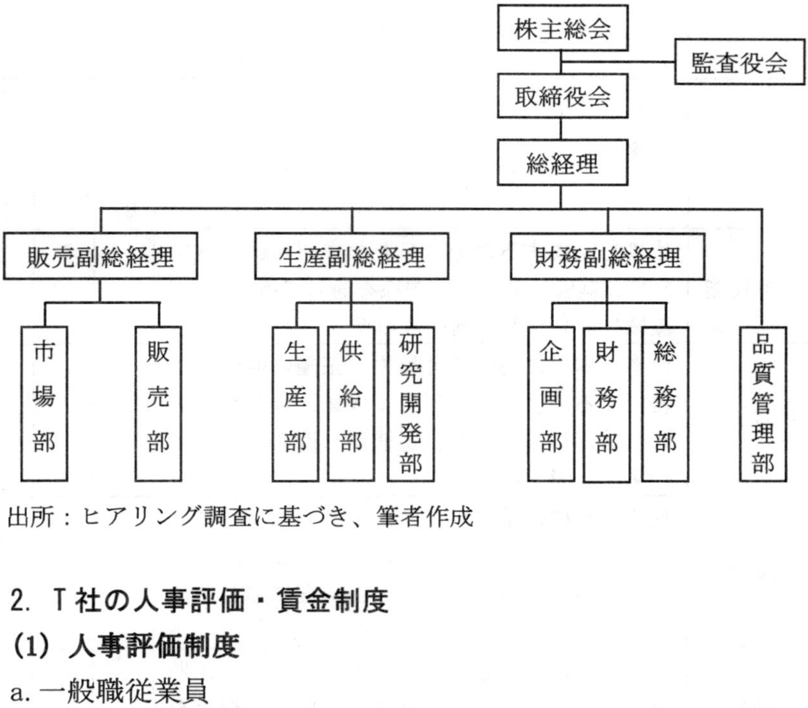

出所：ヒアリング調査に基づき、筆者作成

2. T社の人事評価・賃金制度

(1) 人事評価制度

a. 一般職従業員

T社では、一般職従業員を対象とした人事評価は、能力評価（表6−1−2を参照）、勤務態度評価（表6−1−3を参照）、業績評価（表6−1−4を参照）に分けられ、実施されている。また、評価内容によって、評価の期間・回数も異なる。能力評価は年に一度の実施となっており、これに対して、業績評価と勤務態度評価は半年ごとに実施されており、年2回となっている。

能力評価と業績評価・勤務態度評価との実施期間・回数は異なるが、評価者の設定は共通しており、つまり、1次評価者と2次評価者と成績調整者の3段階に評価される。

①1次評価者は直属上司である。

②2次評価者は部門の長あるいは代表者である。

③成績調整者、つまり最終評価は総務部の人事担当者によって、総括される。

表6−1−2　能力評価の内容

要素	内容	1次評価	2次評価	最終評価
知識技能	仕事を完成するために必要な専門知識、実務知識、経験、あるいは訓練を通じて得た技能、機械や器具などの操作スキル			
判断力	仕事の本質に対する理解力、正確に情報を獲得できる力、状況を正しく捉え、合理かつ実践に結ぶ結論を出し、迅速かつ適切な方法で仕事を展開する能力			
計画力	仕事の目標に基づいて、計画を立て、さらに目標を達成するため、事前に必要な計画、プログラムの選択、方法など、情況に応じてプログラムやプランを立てる能力			
交渉力	社内外にかかわらず、他人と交渉する時、期待した目的を達成するために、いかに相手を説得して、円滑に交渉する能力			
指導力	チームとグループの能力を最大限に発揮させるために、リーダーとして果たすべき指導力や協働力			

出所：インタビューおよび社内資料より筆者作成

表 6－1－3　勤務態度評価の内容

要素	内容	1次評価	2次評価	最終評価
規律性	職場の秩序を維持し、就業の規則を守って、公私が明らかであるか			
協調性	自分の業務以外のことに関しても、組織の一人として、組織に役立つ行動をとり、同じ職場の同僚と良好な関係を築いたか			
積極性	どんな困難な仕事でも、積極的に引き受け、完成する意欲はあったか			
責任感	引き受けた仕事に対して、いかに困難度が高くても、努力して完成したい意欲、責任を回避しないで、他人に転嫁しない			

出所：インタビューおよび社内資料より筆者作成

表 6－1－4 業績評価の内容

	要素	内容		1次評価	2次評価	最終評価
業績評価	仕事の質	与えられた仕事の質	完成した仕事の正確性、いかに入念に仕上げるか			
			完成した仕事の効率および革新能力			
	仕事の量	与えられた仕事の量	完成した仕事の量			
			期日どおりに完成する程度			

出所：インタビューや社内資料より筆者作成

能力評価については1次評価者の直属上司よりも、上位の2次評価者の方が全体的な視点から客観的に正しく評価できることから、2次評価者のウエイトを高めに設定している。これに対し、勤務態度・業績評価は能力評価と異なり、日々の目標遂行状況や姿勢・態度については、直属上司が最もよく把握していることから、1次評価者に結果に重きを置くようにしている（表 6－1－5を参照）。

表 6—1—5 評価者別ウエイト配分表

考課者区分	能力評価	勤務態度評価	業績評価
1次評価者	1.0	1.5	1.5
2次評価者	1.5	1.0	1.0

出所：ヒアリング調査を基に、筆者作成

b. 市場・販売部従業員

T 社の市場部と販売部に約 280 人の従業員が在籍している。彼らを対象とする人事評価も能力評価、勤務態度評価と業績評価に分けられる。能力評価と勤務態度評価については上記した一般職従業員と同じ方法、同じ流れで実施している。業績評価だけは違う評価方法を取り入れている。下記では市場・販売部の従業員を対象とした業績評価の実施方法を取り上げ、分析したい。

①評価基準

業績評価の内容は部門と個人の仕事の重点を重視するとともに、業績指標の達成度を評価する。

②業績指標設定の流れ

まず、年度のはじめに、会社の年間目標によって、会社の戦略を立て、各部門の責任者が出席する会議を通じて戦略目標を各部門まで分解する。各部門の業績指標を確定した後で、各部門の年度計画を決定する。

次に、各部門は管轄従業員全員出席の会議を通じて、部門の目標に沿って、部門内部の個々人の従業員の業績評価指標を確定して、つまり業績指標、職務指標と職務遂行能力指標である。従業員は部門会議で定められた業績評価指標を基に、各自の業務計画を作成する。

図 6-1-2　業績指標作成の流れ

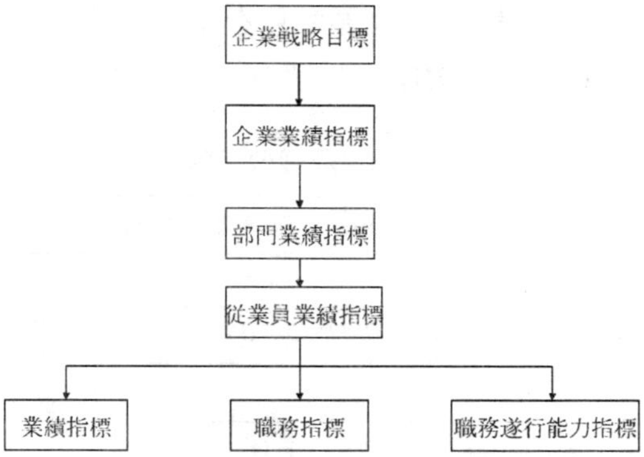

出所：ヒアリング調査を基に、筆者作成

③評価の内容

第 1、各部門の評価内容は年度会議を通じて確定した各部門の業績指標と月次の仕事目標に基づいて、確定する。チームワークを提唱するために、各部門の評価結果は相応係数と対応して、各部門の内部の従業員の業績に直接に影響を及ぼす。

第 2、評価の手順および評価内容は次の通りである（図 6－1－3 を参照）

部長や各部門の責任者に対する評価は業績指標と月次仕事の目標の達成度に対して、販売担当副経理が評価を行い、「従業員の業績評価シート（1）」に記入する。

その他の管理職の従業員に対する評価は業績指標、月次の仕事目標、日常の業績指標、仕事の質、規律性、コスト意識などいくつかの方面から、部長が評価を行い、「従業員の業績評価シート(2)」に記入する。

一般従業員に対する評価は、仕事の達成度、仕事の能力、協調性、責任感、仕事の積極性、仕事の質、遵法精神、コスト意識などのいくつの方面から、直属上司が評価を行い、「従業員業績評価シート（3)」に記入する。

第 3、毎月の月末に、各部門および従業員が当期の仕事に対して、総括をし、そして仕事の改善意見をまとめ、「部門月次作業総括シート」と「従業員月次作業総括シート」に記入する。

図 6-1-3　評価の手順

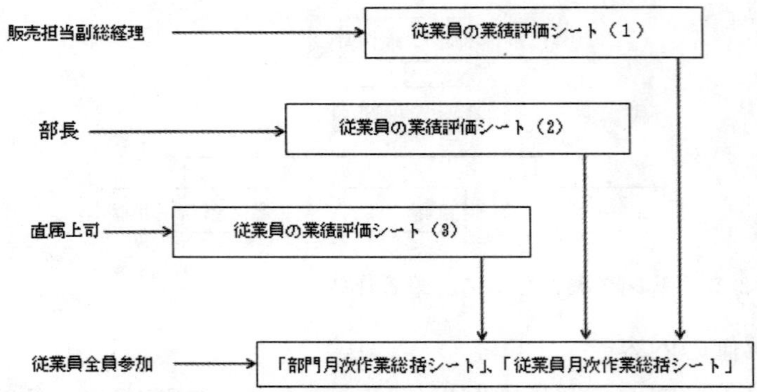

出所：ヒアリング調査に基づき、筆者作成

③評価の点数化

各部門および責任者の評価基準は会社の責任者と十分に検討したうえで記入し、そして点数を確定して、満点を 100 点とする。その他の管理職の社員の評価基準は、各部門の責任者と十分に検討を行い、記入し、そして点数を確定する。その中の肝心の業績評価指標、月次の仕事目標、日常の業績指標の 3 つの指標が 70%を占めている。仕事の質、規律性、コスト意識など、3 つの固定的基準は 30%を占める。一般従業員の評価は固定的基準のみですなわち仕事の質、規律性、コスト意識などであり、満点は 100 点である。

以上のように、T 社の販売部門においての業績評価の特徴は次のようにまとめられる。

①業績評価を主要内容とした人事評価であって、仕事の達成度を基礎とした職務基準を採り入れている。

②評価の期間を月となっていることから極めて業績を重視していることが考えられる。

③異なるレベルの職務要件に基づき、評価の重点を確定して、

すべての評価項目に若干の標準的な等級が設けられている。そして、すべての等級において、具体的な事実と仕事遂行力と勤務態度を根拠にしている。

④部門独自の係数を導入した計算方式を使用している。

⑤会社の目標、各部門の目標、そして個人の目標3者を有効的に結合することに力を入れている。

(2) 賃金制度

T 社の従業員の賃金は基本給、職務給＊業績係数、各種手当によって構成される。

基本給は生活保障のために、最低賃金の水準に合わせて金額が設定されている。職務給は職層・職位、仕事の難易度などを参考し、あらかじめ、3つの階層、12の等級に設定されている（表6―1―6を参照）。

表6―1―6　職務給の設定基準

職層	職種 等級	経営營職	管理職	専門職	業務	生産工員	事物職
M	一級	取締役会長					
	二級	総経理					
	三級						
	四級	副総経理	最高級経営责任者 最高級財務责任者	最高技術責任者			
	五級						
S	六級		部長	高級エンジニア			
	七級		副部長	エンジニア			
	八級		主管	エンジニア	特級業務員		
J	九級			助手エンジニア	高級業務員	高級工員	会計監査
	十級			技術員	中級業務員	中級工員	経理
	十一級				初級業務員	班長·組長	事物従業員
	十二級				初級業務員	工員	警備員 清掃員

出所：社内資料より

業績係数は業績結果を基に、各等級別に、A、B、C、Dの4つの段階に設定されている（表6―1―7を参照）。

表 6−1−7 業績係数基準表

A	B	C	D
1.5	1.3	1.1	0.8

出所：ヒアリング調査を基に、筆者作成

3. 総合考察

前述した吉林・T 社の人事評価・賃金制度は下記のようないくつかの特徴を持っていると考えられる。

(1)T 社における人事評価制度は、全員共通ではなく、従業員の職種別に実施されていること。

(2)賃金に連動させるため、仕事の達成度を主な基準とした業績評価が行われていること。

(3)市場・販売部門では目標管理制度を構築し、目標管理の下で業績評価を行うこと。

(4)賃金システムは固定した基本給と業績係数と連動した職務給の結合によって構成された成果主義職務給賃金制度となっていること。

第 2 節 延辺・D 社の事例研究

1. 会社概要

延辺・D 社はバイオテクノロジーを利用し、椎茸をはじめとする食用菌制品の研究・開発、種菌の育成、木質椎茸菌床の製造、有機椎茸のバイオ製品の抽出および高度加工などを取り扱う民営企業である（表 6−2−1 を参照）。現在は、吉林省延辺市に本社を設置、同省の安図市に子会社 1 社を持っている。両社の正規従業員数はあわせて計 180 人に達している。そのうち、技術職従業員が 12 人で、3 名の専門家、教授級技術顧問、1 名の高級技術者と 8 名の中級技術者に構成される。

生産規模は、椎茸菌棒の年間生産量が 1,000 万棒、食用菌製品の加工量が 850 トンに達している。同社は海外において、日本の大阪、徳島、京都、長野、韓国のソウル、済州島にそれぞれ 1 つ、計 6 つの栽培センターを擁する。主に取り扱っている品種は椎茸であるが、榎茸、柳松茸などもある。

D 社の副総経理（生産・営業担当）へのヒアリング調査によれば、2010 度に売上高は 3,000 万元に達しており、800 万元（約 27%の純利益率）の純利益が実現された。さらに、2011 年度は 5,000 万元の売上高が見込まれるという。今後の目標は東北 3 省で最大の食用椎茸生産・輸出基地に発展することである。

表 6−2−1　D 社の会社概要

設立年月日	2008 年 9 月
所在地	吉林省延辺市
業種	水産・農林業
企業形態	民営企業
資本金	500 万人民元（約 6,500 万円）
社員数	80 人（2010 年 12 月現在）
売上高	3,000 万人民元（2010 年度）（約 39,000 万円）
純利益	800 万人民元（2010 年度）（約 10,400 万円）
事業内容	・きのこ種菌の製造販売 ・種子、食用きのこの生産販売 ・有機肥料の生産販売 ・上記品目の海外輸出

出所：ヒアリング調査および会社資料に基づき、筆者作成

2. 経営理念

2008 年の設立当時、同社は「生産、加工、貿易、研究開発の一体化」を経営戦略と定めていた。設立以来、事業目標実現のため、経営戦略を立てて、一貫して「企業＋生産基地＋農家」という経営パターンの実現に努めている。現在は、先進的な設備と技術陣を整えており、固定的な販売経路と安定した顧客市場が確保されている。さらに、輸出型企業としての優位性が業界内で高く評価されている。

また、図 6−2−1 で確認できるように、D 社の企業内組織は集権型職能部門制組織形態によって構成されている。

図 6—2—1　D 社の組織図

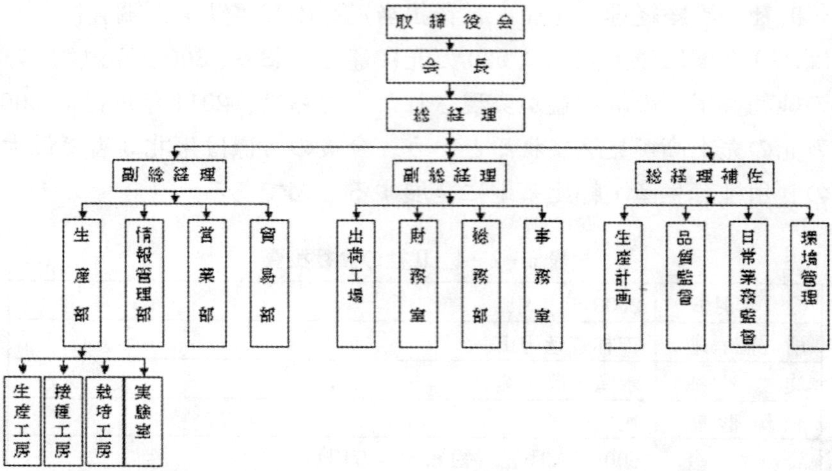

出所：D 社の社内資料およびリアリング調査に基づき、筆者作成

3. D 社の人事評価・賃金制度

(1) 人事評価制度

D 社においての人事評価は大きく、能力評価、職務態度評価、業績評価によって構成されている。そのうち、最も重視されるのは能力評価である。評価期間や評価基準などは中間管理層、技術職、営業職、事務職、生産現場従業員および研修従業員によって異なる。職務態度評価は全従業員共通の評価基準と方法で導入されている。業績評価は各部署に実施され、評価基準と評価方法も各部署が決める。これからは、勤務態度評価、能力評価、業績評価を順番に取り上げていく。

a. 勤務態度評価

前述のように、D 社では従業員の勤務態度評価を共通した基準が導入されている。年に一回実施される。従業員による自己評価と評価チームによる評価を総合した点数が最終の結果とされる。ここでは、D 社で実際に使われている評価シート（表 6—2—2 参照）を取り上げたい。

表 6－2－2　勤務態度評価シート

従業員番号：　　　　　　　氏名：　　　　　　　　作成日：　年　月　日

評価項目	評価要素	評価内容	基準点数	自己評価	加点/減点		
					自己評価	評価チーム	総合点数
職業道徳(25)	忠誠心	自分の職務への愛着心	5				
	仕事素質	会社を愛する気持ち、上司を尊重し、協力して仕事したか	5				
	団体精神	同僚への思いやり、団体協調性	5				
	業務学習	業務を研鑽する、高い学習意欲・向上心	5				
	サービス態度	内外の顧客に対する態度	5				
勤務態度(25)	遵守制度	各種会社規定・社内ルールを遵守したか	5				
	出欠勤状況	一度も欠勤せずに出勤したか	5				
	積極性	仕事に対する高い意欲、積極的に取り組む姿勢	5				
	責任性	仕事の継続性と責任性	5				
	協調性	同僚、上司との意思疎通およびチームワーク精神	5				
仕事成果(32)	職務遂行	課せられた業務を計画通りにやり遂げたか	10				
	コスト意識	時間の有効利用やコスト削減	8				
	創造能力	仕事を改善する提案の状況	5				
	特別貢献	会社のために何か重要な課題を解決したか	5				
	人材育成	研修参加の有無、あるいは後輩への指導・育成ができたか	4				
その他(18)	資源管理	水、光熱などの資源節約	3				
	設備管理	設備を丁寧に使用したか	3				
	財務管理	財務制度を守り、節度に使用する、経費削減に努力したか	3				
	備品管理	計画通りに備品を受領する、節約に心かけ、大事に使用したか	3				
	防火安全	高い防火安全意識を持つ、自発的かつ積極的な安全活動を行ったか	3				
	計画生育	計画生育政策（一人っ子政策）を遵守したか	3				
合　計			100				

出所：D 社の社内資料およびヒアリンク調査の内容に基づき、筆者作成

表 6−2−2 に示すように、D 社においての勤務態度評価は大きく、「職業道徳」、「勤務態度」、「仕事成果」と「その他」の 4 つの項目に分けられる。それぞれの基準点数を占める割合にみると、勤務態度評価の中でも、「仕事成果」という項目が 32 点となっており、最も重要されていると考えられる。さらに具体的には、職務の遂行力が 10 点となっており、全項目の 21 の要素の中でも一番重視されている。その次に、時間を効率的に利用することとコスト削減などのコスト意識も重視されている。

b. 能力評価

前で述べたように、人事評価のうち、能力評価は D 社で最も重視されている。能力評価の期間および具体的な評価基準は職能によって違う。これからは、中間管理層、技術職、営業職、事務職、生産現場従業員そして研修従業員の順番でそれぞれの評価基準および評価内容について取り上げる。

①中間管理層

中間管理層を対象とした能力評価は四半期毎に、つまり年に 4 回実施される。評価の対象は各部門の部長・副部長クラスの従業員である。評価者は当該部門を担当する副総経理である。評価項目は 6 つの項目がある。とりわけ仕事態度、基礎能力、業務の熟練度、責任感、協調性と自己啓発である。さらに各項目にはより詳細な評価内容があり、合計 30 条の評価基準が設けられる。それぞれの評価基準は 5 点から 15 点までの、重要度に応じた点数が定められている。満点は 200 点である。評価者による 4 回の採点点数の平均値を当該年度の最終結果となる。最終結果の点数に基づき、該当する評価ランクが決められる。評価ランクは「優秀」(180 点以上)、「良好」(150 点～179 点)、「中等」(120 点～149 点)、「合格」(100 点～119 点)、「不合格」(100 点以下)の 5 つのランクがある。

中間管理層の「仕事態度」には 1) 経営計画の策定そして実施を十分に準備したか (5 点)、2) 長期的な視点から会社の将来性を考えたか（15 点）、3）責任者の立場から全体の仕事を考慮したか（5 点）、4）会社の経営理念を重視したか（5 点）、5）敏感的な利益感覚を持っているか（5 点）との 5 つの基準がある。合計点数は 35 点である。そのうち、2）の「長期的視点から会社の将来性を考えたか」が 15 点を占め、勤務態度項目の中で最も重要に位置づけられていることから、D 社は短期的発展よりも企業の長期的発展を重視していることがわかる。

「基礎能力」には 6）目標を実現するために、仕事の第一現場で指導を行ったか（15 点）、7）コストの節約ができたか、そして目標を早急かつ確実に実現できるか（5 点）、8）長期的目標の実現を重視したか（5 点）、9）計画通りに期日を守り、目標を実現したか（5 点）、10）即応力を持ち、変化に応じて目標の改定はできるか、そして改定した目標を実現できるか（5 点）との 5 つの基準が設けられる。合計点数は 35 点である。そのうち、6）の「目標を実現するために、仕事の第一現場で指導を行ったか」が 15 点を占める。D 社では、中間管理層に現場での指導力が求められていることがわかる。

「業務熟練度」には 11）会社全体の立場に立って、発言と提言することはできるか（5 点）、12）長期的視点から企画できるか（5 点）、13）会社の立場に立って、情報収集を行うことはできるか（10 点）、14）ほかの部署と情報交換はできるか（5 点）、15）積極的にほかの部署と連携することはできるか（5 点）との 5 つの基準が定められる。

「責任感」には 16）担当する部署の長所と短所を把握することができたか（5 点）、17）ほかの部署との連携ができたか（5 点）、18）担当する部署の人員配置は適材適所であったか（1 0 点）、19）熱心的に後継者の育成に努めたか（5 点）との 4 つの基準がある。

「協調性」には 20）部下の意見を謙虚に聞き、受け入れたか（5 点）、21）個人の健康状態に注意を払ったか（5 点）、22）慎重に金銭を使用したか（10 点）、23）熱心にチーム内部でコミュニケーションを取ったか（10 点）、24）異性問題を起こすことは一切なかったか（5 点）との 4 つの評価基準が決められている。

「自己啓発」には 25）取引先と会社の利益に損害を与えていないか（5 点）、26）社会と時代の変化に関心を寄せたか（5 点）、27）新しい技術および知識を熱心に学習したか（10 点）、28）国際的視点から自己革新できるか（5 点）、29）改善をするために、思い切って今までのやり方を放棄することはできるか（10 点）、30）常に将来のことを予測することはできるかとの 6 つの測定基準がある。

②技術職

D 社では技術職を対象とした能力評価は、中間管理層と同様に、四半期毎に実施されている。評価の対象は生産部実験室に所属する従業員で、主に高級職位技術者と中級職位技術者である。評価者は生産部長である。評価項目は 5 つの項目がある。とりわけ知識力、思考・企画力、業務熟練度、協調力と仕事意欲である。さらに各項目にはより詳細な評価内容があり、合計 14 条の評価基準が設定されている。そのうち、協調力の評価基準は高級技術者と中級技術者がそれぞれ違い、その他の 4 つの項目の評価基準は共通している。各評価基準は 6 点から 10 点となっており、重要度に応じて定められている。満点は 100 点である。生産部長が採点した 4 回の点数を平均して計算し、当該年度の最終結果となる。最終結果の点数に基づき、該当する評価ランクが決められる。評価結果の段階は「特に優秀」（90 点以上）、「優秀」（80 点～90 点）、「普通」（70 点～79 点）、「努力が必要」（60 点～69 点）、「不合格」（60 点以下）の 5 段階をしている。

「知識力」には 1）日常的業務に必要な知識のマスターはできたか、そして活用したか（7 点）、2）技術向上のために知識を取得し、業務への応用はできたか（7 点）、3）仕事に役立つ情報収集、そして収集した情報の分析を行ったか（7 点）に構成される。

「思考・企画力」には 4）業務内容の正確な理解、業務遂行にあたって、状況に適合した手段・方法の選択はできたか（7 点）、5）

基礎理論や知識を業務への活用はできたか（7 点）、6）収集した情報を正確に整理し、具体案の作成はできたか（7 点）、7）関連技術分野への新しい可能性の提案をしたか（10 点）との 4 つの評価基準がある。そのうち、7）の「関連技術分野への新しい可能性の提案をしたか」が 10 点を占めることから、「思考・企画力」の中でも、技術職従業員の創造力が最も要求されていると考えられる。

「仕事意欲」には 8)熱心かつ積極的に仕事を取組んだか(6 点)、9）仕事を最後までやり遂げる意志は持っているか（6 点）、10）冷静に自己評価を行い、自分の長所と短所を正確に認識できたか、また、長所をさらに発揮できたか、短所を克服するための努力をしたかなどの 3 つの基準が決められる。

「業務熟練度」には 11）期限内で仕事を処理し、終える能力を持ったか（8 点）、12）決められた仕事の目標を達成できたか（8 点）との基準がある。

以上で述べた 4 つの項目の観察点は高級技術者と中級技術者を問わず、すべて同じであるが、「協調力」だけは違う。高級技術者に要求する「協調力」とは、13）部下、後輩の特性を踏まえた指導と育成は行ったか（8 点）、14）リーダーシップを発揮し、職場内外の良好な人間関係を保つように自ら協力をしたか（6 点）という 2 つ側面のことである。一方、中級技術者に求める「協調力」とは、13）チームワークを重視し、仕事効率の向上性を目指して自ら協力したか（8 点）と、14）職場内外での人間関係は良好であるか（6 点）である。

評価の結果は主に賞与、昇給、昇進そして職務訓練へ反映されている。

③営業職

D 社では営業職従業員を対象とした能力評価は、中間管理層や技術職と同様に、四半期毎に実施される。評価の対象は営業部と貿易部に所属する従業員である。評価者は各部署の部長である。評価項目には、知識力、企画力、行動力、問題解決力、目標達成力などの項目が含まれる。それぞれに、具体的な査定内容が設けられており、合計 10 条の評価基準が設定されている。10 点ずつで、満点は 100 点である。各部長が採点し、その結果を平均値で計算を行い、当該年度の最終結果となる。最終結果の点数に基づき、該当する評価ランクが決められる。評価結果のランクは前述した技術職の評価段階と同じであり、すなわち「特に優秀」（90 点以上）、「優秀」（80 点～90 点）、「普通」（70 点～79 点）、「努力が必要」（60 点～69 点）、「不合格」（60 点以下）である。

「知識力」には 1）自社商品に関する知識をマスターし、その知識を業務展開に活用したか（10 点）、2）業界内の動向、競合他社商品と市場ニーズを正確に把握できたか（10 点）、3）業務に役立つ知識をタイムリーに収集し、分析を行ったか（10 点）などがある。

「企画力」には 4）販売促進のための企画を常に計画的に実施したか（10 点）、5）創造的に業務改善を行ったか（10 点）が含まれる。

「行動力」には 6）決定された事項を即時に実行できたか（10 点）、7）突発事項を十分に対応して、対処できる能力を持っていたか（10 点）、8）妥当な方法で問題を解決できたか（10 点）などの基準がある。

「目標達成力」には 9）営業実績目標を目指し、努力して、期待された成果を達成できたか（10 点）、10）特定された課題に対する成果は満足すべき結果となったか（10 点）の 2 つの基準がある。

評価の結果を基に、総務部および副総経理が最終判断を下り、主に賞与への反映、昇給への反映、昇進への反映および職務訓練への参加などに連動する。

④事務職

技術職や営業職などの専門職以外の従業員は事務職扱いとされ、評価基準も専門職の基準と異なる。事務職を対象とした能力評価は主に職位記述書の内容に基づき、毎月実施される。ここでは、例として、事務所に所属する翻訳業務担当従業員の職務記述書を挙げよう。

次の表6－2－3に示されるように、翻訳職従業員の業務は「各種資料および書類の翻訳」、「技術従業員の海外研修にかかわる手続き」、「会社ホームページの維持管理」、「人事関係書類の管理」、「賃金システムの運用」、「日本種菌の管理」という7つの業務に分けられている。さらに、各業務の重要度順位で整理されている。それぞれの業務に対する当該従業員の責任範囲や評価される基準も最初から上司と本人との面談で決められている。

表6－2－3　職位記述・評価表

所属部署	事務所	職位	翻訳職員
評価対象	×××	本人署名欄	
直属上司	×××	直属上司署名欄	
従業員 プロフィール	学歴		
	職歴		
	専門領域		
仕事目標 および権限	必要時応じて、各種資料及び書類の翻訳、技術従業員の海外研修にかかわる手続き（業務考察、旅行、研修生など含む）、会社ホームページの維持管理、人事関係書類の管理、賃金システムの運用、日本種菌の管理。		
職務内容（重要度順）	責任範囲	評価基準	評価
書類の翻訳	全部	精確	
技術従業員の海外派遣手続き	全部	精確	
会社ホームページの維持管理	一部	精確	
人事関係書類の管理	全部	細心	
賃金システムの運用	一部	精確	
日本菌種の管理	一部	細心	
総合評価（評語）			

出所：D社の社内資料より

⑤評価者コメント記入表

上記の職務記述表に基づいた評価を総合し、直属上司が評語評価を行う（表6-2-4を参考）。

表 6－2－4 評価者コメント記入表

直属上司による見解 1、総合評価： 2、当該従業員の仕事能力はどうですか：1）抜群 2）上回る 3）期待通り 4）下回る 5）支障あり 3、当該従業員の主な長所： 4、当該従業員の主な短所： 5、業績についての改善計画： 6、業務を遂行するために、職務研修を受ける必要がある場合、その研修計画の内容： 7、当該従業員は本職の任に堪えるか。□任に堪える □任に堪えない 任に堪えないと評価した場合、当該従業員はどんな職務に向いていると思いますか。 8、今後向けての昇進の可能性や仕事方向など： 9、その他のコメント： 上司署名： 記入日：

出所：社内資料より

⑥研修期従業員

研修期の従業員を対象とした評価表は下図に示されるように、自己評価、直属上司による評語評価と、研修期の行動点数、勤怠点数、業績点数などを総合した点数などの項目が含まれており、人事部は上記した評語内容と研修期評価の点数を参考して、当該研修期従業員の雇用可否を決める。

6－2－5 研修期従業員の評価表

氏名		職務				
部門		直属上司				
自己評価 (今までの仕事完成度、規律性、勤務態度、今後の計画などについて)	本人（署名） 記入日： 年 月 日					
直属上司評語：	直属上司（署名） 記入日： 年 月 日					
研修期得点：	行動点数		勤怠点数		業績点数	
	35 点		15 点		50 点	
人事部コメント：						
総経理コメント：						

出所：社内資料より

(2) 賃金制度

D 社に在籍する従業員の賃金構成は大きく、基本給、職務給、業績給、勤続給と各種手当によって構成される。またそれぞれが賃金に占める割合も決められている（表6－2－6を参照）。

表6－2－6　D社正規従業員の賃金構成

賃金内容	基本給	職務給	業績給	勤続給・各種手当
割合	25%	50%	職務給の20%	25%

出所：ヒアリング調査に基づき、筆者作成

基本給は生活保障の基礎給的要素であるという観点から、支給基準は所在都市の最低賃金基準に合わせて設定している。

職務給は従業員の職位、職種、職務の難易度、仕事現場の条件などに応じて決定される。

勤続給には、社会勤続給と自社の勤続給に分けられる。社会勤続給は、社会人になってからの年数をベースに計算され、1年に5元の基準で支給される。自社の勤続給は毎年20元の基準で計算され、長く働けば働くほど、勤続給は増額される。この制度は従業員の長期勤続を誘導する目的で導入されるようになった。

業績給は従業員の職務給から20%を引いて、業績評価の結果に応じて支給金額が変動する。業績評価は各部門で毎月実施するようになっている。

(3) 賞罰制度

D社において、徹底した「信賞必罰」制度が設けられている。

a.「賞」の制度

D社では、「賞」をA、B、C、Dの4つの等級と設定している。そのうえ、各種「賞」の基準は極めて細かく決められており、合計39のケースが設定されている。

A：全社への伝達による表彰

B：書面上の表彰

C：昇給（職務給のランクが上げられる）

D：昇格（昇格に伴い、昇給も実施される）

b.「罰」の制度

D社では、「罰」をA、B、C、Dの4つの等級と設定している。「賞」の設定基準よりもっと厳しく、極めて細かく決められており、合計72のケースが設定されている。

A：全社への伝達による処罰

B：書面上の処罰

C：職務停止

D：解雇

「信賞必罰」の決定方法および流れは次のとおりである。

A、B級の賞罰：

①ほかの部門の従業員の賞罰を申請する場合：

従業員の賞罰を申請する部門の担当者が「賞罰申請表」を記入する。

↓

申請する部門の部長と従業員所属の部門の部長が承認する。

↓

従業員本人が確認して、署名する。

↓

総務部に提出する。

②所属部門の従業員の賞罰を申請する場合：

部門の担当者が「賞罰申請表」を記入する。

↓

部長による承認

↓

従業員本人の確認および署名

↓

総務部に提出する。

C、D級の賞罰：

①ほかの部門の従業員の賞罰を申請する場合：

従業員の賞罰を申請する部門の担当者が「賞罰申請表」を記入する。

↓
申請する部門の部長と従業員所属の部門の部長が承認する。
↓
従業員本人が確認して、署名する。
↓
申請を申し込んだ部門を管轄する副総経理による承認
↓
総経理による承認
↓
総務部に提出する。

②所属部門の従業員の賞罰を申請する場合：

部門の担当者が「賞罰申請表」を記入する。
↓
部長が承認する。
↓
従業員本人が確認して、署名する。
↓
総務部に提出する。
↓
申請を申し込んだ部門を管轄する副総経理による承認
↓
総経理による承認

4. 総合考察

D 社における人事評価・賃金制度の特徴は次のように整理することができる。

(1) 人事評価制度は従業員の職種、職位によって異なる評価方法が設けられているが、いずれも能力評価が重視されている。さらに、評価期間や評価基準などについても、中間管理層、技術職、営業職、事務職、生産現場従業員および研修従業員などの職種・職位別によって異なる。職務態度評価は全従業員共通の評価基準と方法で導入されている。

(2) 賃金システムには業績給が導入されており、業績給の計算方法は職務給から 20%を引くという方法になっている。そして、実際の支給率の決め方に関しては、全社共通ではなく、各部門に任せて実施させている。

(3)D社では徹底した「信賞必罰」制度が設けられており、従業員に目指すべき人材像を明確に示すことによって、従業員の働く動機づけを促すことに繋ぐ。

第3節　大連・Y社の事例研究

1. 会社概要

Y社はハイテク電池製造企業として2009年に大連で創立された会社である。現在は電気自動車に使用されるリン酸鉄リチウム[①]電池の研究開発、生産および販売生産を行っている。同社の技術開発部を中心とする開発チームには約 40 人の技術者が勤務しており、大連交通大学などの有名大学と技術提携関係を結んでおり、強力な技術力で、先端なリン酸鉄リチウム電池技術の開発および電気自動車技術とのマッチングについて力を注いでいる。

表6−3−1　Y社の会社概要

設立年月日	2009年
所　在　地	遼寧省大連市
企業形態	民営企業
業　　　種	製造業
資　本　金	500万人民元（約6,500万円）
社　員　数	約280名（2011年4月現在）
事業内容	電気自動車に使用されるリン酸鉄リチウム電池の生産および販売

出所：ヒアリング調査および会社資料に基づき、筆者作成

2. 経営理念

Y社は2009年から事業展開をして、まだ歴史の浅い企業であるが、すでに経営ビジョンや企業理念などについて明確化している。同社のトップ経営層は「世界の電気自動車電池の優れたサプライ

① リン酸鉄リチウム電池（Lithium Ferrous Nano Phosphate、LiFePO4）は安全性が高い、ハイパワー、循環寿命が長い（2000回以上の循環寿命）という3つの特徴を持つ次世代リチウムイオン電池用正極材である。

ヤーとして、国内の一流の電気自動車電池の生産拠点」といった経営ビジョンを社内外に示していると同時に、表 6－3－2 に表示されるように、企業理念を 4 つの側面から打ち出している。

表 6－3－2　Y 社の経営理念

経営方針	グリンライフ作りのために、わが社の行動で世界を変えよう
企業理念	チームワーク、創造、激情、貢献
製品理念	安全、環境にやさしい、良質、専門性
人材理念	企業は人なり、社員一人ひとりが能力を最大限に発揮させる

出所：ヒアリング調査及び会社資料に基づき、筆者作成

そして、企業の組織構造については、研究開発部、品質部、生産部、財務部、人事部などに構成されている。具体的には、図 6－3－1 を参照されたい。

図 6－3－1　Y 社の組織図

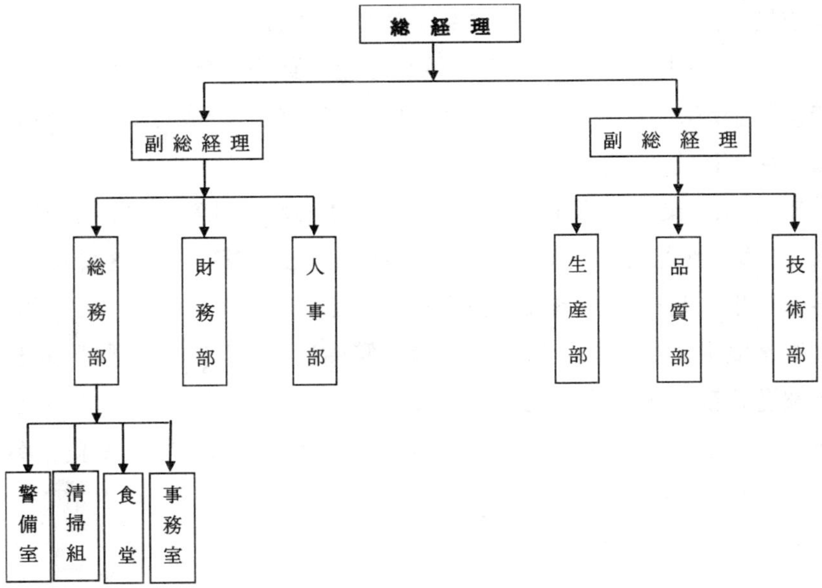

出所：Y 社の社内資料およびヒアリング調査に基づき、筆者作成

3. Y社の人事評価・賃金制度

現地でのヒアリング調査によると、Y社では人事評価制度は賃金決定と昇進のために存在していると位置付けている。そのため、まずY社の賃金制度は一体どうなっているかについて探ってみたい。

(1) 賃金制度

a. 賃金形態

Y 社の賃金形態は定額賃金、出来高賃金、成長型賃金、業績型賃金の 4 つの形態がある。従業員の職務・職位によって、それぞれの対象も異なる。

まず、Y 社でいわゆる「定額賃金」とは、定められた時間内に決められた仕事につき、固定された賃金である。定額賃金の支払い対象となる従業員は警備員、清掃員、食堂勤務者などである。

そして、「出来高賃金」は主に生産現場の工員を対象とし、当該従業員の生産量によって、賃金が変動される。

また、「成長型賃金」は従業員が自社に勤続した時間によって、職務賃金が決められ、勤続年数の増加につれて、成長型賃金の金額も徐々に上がる。

最後に、「業績型賃金」は異なる職務に異なる仕事目標が設定され、決められた時間内に目標の達成度に対し、業績評価が行われ、評価結果に基づき、業績給が変動される。

事務職従業員、統計員、実験員、警備責任者には成長型賃金と業績型賃金が融合した混合型賃金が支払われるが、技術職、生産現場を含む各部署の管理職、経理・副経理などには業績型賃金が支払われる。

b. 各種賃金体制の構成

①定額賃金制

まずはY社においての定額賃金制について分析したい（表6−3−3を参照）。この場合の賃金構成は基本給と職務給によって、構成されている。基本給の制定基準は所在地域つまり大連市の最低賃金の基準に統一し、最低賃金水準の引き上げに伴い、変動させる。職務給は企業が特定の職務に応じて設定している。

表 6−3−3　Y 社の定額賃金基準一覧　（単位：人民元）

職位 / 賃金構成	清掃員	警備員	食堂補助	料理人
標準賃金	1,700	1,900	1,900	2,900
基本給	1,200	1,200	1,200	1,200
職務給	500	700	700	1,700

注：2011 年 4 月現在の月額賃金である。
出所：ヒアリング調査および「Y 社の賃金管理制度」に基づき、筆者作成

②出来高賃金制

生産現場工員を対象とした出来高賃金制は出来高給、勤続給に、スター奨励が加えられる（図 6−3−2 を参照）。特に、そのうちのスター奨励は生産現場の優秀な従業員を励ますために、設けられている。毎月、朝夜の 2 交代制より 3 名ずつが選抜され、順位も付けられ、それぞれ 100 元、200 元、300 元の奨励金が支給される。そのほか、毎週にも優秀な工員が選抜されるが、特に人数は定めておらず、奨励方法は現金の支給ではなく、10 元以内の賞品である。

図 6−3−2　出来高賃金制の構成

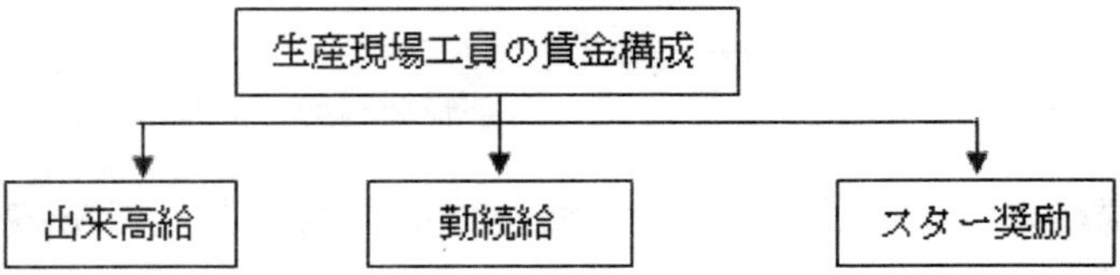

出所：ヒアリング調査および「Y 社の賃金管理制度」に基づき、筆者作成

③成長型賃金制

一般事務職従業員、統計員、実験員、警備責任者などの従業員

を対象とした成長型賃金制は成長型賃金と業績型賃金を融合した混合型賃金構成である（図 6－3－3 を参照)。

図 6－3－3　成長型賃金制の構成

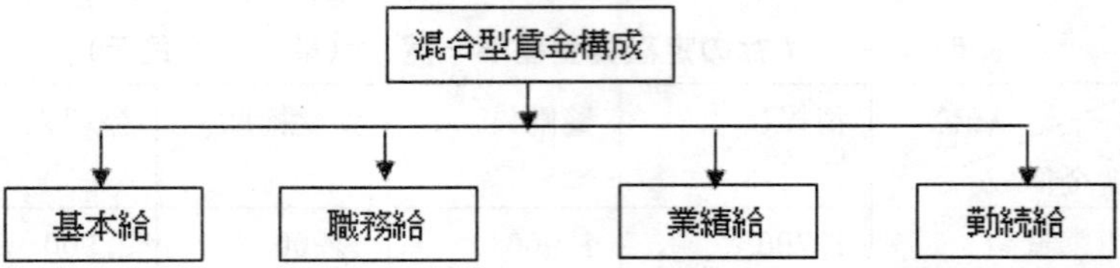

出所：ヒアリング調査及び「Y 社の賃金管理制度」に基づき、筆者作成

そのうちの基本給、職務給と業績給の支給基準については、次の表 6－3－4 を参照されたい。各職務に提示された標準賃金は入社から 3 年間を期限に、毎年 200 元の昇給が実行されている。基本給は所在地域の当該職業の最低賃金水準に合わせて設定し、最低賃金水準の引き上げに伴い、変動させる。そして、職務給は職務が変更しない限りは基本的に固定されている。

表 6－3－4　Y 社の成長型賃金基準一覧　　(単位：人民元)

職務／賃金構成	実験員 品質検査員	研修期統計員 一般事務職	研修期品質検査員 統計員	研究期技術員	警備責任者
標準賃金	3,000	2,000	2,300	2,700	2,300
職務給	700	250	400	600	550
基本給	1,500	1,500	1,500	1,500	1,500
標準業績給	800	250	400	600	150

注：2011 年 4 月現在の月額賃金である。
出所：ヒアリング調査及び「Y 社の賃金管理制度」に基づき、筆者作成

勤続給の支給金額は、自社に勤続した年数によって左右される。その規定は、6 か月の勤務を満たした場合、勤続給は 30 元となり、1 年の勤務を満たした場合は勤続給が 50 元までに引き上げられる。2 年目からは半年ごとに 30 元の昇給があり、3 年目の 180 元までに増加できるシステムとなっている。4 年目からは勤続給が定額

つまり 180 元／月である。

また、業績給の支給額について、標準業績給が設定されており、すなわち標準賃金から職務給と基本給を引いた金額である。業績給を全額支給するのかそれとも一部分を支給するのかは、当該従業員の人事評価の結果によって決められる。例えば、100 点満点で 80 点を取った場合は、標準業績給の 8 割しか支給されないことになる。

④業績型賃金制

最後は業績型賃金制について取り上げたい。Y 社では、技術職、生産現場を含む各部署の管理職、部長、副総経理を対象に、業績型賃金制を取り入れている（図 6－3－4 を参照）。

図 6－3－4　業績型賃金制の構成

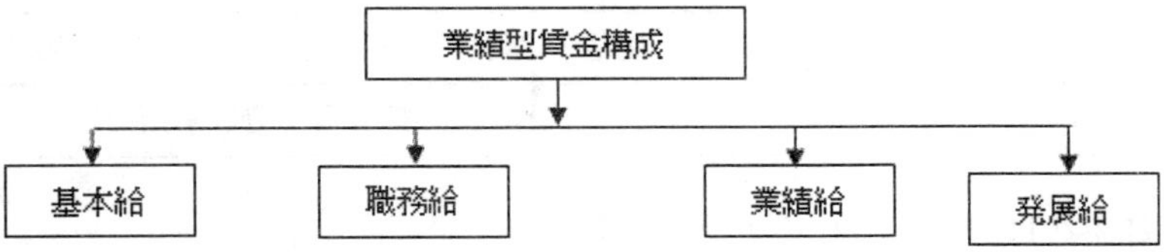

出所：ヒアリング調査及び「Y 社の賃金管理制度」に基づき、筆者作成

そのうちの標準賃金、基本給と職務給の支給基準については、表 6－3－5 を参照されたい。

表 6－3－5　Y 社の業績型賃金基準一覧　　（単位：人民元）

職務／賃金構成	技術員	フォアマン 事務系主管	主管（事務系を除く）	エンジニア	部長	副総経理
標準賃金	3,500	4,000	4,500	5,000	7,000	9,000
職務給	700	800	900	1000	1400	1800
基本給	1,400	1,600	1,800	2,000	2,800	3,600
標準業績給	1,400	1,600	1,800	2,000	2,800	3,600

注：2011 年 4 月現在の月額賃金である。

出所：ヒアリング調査および「Y 社の賃金管理制度」に基づき、筆者作成

基本給、職務給、標準業績給それぞれが標準賃金を占める割合は、40%、40%、20%である。発展給は企業の生産目標が 110%に達した時点で発生する。毎月統計が行われるが、支給の時期は四半期ごととなっている。当該従業員全員に支給することになっているが、職務別に支給額が変わってくる。同社の発展給は５つのランクに設定されている。それぞれの支給額は下記の通りである(表6－3－6を参照)。

表 6－3－6　発展給の支給基準　（単位：人民元/月）

ランク	支給額	対象となる従業員
A	1,000	副総経理
B	800	部長
C	600	エンジニア
D	400	主管（事務系を除く）
E	200	フォアマン、事務系主管、技術員

注：2011 年 4 月現在のデータである。
出所：ヒアリング調査および「Y 社の賃金管理制度」に基づき、筆者作成

そして、業績給は業績指標評価に基づいた人事評価を採用し、その結果によって、支給率が計算される。その業績指標評価の詳細については、次の人事評価制度の中に展開したい。

(2) 人事評価制度

Y 社における人事評価制度は目的によって、区別されている。とりわけ、賃金決定のための人事評価と昇進のための人事評価である。さらに、目的が同じであっても、それぞれの部門によって、具体的な評価方法も異なってくる。

a. 賃金決定のための人事評価

前に述べたように、Y 社では業績給を支給する際に、人事評価の結果を基準にしている。特に、技術職、各部署の主管などの管

理職、部長、副総経理を対象とした業績型賃金制度に関しては、人事評価における業績指標がもっとも重要な指標となっている。

まず、評価の時間、評価のプロセスなどについて共通している部分は次のとおりである。

1. 会社、各部門の量的指標は毎月の第1週に開かれる予算会議を通じて決める。

2. 予算会議後、2日以内各職位の各種量的指標を決める。

3. 各種生産指標については、翌日の初めに財務部が集計を行う。

4. 毎月の第5回勤務日は全社共通の評価日である。各部署の評価者は管轄従業員の評価を行った後に、従業員本人に評価結果を確認させる。本人が署名した評価表の写しは評価が実施した翌日に人事部に提出する。各部署の部長は管轄従業員の評価を行うが、人事部は各部長の評価を行う。

5. 人事部は各部署から提出された評価表とその点数を基準に業績給などの計算を行う。

6. 提出が遅れた場合、該当責任者に5点/日の基準で評価項目より減点する。

これからは、生産部長、生産主管、品質部長、技術員、人事部長との順番で、Y社に実際使用されている業績指標評価表を取り上げながら、同社の業績指標評価について分析を行う。

①生産部長

次の表6−3−7に示されるように、生産部長を対象とした業績指標評価は大きく分けて、量的指標による評価と固定項目による評価からなる。製品の合格率、定額生産量、出荷の適時性、生産効率の向上、生産計画の正確性などの量的指標による評価点数は評価結果の7割を占める。そして、協調力、執行力、判断力などの日常的項目については、3割を占める。

表 6－3－7　生産部長を対象とした業績指標評価表

評価項目				割合	評価指標	点数	データ出所	評価時期
項目内容		計算方法	評価基準					
量的指標(70%)	1.製品の初回検査合格率	初回検査で合格した製品数/生産量×100%	品質部の検査基準	20	99%		技術部のデータ 副総経理	月間
	2.定額生産量	当月計画生産量にマイナス0.04%の差異が生じた場合、1点を減点	統計データ	13	100%		倉庫のデータ 副総経理	
	3.定時出荷率	定時出荷でできた回数/総出荷回数×100%	顧客または会社が定めた期日	12	100%		副総経理	
	4.生産効率の向上率	生産効率の向上率=当期の生産能率/過去3か月の平均生産能率×100%生産能率=入荷/生産工員の総勤務時間数×100%	入荷量：検査に合格した製品の入荷数。工員の総勤務時間数は人事部が統計した出退勤データに基づく。	15	110%		倉庫データ 副総経理	
	5.生産計画の正確性	毎回の完成量と所要時間数についての計算の正確性	入荷量：検査に合格した製品の入荷数。	10	100%		副総経理	
固定指標(30%)	1. 連絡·伝達および協調力、執行力	誤りやミスを犯した場合は減点される。 小さいミス：1点を減点 大きなミス：2点を減点	総経理または副総経理の命令や指示の執行状況	8			人事部 副総経理 総経理	月間
	2.朝ミーティングと管轄する従業員による会社規定などに違反する行為の有無	A. 規定された通りに朝ミーティングが行わなかった場合、1回に当たり、1点を減点 B. 管轄従業員による重大なルール違反行為があった場合、1回に当たり、2点を減点	会社の各種規定・ルール	8			副総経理	
	3. 毎日の記録、引継ぎ事項	当日の各種記録は翌日午前中までに副総経理に提出すること。 提出が遅れた場合、1回に当たり、1点を減点。	1. 従業員生産量表 2. 生産進捗状況表 3. 生産計画表 4. 原材料使用計画表	10			副総経理	
	4. 判断力		生産中に起きた突発事故に対する判断と処理の結果	4			副総経理	
その他	1. 生産中に、生産従業員の過失が原因で、重大な安全事故と品質事故を招き、会社に1,000元以上の損失を与えた場合、10点を減点。							
	2. 生産部従業員による管理、操作、情報伝達、意思疎通などの過失が原因で、会社に経済的損失または会社の名誉、ブランド競争力、顧客信用度などの面に損失または被害を与えた場合、減点となる。							
結果	評価総合得点							
	直属上司による署名		年　月　日	本人による署名			年　月　日	

出所：ヒアリング調査およびY社の「評価管理方法」に基づき、筆者作成

②生産主管

次の表 6−3−8 のように、Y 社では生産主管を対象とした業績指標評価の項目内容は生産部長に対する業績指標評価の内容に共通した部分が多いことがわかる。しかし、同じ項目内容であっても、職位や権限の差違によって、評価の指標が多少変動される。たとえば、量的指標について、生産部長に対す評価では 6 割であり、生産主管は 7 割である。そのほかに、製品の合格率、出荷の適時性、生産効率の向上などの項目の評価指標も異なっている。いずれも生産部長を評価する指標より高めに設定されている。

また、生産主管は現場生産活動の管理者であるため、項目内容として、生産安全性や 5S 体制の実施状況なども査定しなければならない。

③品質部長

次は品質部長に対する業績指標評価について分析したい。ここでも量的指標と固定指標による評価となっている (表 6−3−9 を参照)。さらに、量的指標の項目を見ると、検査力、製品の合格率、検査費用の管理などが定められている。また、日常的評価項目として、現場での技術指導や品質監督も要求されていることがわかる。

④技術部従業員

技術部の従業員に対する業績指標評価も量的指標と固定指標によって構成される。量的指標に関しての項目内容は主に製品の品質、技術改善、製造工程標準、調合指図書の正確性や企業秘密の守密義務などがある。そして、日常的固定指標に関しては、自己技術能力の向上、現場での技術指導などがある。

⑤人事部長

最後に、人事部長を対象とした業績指標評価を取り上げながら、分析を行う。これまでに、生産活動にかかわる部門の責任者や担当者などの業績指標評価内容について見てきたが、いずれも生産に関する量的指標と日常事項に関する固定指標に構成されている。次の表 6−3−11 で示すように、人事部長に対する評価の指標も量的指標と固定指標に構成される。しかし、各項目の詳細内容を見てみると、人事管理にかかわるすべての業務を量的指標に転換されている。具体的には、人材の募集、従業員の流失、職務訓練、評価制度、人件費、従業員との面談など 7 つの側面から評価される。

表 6－3－8　生産主管を対象とした業績指標評価表

評価項目				割合	評価指標	点数	データ出所	評価時期
項目内容		計算方法	評価基準					
量的指標（70%）	1. 製品の初回検査合格率	初回検査で合格した製品数/生産量×100%	品質部の検査基準	20	99.5%		技術部のデータ 副総経理	月間
	2. 定額生産量	当月計画生産量にマイナス0.04%の差異が生じた場合、1点を減点	統計データ	13	100%		倉庫のデータ 副総経理	
	3. 定時出荷率	定時出荷でできた回数/総出荷回数×100%	顧客または会社が定めた期日	12	98%		副総経理	
	4. 生産効率の向上率	生産効率の向上率=当期の生産能率/過去3か月の平均生産能率×100%生産能率=入荷/生産工員の総勤務時間数×100%	入荷量：検査に合格した製品の入荷数。 工員の総勤務時間数は人事部が統計した出退勤データに基づく。	15	125%		倉庫データ 副総経理	
	5. 生産安全性	設備故障による生産停止時間数/正常稼働時間数×100% 従業員の労災による休業時間数/全体従業員の総勤務時間数×100%	生産事故：生産現場での労働災害、火災による事故、設備の故障などが含まれる。	10	100%		人事部 副総経理	
固定指標（30%）	1. 5S 体制の構築と実施状況	1. 検査結果が不合格になった場合、2 点を減点。2. 毎週 1 回実施	毎週の 5S 検査表	8			人事部	月間
	2. 朝ミーティングと管轄する従業員による会社規定などに違反する行為の有無	A. 規定された通りに朝ミーティングが行わなかった場合、1 回に当たり、1 点を減点 B. 管轄従業員による重大なルール違反行為があった場合、1 回に当たり、2 点を減点	会社の各種規定・ルール	8			生産部長	
	3. 毎日の記録、引継ぎ事項	当日の各種記録は翌日の勤務開始前に生産部長に提出すること。 提出が遅れた場合、1 回に当たり、1 点を減点。	1. 従業員生産量表 2. 生産進捗状況表	10			生産部長	
	4. 連絡・伝達および協調力、執行力	誤りやミスを犯した場合は減点される。 小さいミス：1 点を減点 大きなミス：2 点を減点	総経理または副総経理の命令や指示の執行状況	4			生産部長	
その他	1. 生産中に、生産従業員の過失が原因で、重大な安全事故と品質事故を招き、会社に 1,000 元以上の損失を与えた場合、10 点を減点。							
	2. 生産部従業員による管理、操作、情報伝達、意思疎通などの過失が原因で、会社に経済的損失または会社の名誉、ブランド競争力、顧客信用度などの面に損失または被害を与えた場合、減点となる。							
結果	評価総合得点							
	直属上司による署名	年　月　日					直属上司による署名	

出所：ヒアリング調査およびY社の「評価管理方法」に基づき、筆者作成

表6－3－9　品質部長を対象とした業績指標評価表

評価項目				割合	評価指標	点数	データ出所	評価時期
項目内容		計算方法	評価基準					
量的指標（70%）	1. 検査の正確性	入荷した原材料の検査の正確性	原材料 生産性原材料	10	100%		生産部	月間
		検査能力：0.01%の誤差が生じた場合、1点を減点	出荷済みの製品 テスト検査による検査誤差報告	10	99%		倉庫データ	
	2. 製品の合格率	製品の合格率=合格した回数/政府検査部門に検査された総回数×100% 0.01%の誤差が生じた場合、1点を減点	政府検査部門による検査結果	10	99%		品質検査データ 倉庫データ	
	3. 製品の初回検査合格率	初回検査で合格した製品数/生産量×100%	品質部の検査基準	10	99.5%		技術部データ 生産部長	
	定額生産量	当月計画生産量にマイナス0.04%の差異が生じた場合、1点を減点	統計データ	10	100%		倉庫データ 副総経理	
	4、検査費用の管理	検査費用の管理率=当期の検査費用の使用額/標準検査費用コスト×100%	検査費用には、検査員の賃金、検査器具、検査材料などが含まれる。 標準費用：予算会議による確定予算額	10	100%		財務部	
	5、顧客による苦情	製品の品質に関する顧客からの苦情があった場合、1回あたり、3点を減点。	苦情：製品の品質によるトラブルなど	10			総務部	
固定指標（30%）	1、毎日の記録、引継ぎ事項	当日の各種記録は翌日午前中までに副総経理に提出すること。 提出が遅れた場合、1回に当たり、1点を減点。		10			副総経理	月間
	2、技術指導力		生産現場での技術指導及び品質監督の度合い	10			副総経理	
	3、臨時当たられた仕事の執行力			10			副総経理	
その他	1．品質部門の従業員の過失で重大な品質問題が生じ、返品などに至った場合、評価結果は0となる。							
	2．品質部従業員による管理、操作、情報伝達、意思疎通などの過失が原因で、会社に経済的損失または会社の名誉、ブランド競争力、顧客信用度などの面に損失または被害を与えた場合、減点となる。							
結果	評価総合得点							
	直属上司による署名		年　月　日				直属上司による署名	

出所：ヒアリング調査およびY社の「評価管理方法」に基づき、筆者作成

表 6—3—10　技術職従業員を対象とした業績指標評価表

評価項目				割合	評価指標	点数	データ出所	評価時期
	項目内容	計算方法	評価基準					
量的指標(70%)	1、製品の初回検査合格率 2、定額生産量	初回検査で合格した製品数/生産量×100%	品質部の検査基準	10	99.5%		技術部データ 生産部長	月間
		当月計画生産量にマイナス 0.04%の差異が生じた場合、1 点を減点	統計データ	10	100%		倉庫データ 副総経理	
	3、定時出荷率	定時出荷でできた回数/総出荷回数×100%	顧客または会社が定めた期日	10	100%			
	3、製品改善計画の完成度合い	所要時間指標：実際にかかった時間数/予定時間数×100%		5	90%		技術部	
		技術指標：実際に完成した件数/予定改善件数×100%		5	90%		技術部	
	4、製造工程標準マニュアルの正確性	各種技術指標の達成度の誤差で 0.1%が生じた場合、2 点を減点		10	60%		生産部長	
	5、生産原材料計画の正確性	0.1%の誤差が生じた場合、2 点を減点		10	0.001%		倉庫データ 副総経理	
	6、調合指図書による製品の不合格率	当期の不合格回数/当期の生産総回数×100%	出荷製品の初回検査結果	10	0.05%		倉庫データ 副総経理	
固定指标(30%)	1、技術応用力	テストの合格率は 98%以上 0.1%の誤差が生じた場合、2 点を減点	毎月 2 回の研修・訓練による記録と評価結果	10			人事部	月間
	2、技術指導力		生産現場での技術指導の頻繁度	10			副総経理	
	3、技術に関する各種書類の提出はタイマリーであったか	テストの合格率は 98%以上 0.1%の誤差が生じた場合、2 点を減点	毎月 2 回の研修・訓練による記録と評価結果	10			技術部	
その他	技術部門の従業員の過失（調合指図書が原因）で重大な品質問題が生じ、返品などに至り、会社に 1 万元以上の損失を与えた場合、評価結果は 20 点を減点される。会社の技術情報または企業秘密の漏示にかかわった場合、評価結果は 0 となる。							
	技術部従業員による管理、操作、情報伝達、意思疎通などの過失が原因で、会社に経済的損失または会社の名誉、ブランド競争力、顧客信用度などの面に損失または被害を与えた場合、減点となる。							
結果	評価総合得点							
	直属上司による署名	年　月　日					直属上司による署名	

出所：ヒアリング調査および Y 社の「評価管理方法」に基づき、筆者作成

表 6−3−11　人事部長を対象とした評価業績指標評価表

評価項目				割合	評価指標	点数	データ出所	評価時期
項目内容		計算方法	評価基準					
量的指標（70%）	1、人事募集の適時性	人員募集が適時に行われず、人員不足になった場合、1 人 1 回に当たり、2 点を減点。翌月になっても、改善にならない場合はさらに 5 点を減点。		15	0 人		各部門	月間
	2、従業員の離職状況	1 人が離職した場合、2 点を減点。		5	0 人		各部門	
	3、職務訓練計画の達成度	職務訓練の達成度=実際に実施した訓練回数/予定訓練回数×100%	各部署独自に実施した訓練は含まれない。	15	90%		職務訓練計画	
	5、評価制度	評価データの信憑性、正確性、集計の適時性	評価データの抜き取り検査各部署提出後、2 日以内集計を完成する。	10	100%		各部門	
		業績・賞罰の公平性	きちんと会社の「評価管理制度」の規定に準ずる。	10	100%		総経理	
	6、人件費	人件費率=人件費/売上高×100%	人件費には従業員全員の賃金、賞与、残業代および各種福利厚生などが含まれる。	5	15%		財務部	
	7、従業員との面談状況	実施した面談回数が予定面談回数より少ない場合、一回に当たり、2 点を減点。	面談計画：毎月、少なくとも 5 人の従業員と面談を行う。	5	4 つ		総経理	
		面談報告：面談した内容などをタイマリーに面談報告書に反映されていない場合、3 点を減点。	毎月の上旬までに提出する。	5	0 回		総経理	
固定指標（30%）	1、毎日の記録、引継ぎ事項	当日の各種記録は翌日午前中までに副総経理に提出する。 提出が遅れた場合、1 回に当たり、1 点を減点。	1、従業員現状分析表 2、各種生産表の集計表	10			副総経理	月間
	2、各種記録の管理		1、朝のミーティング 2、従業員の日常管理状況	10			副総経理	
	3、臨時当たられた仕事の執行力			10			副総経理	
その他	従業員とのトラブルによって、労働争議となり、労働裁判や訴訟に至った場合、評価結果は 0 となる。							
	人事部従業員による管理、操作、情報伝達、意思疎通などの過失が原因で、会社に経済的損失または会社の名誉、ブランド競争力、顧客信用度などの面に損失または被害を与えた場合、減点となる。							
結果	評価総合得点							
	直属上司による署名	年　月　日			直属上司による署名			

出所：ヒアリング調査およびＹ社の「評価管理方法」に基づき、筆者作成

b. 昇進のための人事評価

Y 社では、前述した「社員一人ひとりが能力を最大限に発揮させる」という人事理念に立ち、従業員個人のキャリアプランを従業員が入社する前に、職務別に提示するようにしている。具体的なキャリアプランは、中間管理層従業員、生産部従業員、技術部従業員、品質部従業員、事務職従業員などのように、部門ごとに、職務ごとに設計されている。

①中間管理層従業員

まずは中間管理層従業員のキャリアプランについては、次の図6−3−5を参照されたい。

昇進の流れとしては、仕事の難易度や専門性などを考慮し、総務部→生産部→品質部→技術部→副総経理とのプロセスで昇進していく。

昇進するために、指定された職務経験期間を経過しなければならない。その以外は明確にされていないが、トップ経営層による評価も受けなければならない。所定の評価にパスした場合、昇進が認められる。

図 6−3−5　中間管理層キャリアプラン設計図

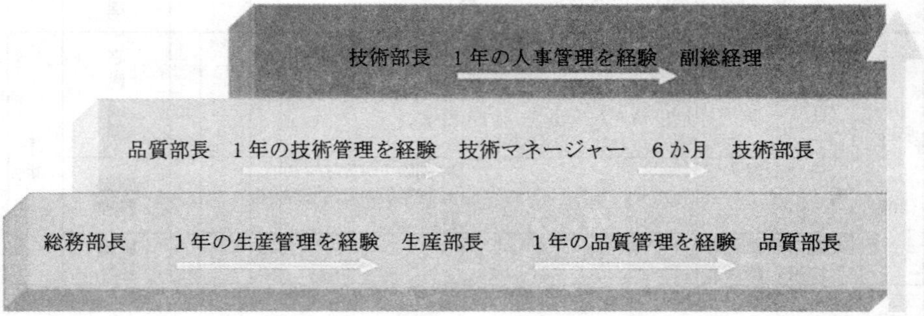

出所：ヒアリング調査に基づき、筆者作成

②生産部従業員の場合

次は生産部従業員のキャリアプランについて取り上げたい。次の図 6－3－6 に示されるように Y 社の生産部においては、従業員の職務は一般工員、組長、フォアマン、主管、部長などのように設置されている。

昇進する場合は、所定の職務を定められた期間（6 か月あるいは 1 年）で経験したうえで、かつ所属部門による人事評価を受けてパスしなければならない。

昇進のプロセスは一般工員→組長→副フォアマン→フォアマン→副主管→主管→副部長→部長との順序になっている。大きく分けて、6 段階となる。

図 6－3－6　生産部従業員キャリアプラン設計図

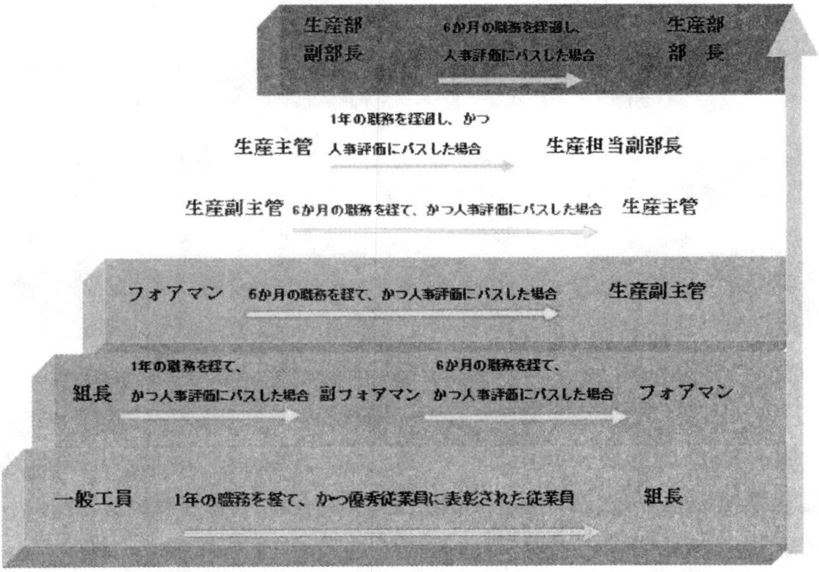

出所：ヒアリング調査に基づき、筆者作成

③品質部従業員

そして、品質部に所属される従業員の職務は次の図 6－3－7 に示されるように、品質検査員、品質フォアマン、品質主管、部長などがある。

昇進する場合は、所定の職務を定められた期間（6 か月あるいは1年）で経験したうえで、かつ所属部門による人事評価を受けてパスしなければならない。

昇進のプロセスは研修期品質検査員→品質検査員→品質副フォアマン→品質フォアマン（初級技術エンジニア）→品質主管（中級技術エンジニア）→品質部副部長→品質部長との順序となっている。大きく分けて、5段階となる。

図6－3－7　品質部従業員キャリアプラン設計図

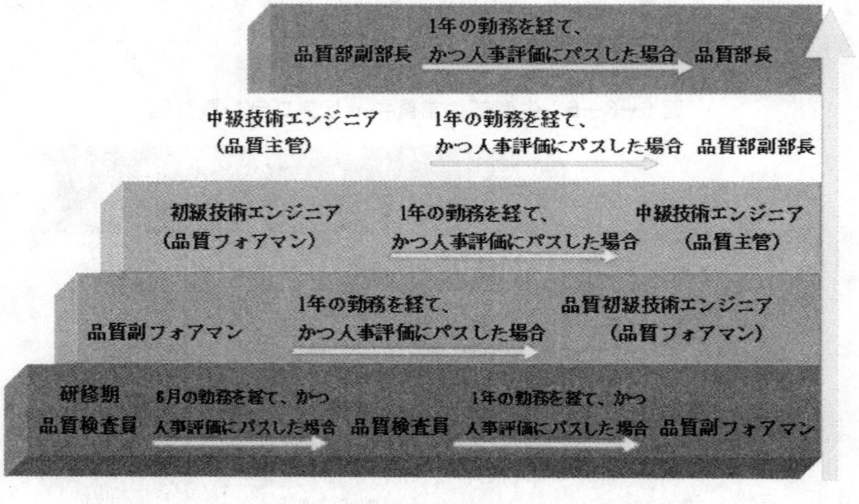

出所：ヒアリング調査に基づき、筆者作成

④技術部従業員　技術部に所属される従業員の職務は品質部の職務構成によく似ている。次の図6－3－8に提示されるように、実験員、技術員、技術主管、部長などに構成される。

技術部の従業員が昇進する場合も、所定の職務を定められた期間（6か月あるいは1年）で経験したうえで、かつ所属部門による人事評価を受けてパスしなければならない。これは品質部とほぼ同じである。

技術部においての昇進プロセスは研修期実験査員→実験員→初級技術員→中級技術員→初級技術エンジニア→中級技術エンジニ

ア→技術部副部長→技術部長との順序となっている。下から上までは5段階がある。

図6−3−8　技術部従業員キャリアプラン設計図

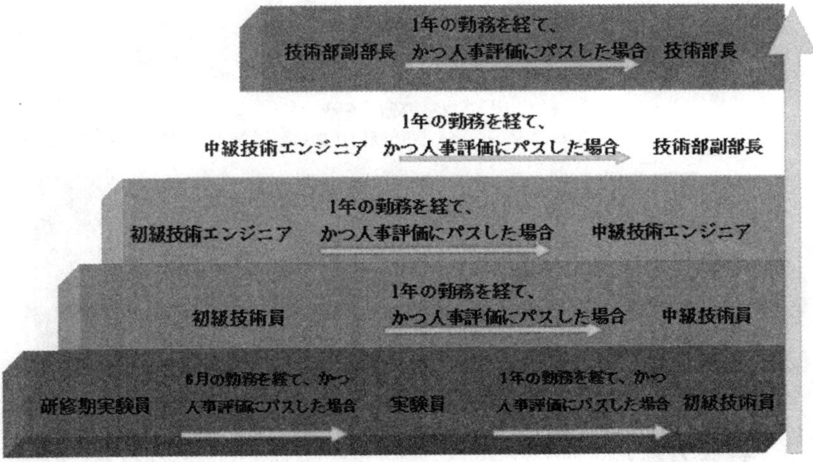

出所：ヒアリング調査に基づき、筆者作成

⑤事務職従業員の場合

最後は事務職従業員を対象としたキャリアプランについて取り上げたい。Y社において上記した生産部、品質部と技術部のほかに、総務部、財務部と人事部も設置されている。これらの部門に所属される従業員は事務職従業員に類別される。次の図6−3−9で表しているように、事務職の代表例としては一般事務従業員、生産統計員、経理アシスタント、経理、部長などの職務がある。

一般事務職従業員が昇進する場合は主に2つのルートが考えられる。1つは総務主管に昇進する形である。1年の勤務を経て、所属部門による人事評価を受けることによって、昇進の可否が決められる。もう1つは財務関係を目指した昇進ルートである。一般事務職従業員はまず生産統計員になり、1年の勤務を経験して、業務能力が優れていると判断された場合は経理アシスタントになれる。さらに、2 年の勤務を経験し、財務部による人事評価にパスした場合は企業全体の経理の仕事が任命される。

図 6−3−9 事務職従業員キャリアプラン設計図

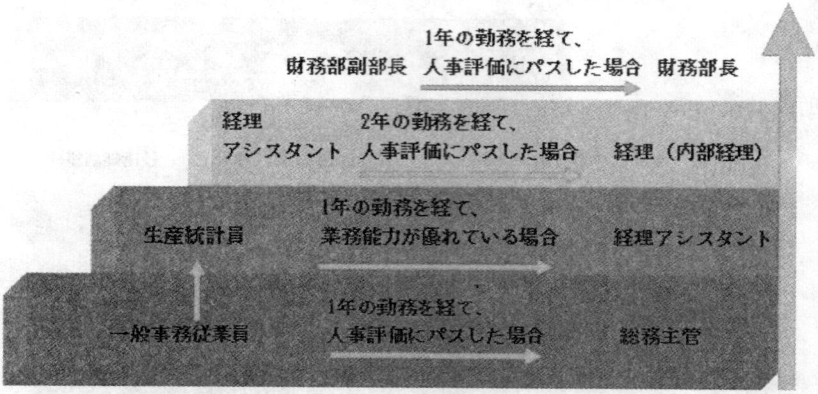

出所：ヒアリング調査に基づき、筆者作成

4. 総合考察

以上述べたことを踏まえて、Y 社における人事評価・賃金制度の特徴を以下のようにまとめることはできる。

(1) Y 社での人事評価は賃金決定のための評価と昇進・昇格のための評価という 2 つの方式がある。賃金に反映する人事評価は減点主義に基づいた重要業績指標による業績評価である。つまり、過失がなければ減点されず、業績給は全額支給となる。これは Y 社が現在置かれている発展段階に関係すると思われる。すでに述べたように、Y 社は 2009 年に設立した会社であり、企業はまだ発展途上にある。この時点では、従業員の雇用安定化、会社に対する忠誠心などを図る目的と考えられる。

また、Y 社は自社が求める人材像を明確に認識されていることは大いに評価できる。各従業員の職務・職位に合わせたキャリアプランを設計している。社内で昇進・昇格のために、どの段階でどのような高さのハードルについては極めて細分化して設定されている。昇進・昇格させるために、各職務および職位の役割や責任範囲に焦点を当てて、上司あるいは会社の経営トップ層によっての人事評価が行われている。

(2) Y 社では、各部門の責任者が管轄従業員に対する評価を行った直後に、直ちに従業員本人に公開して、評価結果を確認させ、納得性のある評価制度を目指しているという。また、評価結果を開示して、評価者は緊張感を保つようになる。被評価者に評価の結果が伝わることで、今後の仕事改善や育成にも役立つと考えられる。しかし、Y 社においての人事評価は上司による評価のみで、従業員による自己評価制度は設けられていない。

(3) Y 社の賃金形態と賃金構成は従業員の職務・職位によって、定額賃金制、出来高賃金制、成長型賃金制、業績型賃金制といった多種多様な組み合わせで、従業員に企業の魅力を感じさせられるだろう。

第Ⅳ部

研究の総括と今後の課題

第7章　日系企業と中国現地企業の比較研究

第5章では中国進出日系企業4社の現地調査の事例を取り上げ、各社における人事評価制度の仕組み、賃金制度の構成などの内容を考察しながら、それぞれの日系企業における人事評価制度と賃金制度の実態を明らかにした。第6章では現地の中国企業3社の現地調査の事例を取り上げ、各社の人事評価制度、賃金制度の実態について分析した。

ここでは表7－1－1を参照しながら、各社の人事評価・賃金制度の特徴を踏まえて再考察を通じてそれぞれの共通点と相違点を探ることにしたい。

1. 事例研究の再考察

(日系企業)

大連・X社の事例：

①学歴による賃金の差別がほとんどないが、基本給の水準から見れば、営業を担当する社員の賃金レベルが一番高い。一般従業員の賃金は低い水準にもかかわらず、従業員の離職意識はほとんどなく、その原因は会社の知名度と、会社が従業員に与えるキャリア・アップの空間などから伺える。

②留学経験のある従業員に一定の条件にも基づいた上で、中間管理職を担当させ、賃金面では 20%アップという仕組みが取られている。

③成果型主義制度を採用しているが、対象は全員ではない。営業職と中間管理職のみ。そのため、一般職や技術職社員はやや不満がある。

塩城・F社の事例：

①日本側親会社による出資比率が 72%であったが、設立当時か

ら、日本側は製造の技術と製品の販売のみを担当する。人事マネジメントを始めとするその他の会社業務はすべて中国側に任している。そのため、人事評価や賃金制度の面では非常に柔軟に対応しているといえる。

②人事評価の面では､比較的に簡単な仕組みを取り入れている。従業員を評価する際に、仕事能力、学習能力、職務の適応能力、仕事の完成度などの面がもっとも重視されている。

③賃金制度に関しては、毎月の固定賃金、年末賞与とストック・オプション式の3つに分けられている。年末賞与は会社の業績と大きく連動させている。職種・職位別に異なる係数を導入し、年末賞与の計算に使用している。また、塩城・F 社では技術職従業員の主力にストック・オプションの無償給付がされている。

武漢・W社の事例：

①人事評価は研修期従業員を対象とした評価と正規従業員を対象とした評価に大きく分けられ、その結果は賃金を調整する時に主に使用され、かつ重要な決定要素となっている。

②年次評価の際に、すべての従業員に対して共通の項目で評価している。しかし、月次評価の時に、職位・職務内容によって重視する要素がそれぞれ異なる。

③賃金については、基本給と各種手当によって構成され、業績給の支給は実施していない。基本給は現地の業界水準に合わせ、個人の経験、職歴や学歴などによって決める。また、業績給は支給されないが、年度評価結果に応じた年末賞与が給付される。

天津・S社の事例：

①正規従業員に「職務記述書」の作成が義務づけられていて、「職務記述書」は人事評価を行うときに評価の基準ともなっている。

②人事評価は、従業員のみならず、各部門の間でも相互に評価させている。そして、各部門の管理者の評価は「職務記述書」による評価のほかに、部門目標の達成度や期日まで完成できない仕事

の内容およびそれについての説明などの内容を含めた管理者業績評価も行われている。

③正規従業員と農民工従業員、それぞれを対象とした賃金制度が異なっている。正規従業員の場合は、基本給に生産賞与と各種手当を加えるという仕組みである。また、中間管理職以上の従業員には職位賃金も支給される。一方、農民工の賃金は基本給と生産賞与によって構成される。

（中国現地企業）

T 社の事例：

①人事評価制度は全員共通ではなく、従業員の職種、職員別に実施されており、さらに賃金に連動させるため、仕事の達成度を主な基準とした業績評価も行われている。したがって、市場・販売部門では目標管理制度を構築し、目標管理の下で業績評価を行っている。

②賃金システムは固定した基本給と業績係数と連動した職務給の結合によって構成された成果主義職務給賃金制度となっている。

D 社の事例：

①人事評価は大きく、能力評価、職務態度評価、業績評価によって構成されている。そのうち、最も重視されるのは能力評価である。評価期間や評価基準などは職務、職種によって異なる。職務態度評価は全社員共通の評価基準と方法で導入されている。業績評価は各部署に実施され、評価基準と評価方法も各部署が決める。

②賃金システムには業績給が導入されており、業績給の計算方法は職務給から 20%を引くという方法になっている。そして、実際の支給率の決め方に関しては、全社共通ではなく、各部門に任せて実施させている。

③徹底した「信賞必罰」制度が設けられており、従業員に目指すべき人材像を明確に示すことによって、従業員の働く動機づけを促すことが考えられる。

Y 社の事例：

①人事評価制度は賃金決定のための評価とキャリアプランニングに沿った人事評価から構成されている。

②Y 社の賃金形態と賃金構成は従業員の職務・職位によって、定額賃金制、出来高賃金制、成長型賃金制、業績型賃金制といった多種多様な組み合わせで、従業員に企業の魅力を感じさせられることが図れる。

表 7-1-1　各社の人事評価、賃金制度の共通点と相違点

	企業名	業種	職　種	人事評価制度		賃金構成
				評価要素と評価期間	評価結果の反映	
中国進出日系企業	X社	非製造業	一般職	年一回、勤務態度＋職務遂行能力	仕事改善、人材育成	基本給＋残業手当＋各種保険
			技術職	年一回、能力評価＋勤務態度	仕事改善、人材育成、昇給、昇進	基本給＋残業手当＋各種保険
			営業職	業績評価（毎月）＋能力評価＋勤務態度	昇給、昇進、仕事改善、人材育成	基本給＋業績給（15%～40%）＋各種保険
			中間管理職	能力評価＋業績評価（毎月、部門業績）＋勤務態度	昇給、昇進、仕事改善、人材育成	基本給＋業績給（20%）＋各種保険
	F社	製造業	作業員	職能重視の人事評価 全員共通のコンピテンシー評価要素 年一回実施	昇格・昇進、人材育成、人事異動	全員→仕事基準の職務給賃金 業績給→生産部門：プロジェクトごと評価 一般職:制度上あり 年末賞与：職位・職種によって異なる係数導入 ストック・オプション：主力技術職従業員
			専門職		仕事の改善、人材育成	
			一般職		仕事の改善、人材育成	
			管理職	指導力、成果、報酬委員会によって評価される	報酬	
	W社	製造業	年次評価、全員共通の評価項目		昇給、労働契約継続可否	業績給なし 基本給＋各種手当（皆勤手当、生活手当、夜勤手当、住宅手当）＋年末賞与 （奨励金制度あり）
			一般職	月一回、勤務態度、仕事効率、業務能力	仕事改善	
			監督者	月一回、リーダーシップ、管理力、組織をまとめる能力	仕事改善	
	S社	製造業	一般従業員	月一回、職務記述書に基づいての人事評価	仕事改善、人材育成	正規従業員：基本給＋各種手当＋賞与 中間管理職：職位給＋各種手当＋賞与 農民工：基本給＋生産賞与 （社内外教育訓練の補助制度）
			中間管理職	月一回、管理者業績評価、顧客満足度評価 四半期ごとに評価結果の集計・順位付公表	仕事改善、昇進・昇格	

続表

	企業名	業種	職種	人事評価制度		賃金構成
				評価要素と評価期間	評価結果の反映	
中国現地企業	T社	製造業	一般従業員	年一回、能力評価 年二回、勤務態度、業績評価	仕事改善、昇進、昇給	成果主義職務給賃金： 基本給＋職務給×業績係数＋各種手当 業績係数は業績評価の結果によって決める
			販売従業員	年一回能力評価 年二回、勤務態度評価 月一回、目標管理による業績評価	賃金、仕事改善	
	D社	非製造業	毎月、全員共通の勤務態度評価、部門ごとに業績評価		評価者評語表を活用して、人材育成、職務調整、自己啓発、昇給・昇進に反映させる	基本給＋職務給＋業績給＋勤続給＋各種手当 基本給：職務給：勤続給・各種手当＝１：2：1 業績給：職務給の20%を業績評価の結果に連動（徹底した「信賞必罰」制度）
			中間管理職	年四回、能力評価（仕事態度、基礎能力、業務の熟練度、責任感、協調性、自己啓発）		
			技術職	年四回、能力評価（知識力、思考・企画力、業務熟練度、協調力、仕事意欲）		
			営業職	年四回、能力評価（知識力、企画力、行動力、問題解決力、目標達成力）		
			事務職	月一回、職務記述書に基づく評価		
	Y社	製造業	中間管理職、技術職、一般事務職	賃金決定のための人事評価： 業績指標による業績評価	昇給・昇進、人材育成	警備隊員、清掃、食堂勤務者→ 定額賃金：基本給＋職務給 生産現場操作員→出来高賃金： 出来高給＋勤続給＋スター奨励 事務職、統計員、実験員、警備隊長→基本給＋職務給＋業績給＋勤続給 技術職、管理職、経理・副経理→業績型賃金：基本給＋職務給＋業績給＋発展給
				昇進のための人事評価： キャリアプランニングに沿った人事評価		

2. 共通する特徴と相違する特徴

本来、特定の国において外資系進出企業と現地企業の事例を取り上げるには、その国の歴史的・文化的・政治的・経済的背景と、進出企業の背景などを考慮しなければならない。また、進出先の地域・都市などの地理的・歴史的・文化的特性などについても視野におさめながら検討を行うことが望ましい。しかしながら、本書で取り上げる中国進出日系企業における人事評価・賃金制度そのものの実態および特徴を前述の諸要素別に比較を行うことは必ずしも現実的な選択肢ではないと考えている。そのため、本書では研究事例の普遍性を考慮し、極めて特殊な企業の選択を回避し、人事評価・賃金制度の構築において代表的な企業事例を取り上げた。

したがって、本書で取り上げた事例研究を踏まえて、中国進出日系企業と現地企業における人事評価・賃金制度の共通する特徴と相違する特徴について、次のようにまとめることができる。

共通する特徴：

①本書で取り上げた現地調査の７社の企業とも、従業員の職種あるいは職位別に評価を行っている。

基本的には、一般職従業員、技術職従業員、営業職従業員、中間管理職従業員のように、職種・職位別に大きく分けて評価を行っている。

②評価内容については、基本的に、勤務態度評価、能力評価、業績評価などとなっている。

③能力評価に関しては、一年一回に実施される企業が多かった。

④ほとんどの企業は評価結果を仕事の改善、人事育成、昇給、昇進に反映させている。

相違する特徴：

①日系企業の職能重視の人事評価制度に対して、中国現地企業では、業績評価を重視する傾向が見られた。また、実施の期間に関しても、日系企業の実施期間は１年１～２回程度で実施されて

いるのが多かった。これに対し、中国現地企業では、少なくとも年に4回程度で人事評価を実施している。

総じて、中国現地企業では短期的業績評価が実施されているのが一つの大きな特徴であろう。

②賃金制度について、日系企業の場合は基本給に各種手当、賞与などを加えるシステムとなっている。中国現地企業は基本的に職務給を基本にした賃金制度、すなわち、人間価値ではなく、仕事の価値に対する賃金いわゆる欧米型賃金制度を取っている。

③業績給を導入した日系企業もあるが、全員を対象にして導入しているのではなく、営業部や中間管理職クラスだけに導入している。しかし、中国の現地企業では営業職従業員だけではなく、全員を対象に導入しているのが一般的なやり方である。

④具体的な方法は企業によって異なるが、日系企業では、業績給以外の方式で人材確保や人材定着をねらったインセンティブ政策を積極的に取り組んでいる。主力技術職従業員にストック・オプションを配分したり、業績給の代わりに手厚い手当を支給したりするなどが挙げられる。また、多種多様な社内外教育訓練の補助制度に取り組んだ日系企業も存在している。これに対して、中国現地企業は主に賃金の構成に工夫していることが事例研究を通じて明らかになった。

⑤日系企業の慣行雇用制度が現地の雇用安定に有効に機能し、低離職率の維持に効果を発揮させている。

⑥日系企業では成果主義を導入しつつ、チームワーク精神の向上を有効的に融合させているところは日系企業ならではの特徴であろう。

終章　結論と今後の課題

本書では、中国進出日系企業における人事評価・賃金制度に関する問題意識に沿って、理論研究のアプローチから、中国進出日系企業の現状を取り上げ、さまざまな分析と事例研究、検討を行ったが、本書で取り上げた事例に関しては、以下のような特徴を持っている。

まず、日系企業に関しては、大連・X社、塩城・F社、天津・S社の3社は1980年代と1990年初期に中国への進出を果たした企業である。中国現地では現地に適応した人事評価・賃金制度の構築を模索しながら、中国での事業成長を実現している。三社とも日本国内のみならず、中国現地でも同業界のトップクラスに入っている日系企業である。武漢・W社は自動車産業のサプライチェーン企業でありながら、中国事業の特徴に合わせた自社の独自の人事制度を構築している。

次に、中国現地企業に関しては、吉林・T社は国有企業から転換された民営企業であり、企業発展の成熟期を迎えている。延辺・D社と大連・Y社は近年に設立された新興企業であるが、いずれの会社も自社の発展段階、求める人材像に合わせた人事制度を構築している。

ここでは、各章から明らかになったことを踏まえ、最後の結論に導き、今後の研究課題を述べることにする。

本書では既存の先行研究の成果を継承しながら、先行研究の不足点を補足し、中日両国の調査機構による最新の調査を分析したうえで、現地調査した日系企業および中国現地企業の事例研究を通じて、以下諸点が明らかになった。

まず、中国進出日系企業、とりわけ人事評価の取り組み、賃金水準は他国の進出企業に比べて、どのような状況に置かれている

のかについて、

(1) 就職先としての日系企業は、中国人特に若年層から高い評価を得られず、むしろ欧米系企業や中国現地企業に比べて、圧倒的劣勢にある。

(2) 日系企業の人事評価（特に業績評価）は中長期で実施されているのが、中国現地企業の事例との比較を通じて明らかになった。

(3) 中国へ進出した外資系企業のうち、日系企業は賃金水準の高い欧米系企業、そしてその他のアジア企業に比べて、大きな賃金の格差が付けられている。

(4) 日系企業では基本的に従業員を解雇しないという日本企業の慣行雇用制度を取り入れていることに関しては、事例研究の分析からも確認できた。それゆえ、日系企業の一般従業員の離職率が低く､雇用の安定性に効果をもたらしていると言えよう。一方、中間管理職以上の管理層の離職率は欧米系企業より遥かに高いことも本書の分析を通じてわかった。要するに、日系企業では、人員雇用の安定を図りながら、優秀な人材の流出問題がいまだに解決されないままであろう。

次に、中国進出日系企業はどのような人事評価・賃金制度を構築していたのかについて、次の点が明らかになった。

(1) 中国進出日系企業の現状は、能力や業績に基づいた成果型人事制度が導入されつつある段階に置かれている。

本書で取り上げた日系企業 4 社の事例からもこの点について検証ができた。大連・X 社では、業績評価について取り組んでいるが、営業職や中間管理層に留まっている。塩城・F 社では、個人の業績に比べてチームや組織の業績が重視されている。しかし、武漢・W 社においては、個人の成果・業績による人事評価・賃金制度は設置されていない。天津・S 社では、中間管理層を対象に業績による人事評価に取り組んでいる。そして、それらの評価基準については、4 社のうち、もっとも明確に基準を打ち出しているのが天津・S 社である。そのほかの 3 社は、人事評価の枠組みはできているが、明確な基準は設けられていない。

賃金の面において、ほとんどの日系企業は毎年自社の賃金水準を引き上げている。それは積極的に賃金改善が講じられたからではなく、仕方なく受け身で実施していることが、経営者と管理者へのインタビュー調査を通じて明らかになった。

(2) 上記のようなマイナスになる面もあれば、優れた制度も構築されている。大連・X 社の全員昇給制度、塩城・F 社のストック・オプション制度などが挙げられる。そして、武漢・W 社では、常に行われている人事制度の革新や改善策も手厚い福利厚生や奨励制度によって、人材の確保・定着にプラスに働き、従業員からは評価を得ている。また、安定志向の慣行雇用制度は従業員の定着や従業員の忠誠心の育成に効果を発揮し、チームワーク重視と成果主義の融合による団体精神の向上の重視も優れていると言えよう。

最後に、人事評価・賃金制度の今後のありかたについて次のように提言したい。

(1) 永続的成長、長期的発展の視点から、企業戦略に基づき、企業が置かれている発展段階に適合した人事評価・賃金体系の構築が必要であり、常に積極的に人事制度の改善に取り組む姿勢を示さなければならない。そのうえ、企業の安定と成長を求めるには、日系企業の優れた安定志向雇用制度およびチームワーク重視の日本型職場環境づくりを今まで以上に定着させる必要があると考えられる。

(2) 中国での進出にあたっての企業の業績をあげるには、長期的成果主義ではなくて、短期的成果主義に基づいた人事評価・賃金制度が重要且つ必要である。日系企業では大手企業をはじめ、成果主義的な人事制度を導入されつつ、これからも成果主義を徹底した導入が必要であろう。

中国では欧米的成果主義型人事制度が深く浸透している。企業をはじめ、政府部門や教育・科学技術・文化・衛生などの活動に従事する社会奉仕組織いわゆる事業単位まで、幅広い領域にわたって導入されている。また、企業においては、職務・職位に関係なく、管理職から一般事務職まで、すべての従業員を短期的業績評価が実施されている。これについても、本書の第6章に行った中国現地企業の事例分析から検証できた。

(3) 企業が制度面で公正かつ客観的な姿勢で人事評価に取り組むことは非常に重要である。職務に基づいた賃金制度や仕事の成果を給与に連動させている。ただし、高い賃金だけではなく、自己実現や将来の発展も常に念頭に置き働こうとする特徴を意識し、人事制度を構築しなければならない。そして、人事評価の目的は賃金や昇進への連動だけではなく、従業員を公正・公平に評価することを通じて、従業員に認められることを認識させ、さらに働く甲斐を感じさせることも重要であろう。

本書では、理論研究、データ分析、事例研究、中日比較の視点から、中国進出日系企業の人事制度、とりわけ人事評価・賃金制度の実態を考察し、上述の3点の提言を試みた。しかし、いくつかの研究上の課題はまだ残されている。

まず、本書では、日系企業4社と中国現地の民営企業3社、計7社の企業を対象に事例研究として取り上げ、現地調査とヒアリング調査の調査方法を用いて研究を実施したが、人事評価・賃金制度の構築と経営効果の正比例関係についての検証はまだ課題として残されている。今後の課題として、企業の歴史・形態・業種・規模などの特性を絞り、事例研究のさらなる充実をはかり、より多くの事例分析を取り上げ、より具体的に調査および研究を行い、人事制度による経営効果の正比例関係を検証し、結論の普遍性を探ることにしたい。

次に、本研究では中国現地企業の事例研究を用いて中国進出日系企業との比較研究を行った。しかし、中国に進出した欧米系企業との比較研究は行われていない。日本企業と欧米企業という異なる社会的要因や文化的要因などから成り立った企業が同一の進出先においても、多からず少なからず差異が現れることは当然なことであると考えられる。それゆえ、中国進出欧米系企業の人事評価・賃金制度の特徴を実証的研究を通じてその優れたところを究明することは、日本企業にとっても、中国企業にとっても極めて重要な意義を持つと考えられる。

＜添付資料 1＞

本書で取り上げた現地調査の企業概要一覧表

	企業名	調査時期	所在地	設立時間	従業員数	業種	業務内容	発展段階
日系企業	X社	2009年 12月	遼寧省 大連市	1993年	294人 （日本人4人）	サービス業	セキュリティサービスの提供および関連商品の研究開発・販売	成熟期
	F社	2011年 1月	江蘇省 塩城市	1989年	669人 （日本人4人）	製造業	熱処理と表面改性設備の研究開発、製造と販売	成熟期
	W社	2011年 1月	湖北省 武漢市	2004年	558人 （日本人10人）	製造業	CRV・CIVIC部品、ペダルやシャーシーなどの製造	成熟期
	S社	2011年 4月	天津市	1989年	143人 （日本人2人）	製造業	鉄鋼製品の生産・販売	成熟期
現地企業	T社	2009年 12月	吉林省 吉林市	1998年	480人	医薬製造業	薬品の研究開発・生産・販売	成熟期
	D社	2011年 1月	吉林省 延吉市	2008年	80人	非製造業	有機食品の生産・販売	成長期
	Y社	2011年 4月	遼寧省 大連市	2009年	約280人	製造業	薬品の研究開発・生産販売	成長期

＜添付資料 2＞

現地調査およびインタビュー一覧表

日系企業	X社	現地調査時期	第 1 回：2009 年 12 月 21 日～22 日 第 2 回：2010 年 1 月 8 日
		場所	遼寧省大連市
		調査方法	社内見学、ヒアリング調査、アンケート調査など
		インタビュー対象者	管理部総務課人事担当 営業課従業員
	F社	現地調査時期	2011 年 1 月 11 日～12 日
		場所	江蘇省塩城市
		調査方法	社内・工場・食堂見学、ヒアリング調査、電話およびメールなど
		インタビュー対象者	常務副総経理 管理部人事担当副部長
	W社	現地調査時期	2011 年 1 月 14 日、17 日
		場所	湖北省武漢市
		調査方法	社内見学、ヒアリング調査、メールなど
		インタビュー対象者	管理部部長 人事課人事担当
	S社	現地調査時期	2011 年 4 月 26 日～28 日
		場所	天津市
		調査方法	社内見学、ヒアリング調査、電話およびメールなど
		インタビュー対象者	総経理 事務所人事担当
中国企業	T社	現地調査時期	2009 年 3 月 2 日
		場所	吉林省吉林市
		調査方法	社内見学、ヒアリング調査、電話など
		インタビュー対象者	販売担当副総経理 総務部人事担当
	D社	現地調査時期	2010 年 12 月 27 日～28 日
		場所	吉林省延吉市
		調査方法	社内・工場見学、ヒアリング調査、メールなど
		インタビュー対象者	副総経理 総務部人事担当
	Y社	現地調査時期	2011 年 4 月 13 日～14 日
		場所	遼寧省大連市
		調査方法	社内・工場見学、ヒアリング調査、電話およびメールなど
		インタビュー対象者	副社長 総務部人事担当

<添付資料 3>

希望調査項目一覧（日系企業用）/日资企业用调查项目一览

1. 会社概要（設立時間、事業内容、資本金、発展履歴、売上高など）

公司概要（成立时间、业务内容、注册资本、发展历史、公司业绩等）

2. 会社組織図

企业的组织结构图

3. 人材現地化を取り巻く現状と課題

作为中日合资企业的人才本土化现状及所面临的问题

4. 従業員数（うち日本国籍従業員数と第三国籍従業員数）と過去 3 年間の従業員離職率

企业员工数（其中日籍员工、日籍以外的第三国籍员工及中国籍员工数）、近年来的员工离职比率

5. 人事評価・賃金制度において、中国人社員を対象とした規定と日本人社員を対象とした規定の相違点

人事考核、薪酬制度上，中国籍员工及日籍员工的异同之处

6. これまでに人事評価（業績評価）と賃金の面で行われた改善策、改革や試みがあれば、そのきっかけと実行の成果についての詳細

近年来在人事考核（绩效考核）、薪酬制度上进行的改革（改革原因、成果等）情况

7. 2008 年新労働契約法への対応策の詳細について、お聞かせください。

针对 2008 年实施的《新劳动合同法》、采取了哪些措施进行改善？

8. 人的資源管理制度およびその情報開示の現状（社内、外部への PR 等）

人力资源管理制度及其相关信息的公开情况（对外部及在公司内部的宣传情况等）

9. 従業員就業規則、職務別業務・責任記述表、職務別人事評価規定・基準

员工手册、职务说明书、岗位职责描述表、各岗位考核基准及规定等

10. 人事評価（業績評価）の位置づけとその流れ、実施方法と評価結果の応用

人事考核(绩效考核)在人事制度中所处的地位及考核方法/类型、考核时间、考核结果的应用情况等

11. 部門別業績評価制度の相違点（特に、生産部、技術部、研究開発部、営業部、管理部などの部門）

各部门考核制度的异同之处及各部门考核着重点（特别是生产部门、技术部门、研发部门、销售部门、人事/管理部门等）

12. 評価者訓練の実施状況

对实施考核者进行的考核培训情况

13. 報酬制度の仕組み、報酬の決定基準、業績給導入の度合

薪酬管理构架/体系、定薪原则、绩效工资的导入情况

14. 昇給、昇進、昇格、降格、賞罰制度の規定及び実施状況

加薪、晋升、晋级、降级制度、奖罚制度的规定及实施情况

15. 人材流失の防止策とインセンティブ諸政策の詳細

防止人才流失的办法及激励制度

16. 人材獲得と人材育成の面において、特に力を入れて取り組んでいること

在引进人才及人才培训方面、重点采取了哪些措施

17. 個人の役割や成績の明確化によって成功するケースもあれば、個人よりもチームワーク、協力精神を強調するケースもあると思いますが、その事例があれば、お聞かせください。

请介绍一下在公司的经营管理过程中、因注重员工个人作用及业绩而取得成功的事例及因强调集体协作精神而成功的事例。

＜添付資料 4＞

希望調査項目一覧（中国現地企業用）

1. 会社概要（設立時間、従業員数、事業内容、資本金、発展履歴、売上高など）

2. 会社組織図

3. これまでに人事評価（業績評価）と賃金の面で行われた改善策、改革や試みがあれば、そのきっかけと実行の成果についての詳細内容

4. 2008 年新労働契約法への対応策の詳細について、お聞かせください。

5. 人的資源管理制度およびその情報開示の現状（社内、外部への PR 等）

6. 従業員就業規則、職務別業務・責任記述表、職務別人事評価規定・基準

7. 人事評価（業績評価）の位置づけとその流れ、実施方法と評価結果の応用

8. 部門別業績評価制度の相違点（特に、生産部、技術部、研究開発部、営業部、管理部などの部門において）

9. 評価者訓練の実施状況

10. 報酬制度の仕組み、報酬の決定基準、業績給導入の度合

11. 昇給、昇進、昇格、降格、賞罰制度の規定及び実施状況

12. 人材流失の防止策とインセンティブ諸政策の詳細

13. 人材獲得と人材育成の面において、特に力を入れて取り組んでいること

14. 個人の役割や成績の明確化によって成功するケースもあれば、個人よりもチームワーク、協力精神を強調するケースもあると思いますが、その事例があれば、お聞かせください。

参考文献

（日本語著書）（五十音順）

相原滋弘（2006）『中国で失敗しない人材採用・活用ガイド』、株式会社アルク

有沢孝義、重里行訳（1982）『多国籍企業：国際化のための組織開発』、文眞堂

石田英夫（1985）『日本企業の国際人事管理』、日本労働協会

石田英夫、白木三秀編（1990）『企業グローバル化の人材戦略』、日刊工業新聞社

伊藤賢次（2009）『国際経営：日本企業の国際化と東アジアへの進出』、新版創成社

伊藤正一（1998）『現代中国の労働市場』、有斐閣

稲垣清（2010）『一目でわかる中国進出企業地図』、蒼蒼社

岩井清治（研究代表）（2008）『職業観意識開発教育と次世代人材養成の研究：日・独比較』（科学研究費補助金基盤研究（C）（2）研究成果報告書）、桜美林大学

上野陽一訳編（1969）『科学的管理法』、産業能率短期大学出版部

海野素央（2008）『アジア地域と日系企業：インド・中国進出を考える企業への提言』、同友館

江夏健一、首藤信彦編著（1993）『多国籍企業論』、八千代出版社

エヌ・エヌ・エー（編）（2009）『日系企業中国現地社員給与動向（2009年度版）』、エヌ・エヌ・エー

岡本康雄編（1998）『日系企業 in 東アジア』、有斐閣

奥村皓一編著（2011）『 海外進出企業の経営現地化と地域経済

の再編』、創風社

笠原清志（研究代表者）（2006）『中国に進出した日系企業の労使関係—党組織と労組機能—』（研究成果調査資料・報告書）、絢文社

金山権（2000）『現代中国企業の経営管理』、同友館

金山権（2008）『中国企業統治論—集中的所有との関連を中心に—』、学文社

関西生産性本部（2003）『中国における経営・人事の新潮流：中国地場企業・日系企業の事例研究：「中国『経営・人事戦略』調査団」報告書』、日中経済貿易センター・連合大阪

楠田丘（1972）『仕事を基準とした新しい人事考課：考課者訓練とフィードバッグのあり方』、産業労働調査所

楠田丘（1981）『人事考課の手引』日本経済新聞社

楠田丘（1997）『成果主義賃金：日本型雇用システムにあったこれからの賃金制度』、経営書院

楠田丘（2004）『賃金とは何か：戦後日本の人事・賃金制度史：楠田丘オーラルヒストリー』、中央経済社

楠田丘（2006）『人を活かす人材評価制度』第7版、経営書院

胡桂蘭（2002）『在中日系企業の経営現地化に関する研究—中国社会へのインサイダー化の道—』中京大学、博士学位請求論文

国際交流基金（2008）『中国における日系企業の社会貢献活動に関する調査報告書』国際交流基金

今野浩一郎、佐藤博樹（2002）『人事管理入門』、日本経済新聞社

佐藤憲正編著（2005）『国際経営論：グローバル化時代とニューアジア経営の展望』、学文社

佐藤省蔵、高橋衆一（2009）、（学）産業能率大学総合研究所人事評価実践研究プロジェクト編、『マネージャーのための人事評価実践』、産業能率大学出版部

島弘編著（2004）『人的資源管理論』、ミネルヴァ書房

白木三秀（1995）『日本企業の国際人的資源管理』、日本労働研究機構

白木三秀編著（2005）『チャイナ・シフトの人的資源管理』、白桃書房

白木三秀（2006）『国際人的資源管理の比較分析』、有斐閣

進藤勝美（1978）『ホーソン・リサーチと人間関係論』、産業能率大学出版部

社会経済生産性本部生産性労働情報センター笹島芳雄監修（2000）、『成果主義人事・賃金Ⅵ—先進8社の事例研究—』、社会経済生産性本部

朱炎（2001）『アジアにおける日本企業の経営グローバル化—経営現地化の進展と対応策』、富士通総研経済研究所

周宝玲（2007）『日系企業が中国で成功する為に：異文化経営が直面する課題』、晃洋書房

徐方啓（2005）『日中企業の経営比較』、ナカニシヤ出版

徐雄彬（2009）『中国における日系製造業企業の人材現地化に関する研究—経営管理者の現地化を中心として—』桜美林大学、博士学位請求論文

鈴木康司（2005）『中国・アジア進出企業のための人材マネジメント：現地スタッフの採用から評価・処遇まで』、日本経済新聞社

鈴木滋（2000）『アジアにおける日系企業の経営：アンケート・現地調査にもとづいて』、税務経理協会

関満博、範建亭編（2003）『現地化する中国進出日本企業』、新評論

高橋達男訳（1970）『企業の人間的側面：統合と自己統制による経営（新版・新訳）』、産業能率短期大学

戴秋娟（2010）『中国における日系企業の発展と国有企業経験者の役割』、東京大学社会科学研究所現代中国研究拠点

趙暁霞（2002）『中国における日系企業の人的資源管理についての分析』、白桃書房

田園（2009）『在中日系企業の人材育成に関する研究』桜美林大学、博士学位請求論文

田園（2011）『中国日系企業の人材育成』、桜美林大学北東アジア総合研究所

董光哲（2007）『経営資源の国際移転―日本型経営資源の中国への移転の研究―』、文眞堂

土岐坤、中辻萬治、服部照夫訳（1982）『競争の戦略』、ダイヤモンド社

土岐坤、中辻萬治、小野寺武夫訳（1985）『競争優位の戦略：いかに高業績を持続させるか』、ダイヤモンド社

土岐坤、中辻萬治、小野寺武夫、戸成富美子訳（1992）『国の競争優位』、ダイヤモンド社

富澤芳亜、久保亨、萩原充編著（ 2011）『近代中国を生きた日系企業』、大阪大学出版会

杜進編（2009）『中国の外資政策と日系企業』、勁草書房

中村久人（2010）『グローバル経営の理論と実態』新訂版、同文舘

西田ひろ子編著（2007）『米国、中国進出日系企業における異文化間コミュニケーション摩擦』、風間書房

Nihon Keizai Shimbun（2009）『在アジア日系企業における現地スタッフの給料と待遇に関する調査』中国編、日本経済新聞社

日本能率協会総合研究所（2009）『新・労働契約法に基づく最新中国人材マネジメントガイドブック』、日本能率協会総経合研究所

日本能力協会編（2006）『人と組織の持続的成長を実現する成果主義の新展開』、日本能率協会

日本労働研究機構（1996）『中国レポート1日系企業の経営と雇用管理－海外調査シリーズNo.40』、日本労働研究機構

日本労働研究機構（1997）『中国レポート2中国の労働政策と労働市場－海外調査シリーズNo.41』、日本労働研究機構

日本労働研究機構（1998）『日系企業の経営と雇用管理』、日本

労働研究機構

日本貿易振興機構（2004）『中国市場に挑む日系企業:その戦略と課題を探る』、日本貿易振興機構

日本貿易振興機構（2005）『中国進出企業の人材活用と人事戦略』、日本貿易振興機構

日本貿易振興機構（2006）『中国進出日系企業の実態と地域別投資環境満足度評価』、日本貿易振興機構

日本貿易振興機構（2010 年）『在アジア・オセアニア日系企業活動実態調査—中国編—』（2009 年度調査）、日本貿易振興機構

日本貿易振興機構（2011）年）『在アジア・オセアニア日系企業活動実態調査—中国編—』（2010 年度調査）、日本貿易振興機構

日本貿易振興機構（2012 年）『在アジア・オセアニア日系企業活動実態調査—中国編—』（2011 年度調査）、日本貿易振興機構

日本貿易振興会海外調査部（2003）『中国市場開拓のポイントと留意点:中国国内販売促進調査報告書』、日本貿易振興会

野田一夫監修（1992）『現代の経営』、ダイヤモンド社

馬成三（2000）『中国進出企業の労働問題—日米欧企業の比較による検証—』、日本貿易振興会

樋口義治、福井幹彦、渡辺和敏、岩川長生（2005）『中国における日系および中国系企業のケーススタディ』、愛知大学中部地方産業研究所

PHP 研究所編（2006）『中国で成功する人材マネジメントマニュアル』（新版）、PHP 研究所

ピーターF. ドラッカー著、ハーバード・ビジネス・レビュー編集部編訳（2006）『P.F. ドラッカー経営論』、ダイヤモンド社

服部治、竹村之宏（1996）『経営・人事労務管理要論』、白桃書房

古田秋太郎（2004）『中国における日系企業の経営現地化』、税務経理協会

古田秋太郎著（2007）『日系企業の中国市場販売』、税務経理協会

馬越恵美子 (2000)『異文化経営論の展開:「経営文化」から「経営文明」へ』、学文社

馬越恵美子、桑名義晴編著 (2010)『異文化経営の世界:その理論と実践』、白桃書房

松田憲二 (2001)『人事・賃金評価制度マニュアル:ピカリと光る成功事例』、産労総合研究所出版部経営書院

三隅二不二訳 (1964)『経営の行動科学—新しいマネジメントの探求』、ダイヤモンド社

宮崎義一編訳 (1979)『多国籍企業論』、岩波書店

宮本謙介 (2009)『アジア日系企業と労働格差』、北海道大学出版会

吉原英樹監訳 (1990)『地球市場時代の企業戦略』、日本経済新聞社

吉原英樹編著 (1992)『日本企業の国際経営』、同文舘

(日本語学術論文)

青木修二 (2008)「中国における労働事情—労働契約法制定の影響を中心に—」、衆議院調査局、http://www.shugiin.go.jp/itdbrchome.nsf/html/rchome/Shiryo/report5.pdf/$File/report5.pdf

石井脩二 (1999)「人的資源管理の課題と内容」『産研論集』第21号、関西学院大学産業研究所、37～53ページ

岩田一哲 (2006)「戦略的人的資源管理のプロセス論的評価に向けて」『高松大学紀要』第45号、高松大学、33～49ページ

岡田行正 (2006)「ティード&メトカーフ:『人事管理～原理と実践～』(1920年版) の再考」、『北海学園大学経営論集』第4巻第3号、北海学園大学経営学会、95～106ページ

金山権(1997)「中国進出日系企業の現状と労使関係問題の分析」『桜美林エコノミックス』(38)、桜美林大学経済学部、25～42ページ

金山権（2011）、「日系企業の経営行動に対する中国からの評価ーグローバル化に向けた今後の方向と課題ー」、『桜美林経営研究』2011 年 3 月創刊号、1～13 ページ

菊池敏夫（1995）「東アジアにおける企業の経営管理」『日本大学経済学部産業経営研究』37、日本大学、2～24 ページ

胡桂蘭（2001）「在中日系企業の成功要因：経営理念の確立と人的資源の活性化こそ成功のカギ」『中京経営研究』、経営学部創設 10 周年記念号、中京大学、247～265 ページ

胡桂蘭（2002a）「中国人の職業観と日本的経営に対する評価：アンケート調査分析」『中京経営紀要』第 2 号、中京大学、141～169 ページ

胡桂蘭、古田秋太郎（2002b）「在中日系企業中国人社員の職業観と日本企業文化に対する評価：アンケート調査（市川繁先生退職記念号）」『中京経営研究』11（2）、中京大学、291～315 ページ

古林恒雄（2007）「中国『労働契約法』と企業の対応」『グローバル経営』2007 年 10 月号、No. 309、日本在外企業協会、8-11 ページ

金堅敏（2004）「対中ビジネスにおける現地化とガバナンスのあり方」『Economic Review』2004 年 10 月号、富士通総研、http://jp.fujitsu.com/group/fri/downloads/report/research/2004/report199.pdf

佐藤憲正（1987）「国際化時代における経営管理——企業組織環境の激変に対する社会工学的アプローチ」『桜美林エコノミックス』（19）、桜美林大学経済学部、67～85 ページ

佐藤憲正（2002）「情報リテラシーと経営文化」『経営行動研究年報』第 11 号、経営行動研究学会、96-100 ページ

白木三秀（2008）「日系多国籍企業の人材マネジメントの諸課題と展望」『日本貿易会月報』2008 年 7・8 月合併号、No. 661、20～24 ページ

朱炎（2007）「中国における日系企業経営の問題点と改善策」、

『Economic Review』2007年7月号、富士通総研、26～47ページ

周宝玲（2000）「中国における日系企業の異文化コミュニケーション」『立命館経営学』39（1）（225）、立命館大学経営学会、265～298ページ

周宝玲（2001a）「中国における日系独資企業の現地経営—A社の事例研究を中心に」『立命館経営学』39（5）、（229）、立命館大学経営学会、63～85ページ

周宝玲（2001b）「中国における日系合弁企業の現地経営—B社の事例研究を中心に」『立命館経営学』40（3）、（233）、立命館大学経営学会、45～71ページ

周宝玲（2003）「中日間の異文化経営と異文化コミュニケーション」『立命館経営学』42（3）、（245）、立命館大学経営学会、151～178ページ

徐向東（2003）「中国における職業資格制度の確立と技能労働者の人材育成」『月刊経営労働』38（2）、経営労働協会、13～16ページ

徐向東（2004）「中国の成果主義型人的資源管理と日系企業の課題：急がれる戦略人材マネジメントの構築」『Business research』（964）、企業研究会、74～82ページ

徐雄彬（2007）「中国進出日系・韓国系企業の人材現地化—経営システムの特徴を踏まえて—」『経営行動研究年報』第16号、経営行動研究学会、59～63ページ

鈴木岩行（1999）「中国における日系企業の評価について」『和光経済』和光大学社会経済研究所、第32巻第1号、23～32ページ

立道信吾、守島基博（2006）「働く人からみた成果主義」『日本労働協会雑誌』No.554、労働政策研究・研修機構、69～83ページ

田浦里香（2004）「中国における日系企業の人材マネジメントのありかた」『知的資産創造』2004年12月、野村総合研究所、26～39ページ

田浦里香、劉沫真（2008）「中国労働市場の動向と日本企業の人材マネジメント戦略」『知的資産創造』2008年7月、野村総合研

究所、30～42 ページ

遅暁潔（2007）「中国進出日系企業の経営管理に関する研究—日・中企業の比較研究を中心に—」、桜美林大学修士学位請求論文

遅暁潔（2012）「在中日系企業の人事制度に関する研究」『桜美林経営研究』第 2 期、87～103 ページ

張英莉（2007）「在中日系企業の人材マネジメント——現状・問題点・課題」『埼玉学園大学紀要』No. 7、埼玉学園大学経営学部、77～88 ページ

松繁寿和、徐雪梅（2002）、「中国の日系企業における中間管理職の昇進と賃金」OSIPP Discussion Paper:DP-2002-J-019、http://www. osipp. osaka-u. ac. jp/archives/DP/2002/DP2002J019. pdf

中村久人（2007）「在中日系企業と異文化経営」『異文化経営研究』、異文化経営学会、3～14 ページ

山口隆英（1999）「多国籍企業の成長に関する理論的課題—多国籍企業論の視點から展望」『商業論集』第 68 卷第 1 号、49 ページ

吉原英樹（1974）「日本企業の国際経営」『経営国際化の諸問題』日本経営学会、89～110 ページ

（英語文献）（アルファベット順）

Abraham H. Maslow（1998）, *Maslow on Management*, Wiley.

Bartlett, C. A. & S. Ghoshal（1989）, *Managing Across Borders*, Harvard Business School Press.

Bill Taylor, Chang Kai& Li Qi（2003）, *Industrial Relations in China*, Edward E; gar Publishing Limited, U. K.

Douglas Murray McGregot（1960）, *The Human Side of Enterprise*, New York: McGraw-Hill.

Hymer, S.（1960）, *The International Operations of National Firms: a Study of Direct Foreign Investment*, doctoral dissertation, MIT Press (pub. in 1976).（宮崎義一編訳（1978）『多国籍企業』岩波書店）

John H. Dunning（1992）, *Multinational Enterprises and the*

Global Economy, Addison-Wesley.

Mayo, Elton. (1933), *The Human Problems of an Industrial Civilization*, The Macmillan Company.（村本栄一訳（1967）『新訳産業文明における人間問題』日本能率協会）

M.P.Porter（1980）, *Competitive strategy: techniques for analyzing industries and competitors*, Free Press.

M.P.Porter（1985）, *Competitive Advantage: Creating and Sustaining Superior Performance*, Free Press.

M.P.Porter （1990）, *The competitive advantage of nations*, Free Press.

Perlmutter, H. V. & D. A. Heenan (1979), *Multinational Organization Development*, Addison-Wisley Publishing Company.

R.Likert（1961）, *New patterns of management*, New York: McGraw-Hill.

Roethlisberger, F. J. (1941), *Management and Morale*, Harvard University Press（川村欣也訳（1969）『経営と勤労意欲』ダイヤモンド社）

S.H.Hymer（1976）, *The International Operations Of National Firms' A Study of Direct ForeignInvestment*, The MITPress.

中国語文献（アルファベット順）

蔡启明 （2008）『人力資源管理標準工作流程』、立信会計出版社

程雲喜（2005）『現代企業管理』、河南人民出版社

范林榜(2006)「企業生命周期与薪酬水平策略研究」『企業管理』、2006年第6期

羅双平（2010）『績効量化考核方法、案例与模板』、化学工業出版社

蘇仁華 （2000）『現代企業人事管理』、中南大学出版社

孫新科（2007）「企業留人新策略」『企業管理』、2007年第11期

王莉、石金涛（2006）「員工離職的予防管理」『企業管理』、企業

管理雑誌社、2006 年第 1 期
薛軍、西村豪太（2006）「在華日資企業経営管理者当地化分析」『日本学刊』、中国社会科学院日本研究所・中華日本学会、2006 年第 1 期
徐永革（2007）「対人永遠不変的尊重」『企業管理』、2007 年第 9 期
劉成斌(2008)、「改革開放与青年就業観念的変遷」『中国青年研究』、2008 年第 1 期
朱飛（2010）『績効激励与薪酬激励』、企業管理出版社
中国人事科学研究院編（2009）『全国人事科学研究獲奨論文選編：績効考核、人員測評、薪酬激励、人事管理系統』、中国人事出版社
中華英才網（2003）『第 1 回中国大学生最佳雇主調査報告』
中華英才網（2004）『第 2 回中国大学生最佳雇主調査報告』
中華英才網（2005）『第 3 回中国大学生最佳雇主調査報告』
中華英才網（2006）『第 4 回中国大学生最佳雇主調査報告』
中華英才網（2007）『第 5 回中国大学生最佳雇主調査報告』
中華英才網（2008）『第 6 回中国大学生最佳雇主調査報告』
中華英才網（2009）『第 7 回中国大学生最佳雇主調査報告』
中華英才網（2010）『第 8 回中国大学生最佳雇主調査報告』
中華英才網（2011）『第 9 回中国大学生最佳雇主調査報告』

（ウェッブサイト）
サーチナ総合研究所：http://jp.searchina.com.cn/
日本経済産業省：http://www.meti.go.jp/
日本経済団体連合会：http://www.keidanren.or.jp/
日本貿易振興機構：http://www.jetro.go.jp/indexj.html/
労働政策研究・研修機構：http://www.jil.go.jp/
中華人民共和国商務部：http://www.mofcom.gov.cn/
中華英才網：http://www.chinahr.com/

（その他）

中智人力資源管理諮詢公司（2009）「2009 中智日資企業薪酬数据」発表会配布資料

現地調査企業の社内資料など

あとがき

本書は、筆者の博士学位論文である『中国進出日系企業における人事評価・賃金制度に関する研究—中国現地企業との比較を踏まえて—』（桜美林大学大学院国際学研究科、2012 年 9 月）に若干の加筆と修正を加えたものである。本書は、中国に進出した日系企業、特に人事評価と賃金制度に焦点を当て、中国における日系企業 4 社と現地民営企業 3 社、計 7 社の事例研究を行ったものである。事例研究で取り上げた資料は主に 2009 年から 2011 年にかけての現地調査で入手したものである。

論文作成時における資料収集と現地調査の過程において、経営学の研究に当たって不可欠である現地調査の難しさを肌で実感した。しかし、広い中国の東北、華北、華南地区など 6 つの省へ渡り、7 回以上に及ぶ現地調査を経て、学術上の現地調査と事例研究の重要性をしみじみ理解することができた。そして、現地調査を通じて、新たな知識を習得し、貴重な経験を積み上げ、自立して研究活動を行う能力を身につけることができた。こうしたことによって、研究者の道へ一歩一歩を歩み始めたと思う。

筆者が東北師範大学と桜美林大学の国際交流交換留学生として日本へ留学してから、桜美林大学大学院にて博士学位を取得するまで、ちょうど 10 年の星霜が流れた。10 年間日本での勉強と努力を続けてきた結果、やがて本日のような実になった。この過程において、多くの方々から多大なご指導、ご支援、ご協力をいただいた。一人一人のお名前を挙げることができないことをお許し願い、ここに記して心から感謝の意を表す次第であるが、以下の先生方について特に述べさせていただきたいと思う。

まず、生涯の恩師である桜美林大学教授の金山権先生に深く感謝を申し上げたい。先生からは桜美林大学国際交流センター「考察日本」プログラムの交換留学生時代から、経済学部、大学院博士前期課程・後期課程、そして現在までも尊いご指導を続けている。交換留学生として渡日した当初、日本語能力の未熟さにもかかわらず、先生は心温かく迎えてくださった。ここ十年間、先生は研究指導だけではなく、人生や生活の面などに対しても多々関心を与えてくださった。博士論文の作成過程において研究のアプローチや現地調査などでさまざまな困難に直面し、悩む筆者に対しても、先生はいつも温かいお言葉をかけてくださった。このようなご指導、ご支援なくしては筆者の博士論文は完成段階に至らなかったと思う。公私両面から長い間大変なお世話になった先生に深く感謝したい次第である。

また、日本大学名誉教授の菊池敏先生、桜美林大学客員教授の石井脩二先生、桜美林大学名誉教授の岩井清治先生、桜美林大学教授の佐藤憲正先生からも研究の各段階において多くのご示唆、コメントをいただいた。心より感謝の言葉を申し上げたい。

博士後期過程において日本経営行動研究学会、国際総合研究学会の全国大会や部会での報告の機会をいただき、刺激を受け、貴重なコメントをいただき、研究者の道へ一歩一歩近づくことができた。心よりお礼を申し上げたい。

研究過程において、現地調査とヒアリング調査に快く応じていただいた各企業関係者の方々、アンケート調査に協力していただいた方々にも深く感謝を申し上げたい。

そして、学部時代から国費外国人留学生奨学金などの奨学金を提供してくださった独立行政法人日本学生支援機構（JASSO）と、博士後期の論文執筆中、経済的に助かり研究に打ち込めることにご支援していただいた公益財団法人留学生支援企業協力推進協会、日産自動車株式会社、鉄道情報システム株式会社にも心より御礼を申し上げたい。

筆者を日本へ送り出し、貴重な機会を与えてくださった東北師範大学および同大学外国語学院教授の林嵐先生に御礼を申し上げたい次第である。また、筆者の20代は桜の非常に美しい学園を歩き、快適かつ充実な学習・研究環境を提供してくださった桜美林大学において、順調に十年間の留学生活を送り、研究活動を行うことができた。これに記念して、一人娘を林美桜と名付け、桜美林大学に深く感謝の意を表したい。

本書の出版にあたって、天津外国語大学から学術著書出版補助金による援助を受けている。記して関係各位に感謝する次第である。

最後に私事で恐縮であるが、故郷の吉林省集安市で筆者をいつも温かく見守ってくれる両親と両親の元で生活している娘に本書を捧げたい。

2014年春晴れのある日
著者

南开大学出版社网址：http://www.nkup.com.cn

投稿电话及邮箱：　022-23504636　　QQ：1760493289
　　　　　　　　　　　　　　　　　QQ：2046170045(对外合作)

邮购部：　　　　　022-23507092

发行部：　　　　　022-23508339　　Fax：022-23508542